Martin Kluger

GLAUBE HOFFNUNG HASS

Von Martin Luther in Augsburg (1518)
über den Dreißigjährigen Krieg (1618–1648)
bis zur „Sau aus Eisleben“ (1762)

context verlag Augsburg
www.context-mv.de

SUS
canon. Isleb.

Martin Kluger

GLAUBE HOFFNUNG HASS

Die Reformation, der Dreißigjährige Krieg und die bis heute sichtbaren Folgen in und bei Augsburg

ZU DEN DENKMÄLERN DES GLAUBENSSTREITS IN UND BEI AUGSBURG

1518 BIS HEUTE

Dieses Buch ist für Menschen geschrieben, die verstehen – und vor allem auch sehen – wollen, was geschieht, wenn Religion und Glaube nicht zu Humanität und Liebe, sondern zu Gewalt und Hass verführen. Denkmäler in der einstigen Reichsstadt Augsburg, im 16. Jahrhundert die heimliche Hauptstadt des Reiches, und im Umland bezeugen Folgen des Glaubensstreits: den Bauernkrieg, die Verfolgung und Vernichtung Andersgläubiger und den Schmalkaldischen Krieg. Nach einer der größten Katastrophen in der deutschen Geschichte, dem Dreißigjährigen Krieg, waren die Zeiten der Unduldsamkeit und Verunglimpfungen nicht vorbei. Bauwerke und Kunst in Augsburg, an der Donau, im Ries und im Allgäu zeigen den Hass wie unter einer Lupe.

INHALT

INHALT

GLAUBENSEIFER, WUNDERGLAUBE UND HÖLLENANGST

14. JAHRHUNDERT BIS 1518

Gläubigkeit und Leichtgläubigkeit, Glauben und Aberglauben gingen in Augsburg um 1500 Hand in Hand. Die „göttliche Strafe“ der Pest, Bußprediger und Geißlerzüge verstärkten die religiöse Überreiztheit der Zeit: Hysterie und Hass, die erbarmungslose Jagd auf „Ketzer“ und Judenpogrome bestimmten eine Epoche voller Todesfurcht und Höllenangst. Noch trieb der Wunderglaube bunte Blüten: Selbst Martin Luther ließ sich von der Augsburgerin Anna Laminit täuschen, die vorgab, sich jahrelang von Hostien ernährt zu haben. Augsburgs Kaufleute litten darunter, dass Gewinne ohne Sünde unmöglich schienen: Um sich mit Gott zu versöhnen, stifteten sie für die Kirchen der Stadt und bauten sich prächtige Grabkapellen.

AUGSBURG VOR LUTHER – EIN TEUFEL MIT GROSSEN OHREN

Religion und Glaube bestimmten den Alltag der Menschen um 1500 in einem Ausmaß, das heute kaum mehr vorstellbar ist

Für die Augsburger des späten Mittelalters war das Leben ein kurzer Abschnitt vor dem Jenseits, der von der Angst vor dem Tod und dem Teufel bestimmt wurde. Gemälde, Gebetsstiftungen, Grabkapellen und auch die Augsburger Fuggerei zeugen bis heute davon, wie sehr die Menschen um 1500 auf die Kraft der Gebete vertrauten – und wie sehr sie Höllenqualen fürchteten.

BILD DES GLAUBENS: HIMMEL UND HÖLLE AUF DEM MEUTING-EPITAPH IN ST. ANNA

Wer ein Gefühl dafür bekommen will, welche Bedeutung Fragen des Glaubens für die Augsburger des 14. und 15. Jahrhunderts besaßen, könnte sich mit dem ***Meuting-Epitaph*** im ***Ostchor*** der Augsburger Kirche ***St. Anna*** beschäftigen. Zwar malte Jörg Breu d. Ä. seinen „Christus in der Vorhölle" wohl erst 25 bis 30 Jahre nach dem Tod des schon 1498 verstorbenen Schwagers Jakob Fuggers „des

Jörg Breu d. Ä. schuf um 1520 das Gemälde „Christus in der Vorhölle" für das sogenannte Meuting-Epitaph. Breus Werk ist heute im Ostchor der Augsburger Kirche St. Anna zu finden.

Der Höllenschlund am Nordportal des Augsburger Doms führte den Gläubigen drastisch vor Augen, was ihnen nach dem Ableben drohte. Für die Menschen dieser Epoche war die Hölle eine überaus reale Vorstellung.

Reichen“: Das Verhältnis der Menschen zu Himmel und Hölle spiegelt dieses Gemälde aber auch für die Zeit um 1500 und ein, zwei Lebensalter davor wider. Die Welt ist auf dem Epitaph klar geordnet: Christus steht trennend zwischen Himmel und (Vor-)Hölle, im von Engeln bevölkerten Gewölk darüber thront Gottvater, davor der Heilige Geist in Gestalt der Taube. Mit Händen zu greifen ist die Verzweiflung der Sünder in der Vorhölle, die von skurrilen Gestalten im Stil des Hieronymus Bosch bedroht sind. Vor dem Höllentor kauert der Teufel mit giftgrünem Körper und leuchtend rotem Bart, mit einem einzigen Horn mitten auf dem Schädel, mit stechendem Blick und riesigen Ohren.

Für die Augsburger um 1500 war der Teufel keine Fiktion: Er war real, und das Leben letztlich nur eine Zwischenstation auf dem Weg in den Himmel oder eben in die Hölle, Letzteres gegebenenfalls mit Aussicht auf ein Entkommen aus dem Fegefeuer. Dass die Angst vor der Hölle das Leben bestimmte, zeigt auch das 1343 in Stein gehauene ***Höllenmaul*** am ***Nordportal*** des Augsburgers ***Doms***: Der Teufel zerrt die armen Sünder in den Schlund. (Die Skulpturen am Portal sind moderne Kopien.)

Die Hölle war ebenso wirklich wie die Unterordnung selbst der höchsten weltlichen Macht unter

die Macht der Kirche und des Papstes in Rom. Auch das lässt das Nordportal am Augsburger Dom unzweideutig erkennen: Zwar krönt eine *Sitzfigur Kaiser Karls IV.* mit Krone und Zepter den Portalbogen – doch über ihm thront die Figur der *Maria mit dem Kind*. Die Hierarchien waren also klar definiert, die Sanktionen beim Verstoß gegen dieses Weltbild waren es auch. Derartige Bilder wurden jedem Bewohner der schwäbischen Reichsstädte Augsburg und *Ulm* (und anderswo) lebenslang warnend vor Augen geführt. Nur ein Menschenalter nach der Augsburger Höllenszene entstand – noch spektakulärer, weil figurenreicher und bewegter gestaltet – der ***Höllenschlund*** am *Brautportal* des *Ulmer Münsters*.

Das gotische Nordportal des Augsburger Doms verdeutlicht die Weltordnung des 14. Jahrhunderts: Maria auf dem Thron Salomons sitzt folglich über Kaiser Karl IV., der höchsten weltlichen Macht im Heiligen Römischen Reich Deutscher Nation.

Die Religion und der Glaube bestimmten die Vorstellungen der Menschen von Leben und Tod in einer heute kaum mehr vorstellbaren Art und Weise. Im Heiligen Römischen Reich Deutscher Nation, und damit in Augsburg und Ostschwaben, war das Christentum vor Luther eine Hegemonialreligion, die sich stark über die Abgrenzung vom Judentum und vom Islam definierte.[1] Es war bis ***„[…] zur Reformation im Abendland kaum strittig, dass die lateinische Christenheit die einzig legitime Form des Christentums darstellte. Religiösen Dissidenten, die immer wieder auftraten (etwa Katharer, Waldenser, John Wyclif, Jan Hus),*** *gelang es nicht, langfristig alternative Formen des Christentums zu begründen.*“[2] Solche Bewegungen wurden auch in und bei Augsburg bekämpft. Schon um 1270 hatten Minoritenbrüder des Franziskanerordens häretische Lehren im Ries verbreitet. 1294 schritt der Bischof von Augsburg gegen die „Waldbrüder“ in der Gegend zwischen ***Harburg*** und ***Ebermergen*** (jeweils heutiger Landkreis Donau-Ries) ein. Fünf „Ketzer“ starben 1381 in Augsburg auf dem Scheiterhaufen. 1393 wurden 280 „Ketzer“ ausgehoben und bestraft: Damals wurden in der Reichsstadt Augsburg sechs Menschen verbrannt. In ***Donauwörth*** starben im selben Jahr elf Frauen und fünf Männer wegen ihres Glaubens, ein Jahr später verbrannte man auch in ***Wemding*** zehn Abweichler in Glaubensfragen. Aus ***Nördlingen*** und ***Dillingen*** flohen ebenfalls einige Waldenser nach Straßburg. Noch 1458 geriet ein in ***Daiting*** nahe Donauwörth geborener Waldenserführer in Straßburg in die Fänge der Inquisition: Er endete auf dem Scheiterhaufen.[3]

DIE RELIGIOSITÄT DER MENSCHEN WUCHS IM 15. JAHRHUNDERT MIT DEN STÄDTEN

Die Bedeutung der Religion für die Menschen stieg im 14. und 15. Jahrhundert parallel zum Wachstum der Städte. Die Zuwanderung in Städte wie Augsburg hatte im 15. Jahrhundert ***„[...] in manchen Regionen geradezu die Dimension einer Landflucht angenommen [...]***“.[4] Reichsstädte, nicht die Residenzen, waren die wirtschaftlichen und vor allem auch kulturellen Zentren Süddeutschlands. Hier wurde Bildung vermittelt, hier stifteten reiche Bürger Predigerstellen, Sakralkunst und Kapellen, hier entstanden die großen Pfarrkirchen und Dome des späten Mittelalters. Sakralbauten waren die Zentren reicher Städte wie ***Ulm***, ***Memmingen***, ***Nördlingen***, ***Donauwörth*** oder ***Lauingen***, um die herum die Häuser der wohlhabendsten Bürger errichtet wurden.

In Augsburg war die Situation ein wenig anders, da der ***Dom*** zwar das Zentrum der Bischofsstadt und des Hochstifts Augsburg, nicht aber der

Reichsstadt war. Politische Interessen des Bischofs und der Stadtbürger waren mitnichten identisch: So hält eine Augsburger Chronik zum Städtekrieg von 1387 und 1388 bitter fest: *„[...] der bischoff Burckart von Ellerbach was ain rechter böswicht, er ward mainaid* [meineidig], *triwlos* [treulos] *und erlos...[...]"*.[5] Eben jener Bischof Burkhard von Ellerbach verwüstete 1381/82 im Konflikt mit der Stadt zehn Dörfer, die Augsburger Patriziern gehörten. Die Augsburger zerstörten Domherrenhäuser und zwangen Geistliche zur Zahlung von Steuern.[6]

Doch trotz aller Konflikte war dieses Augsburg *„[...] eine geistliche Stadt: Neben dem Bischof und seinem Domkapitel bestanden drei Chorherrenstifte, zwei weitere mit Regularklerikern und ein adeliges Damenstift; dazu kam eine Vielzahl an Vikarien und Kaplaneien; besonders reich war die Ausstattung mit Bettelordenskonventen: je vier der Franziskaner und Dominikaner, dazu die Karmeliten von St. Anna; schließlich als selbständiges Reichsstift St. Ulrich und Afra, dem das Benediktinerinnenkloster St. Nikolaus vor der Mauer unterstellt war."*[7] Mehr als 350 Angehörige des geistlichen Stands lebten in Augsburg, wo an rund hundert Tagen im Jahr die Arbeit aufgrund der christlichen Fest- und Feiertage ruhte.[8]

AUS TODESANGST UND GLAUBENSEIFER ERWACHSEN HASS UND HYSTERIE

Äußere Einflüsse, zumal die den Menschen unerklärlichen, steigerten den Glaubenseifer mitunter zu Hysterie und Hass. Das war zu beobachten, nachdem im Juli 1348 der „Schwarze Tod" in Augsburg Einzug gehalten hatte. Wegen der Pestepidemie, die zwischen 1347 und 1353 einem Drittel der Bevölkerung Europas das Leben kostete, gerieten die Juden in den Verdacht, die Brunnen ihrer christlichen Nachbarn zu vergiften. Nachdem in Savoyen 1348 mehrere angeklagte Juden unter der Folter ihre „Schuld" gestanden hatten, löste dies in Deutschland eine Welle der Judenverfolgung aus.

Bei einem Pogrom in Augsburg wurden die Juden im November 1348 vertrieben.[9] *„Als der ‚Schwarze*

Tod' von 1348/49 eine ekstatische religiöse Erregung auslöste, kam es nach den schweren Judenverfolgungen auch im östlichen Schwaben zu Geißlerfahrten; im Mai 1349 versetzten etwa 400 Geißler die Bewohner von Augsburg in Unruhe.“[10]

Die Pest kehrte 1420 nach Augsburg zurück und forderte dort angeblich 16 000 Menschenleben. Nach der nächsten Pestwelle wandte sich der Zorn der Christen in der Stadt 1438 – vielleicht erneut von den Flagellanten aufgehetzt – wieder gegen die Juden, die innerhalb von zwei Jahren ihre Häuser verkaufen und die Stadt verlassen mussten.[11]

HÄUFIG LIEGEN GLAUBE, WUNDERGLAUBE UND ABERGLAUBE ENG BEIEINANDER

Innige Gläubigkeit konnte sich mit übertriebener und abwegiger Frömmigkeit vermengen, in Äußerlichem erstarrte Religiosität mit abseitigem Wunderglauben, Aberglaube mit Massenpsychosen.[12] Reisende Bußprediger zogen die Menschen in ihren Bann: Der Franziskaner Johannes Capistranus, der damals mit zwölf Mitbrüdern im Augsburger Barfüßerkloster unterkam, soll vom 18. bis zum 23. September 1454 auf dem ***Fronhof*** beim ***Dom*** vor bis zu 20 000 Gläubigen gepredigt haben. Aufgrund der Bußpredigten des Capistranus sei auf dem Fronhof ein mit Kartenspielen, Brettspielen und Würfeln beladener Wagen öffentlich verbrannt worden. Von tausenden vernichteter Brettspiele wird berichtet. Gerade an Spielkarten wird es nicht gemangelt haben: In Augsburg saßen seit dem Ende des 14. Jahrhunderts die führenden Kartendrucker Deutschlands. Sogar Fastnachtsschlitten wurden ein Raub der Flammen.[13]

Der erste belegte Hexenprozess im gesamten südostdeutschen Raum fand 1478 unweit von Augsburg in ***Nördlingen*** statt. Eine seinerzeit angeklagte Hebamme wurde aber freigesprochen.[14]

Künstlerisch hochrangige Objekte des Wunderglaubens sieht man in der Augsburger ***Staatsgalerie Alte Meister*** in der ehemaligen Dominikanerinnenklosterkirche ***St. Katharina***. Im Mittelpunkt der Dauerausstellung stehen sechs große, von den

Nonnen gestiftete Tafelbilder Hans Holbeins d. Ä. und Hans Burgkmairs d. Ä. Sie zeigen die sieben Hauptkirchen Roms (eine Tafel stellt zwei Kirchen dar) und hingen früher im Kapitelsaal des Katharinenklosters, das im Kern eine Versorgungseinrichtung für Töchter reicher Patrizier war.[15] ***„Die Gemälde erinnern an ein päpstliches Ablassprivileg, das dem Kloster am 19. Oktober 1487 durch Papst Innozenz VIII. zuteil geworden war und den Bewohnerinnen erlaubte, alle Ablässe der römischen Kirchen innerhalb der Klausur zu erwerben. […] Drei Ave Maria und Paternoster, an drei Orten im Kloster gesprochen, genügten.“***[16]

Sechs Tafelbilder ersparten den Nonnen des Augsburger Dominikanerinnenklosters St. Katharina eine Pilgerfahrt nach Rom. Die Gemälde Hans Holbeins d. Ä. und Hans Burgkmairs d. Ä. sind Höhepunkte der Ausstellung in der Staatsgalerie Alte Meister in der ehemaligen Klosterkirche St. Katharina.

DIE BORDELLBETREIBERIN ANNA LAMINIT TÄUSCHT MAXIMILIAN I. UND LUTHER

Mit dem ersten Aufenthalt des Augustinermönchs Martin Luther in Augsburg anlässlich seiner Rückreise von Rom im Jahr 1512 verbindet sich ein besonders dreister Fall religiöser Betrügerei. Selbst Luther, der damals bei den Augustinerchorherren von *Heilig Kreuz* unterkam,[17] ***„[…] war immerhin noch wundergläubig genug, um von der Person der Anna Laminit, die vorgab, nur von Hostien zu leben, beeindruckt zu sein.“***[18] Sie gab an, dass sie nie schlafen, sondern nur ruhen würde, und dass sich in ihrem Besitz ein blutendes Kreuz befände.[19]

Das Lutherporträt in der großen Sakristei der evangelischen Kirche Heilig Kreuz erinnert daran, dass sich der Reformator 1512 erstmals in Augsburg aufhielt. Seinerzeit ließ sich Luther von Anna Laminit beeindrucken, die sich mit ihren religiösen Betrügereien den Ruf einer Heiligen erschlich.

Anna Laminit betrieb wohl in der Nachbarschaft der Heilig-Kreuz-Kirche als Kupplerin wie als Dirne ein privates Bordell. Dies war insofern illegal, als das städtische Frauenhaus die institutionalisierte Form der Prostitution darstellte. Doch ab dem Jahr 1513 galt die Laminit – die bekanntermaßen in ihrer Jugend an den Pranger gestellt und wegen Kuppelei der Stadt verwiesen worden war – quer durch alle Bevölkerungsschichten in der Reichsstadt als Heilige. Sie gab vor, 14 oder gar 16 Jahre nichts gegessen und getrunken zu haben. Es waren vor allem Angehörige der Augsburger Eliten, die den heiligmäßigen Ruf der Laminit verbreiteten. Nicht nur das: Der Chronist Wilhelm Rem hat überliefert, dass Anna Laminit sowohl mit dem Pfarrer von Heilig Kreuz als auch mit dem reichen Kaufherrn Anton Welser ein Kind gehabt habe.

Auch nachdem die falsche Heilige durch Kunigunde von Österreich – die Witwe des bayerischen Herzogs Albrecht IV. – entlarvt worden war, ließ Anna Laminit nicht von religiösen Betrügereien ab. Doch nicht deswegen, sondern weil sie versuchte, Anton Welser ein Kind ihres Ehemannes als seinen Sohn unterzuschieben, um sich auf diesem Weg Alimentenzahlungen zu erschleichen, wurde sie im Mai 1518 in Freiburg im Üechtland zum Tode verurteilt und ertränkt.[20]

So endete die Augsburger Betrügerin, die auch Kaiser Maximilian I. und selbst Martin Luther getäuscht hatte: Der Habsburgerkaiser *„[…] hatte*

‚viel glaubens an sie' […]'.[21] Dem Reformator wird dies kein Trost gewesen sein: *„Später distanzierte sich Luther von der ‚Bescheißerei'; er war dem Ansehen der ‚Ursel' und seiner damaligen eigenen Wundergläubigkeit zum Opfer gefallen […].*"[22]

DIE REICHEN GEBEN DEN ARMEN, UM DEM FEGEFEUER SCHNELLER ZU ENTKOMMEN

Gesellschaftliche Trennlinien und Hierarchien waren in der Reichsstadt Augsburg so zementiert wie überall. Doch die Vermögensverteilung war so ungleich wie in kaum einer zweiten deutschen Stadt. 1475 zählten zwei Drittel der Augsburger zu den Armen („Habenits"). Die Spitzenvermögen von 3000 Gulden und mehr verteilten sich hier auf nur 1,9 Prozent der Bürgerschaft.[23]

Ein erheblicher Teil der Bewohner Augsburgs lebte im 15. Jahrhundert vom Betteln. Betteln galt als Beruf. Dies belegt eine Steuerliste von 1475: *„Unter den 4485 aufgeführten Steuerzahlern finden sich 107 Bettler. Der von ihnen zu entrichtende Steuerbetrag entspricht dem der Tagelöhner.*"[24] Almosen waren also professionell erworbene, gesellschaftlich akzeptierte Einkommen, allerdings nur unter bestimmten Umständen. Dies galt nämlich nicht für unverschämte oder lediglich arbeitsscheue Bettler, vor allem, wenn sie gar nicht aus der Reichsstadt stammten, sondern nur für die sogenannten „verschämten Armen" oder „Hausarmen". *„Bei den ‚verschämten Armen' war die Familiensituation der häufigste Grund dafür, daß sie Hilfe erhielten.*"[25] Ursachen, ohne Ehrverlust zu betteln, konnten – neben Alter und Krankheit – der Tod des Ernährers der Familie, Kinderreichtum oder unverschuldete Unglücksfälle sein.

Almosengeber und Almosenempfänger verband ein „Vertrag", bei dem sich der Gebende darauf verließ, als Gegenleistung des Bettelnden ein Fürbittgebet zu erhalten.[26] Der Almosengeber hoffte darauf, dass ihm möglichst viele Gebete möglichst zahlreicher „Fürbitter" helfen würden, sich nach dem Tod rasch aus dem schier unausweichlichen Fegefeuer gen Himmel retten zu können.

DIE ARMEN IN DER FUGGEREI BETEN FÜR DAS SEELENHEIL DER STIFTERFAMILIE

Der Glaube an die Macht massenhafter Fürbittgebete führte zu sogenannten Seelgerätsstiftungen. Ihre Bandbreite reichte von der Jahresgabe an Bedürftige bis zur Einrichtung privater Spitäler. Die bekannteste all dieser Augsburger Stiftungen ist die *Fuggerei*: Dort beten die Bewohner bis heute täglich einmal ein Vaterunser, ein Glaubensbekenntnis und ein Ave-Maria für die Stifter – Jakob Fugger „den Reichen" und seine älteren Brüder Ulrich und Georg sowie die Familie Fugger. Von 1516 bis 1523 entstanden in der Fuggerei Häuser mit jeweils zwei Wohnungen: Nachdem in der Reihenhaussiedlung damals überwiegend Familien mit Kindern lebten, konnte die Stifterfamilie mit einer beachtlichen Anzahl von Fürbitten rechnen.

Der reiche Jakob Fugger ging jedoch auch bei den Fürbittern auf Nummer sicher und verließ sich nicht nur auf die Gebete der Armen. Noch vor der Fuggerei hatte er die ***Fuggerkapelle***, den neuen Westchor der Karmelitenklosterkirche ***St. Anna***, gestiftet. Jakob Fugger verpflichtete die Karmeliter dazu, in der Grabkapelle täglich eine Messe zu lesen. Er bezahlte außerdem einen Organisten sowie zwei Balgtreter. Reichsritter Ulrich von Hutten hat die Fuggerkapelle scharf kritisiert: ***„Wie ist das Grabmal gebaut? Königlich. Und den Karmelitern trägt es viel ein. Daher umsummen sie es auch täglich mit frommem Murmeln und wundersam tönenden Gebetlein."***[27]

Fuggerkapelle und Fuggerei bilden mit der am 23. Januar 1517 vom Papst bestätigten St.-Moritz-Prädikaturstiftung – welche den Fuggern das Vorschlagsrecht für die Pfarrstelle von ***St. Moritz*** übertrug – eine Stiftungseinheit. Mit dem gemeinsamen Stiftungsbrief vom 23. August 1521 stattete Jakob Fugger „der Reiche" sie als Stiftung für die Ewigkeit mit Kapital aus. Es ist streng genommen nur der Reformation, der Gegenreformation und dem aus diesem Konflikt erwachsenen Dreißigjährigen Krieg geschuldet, dass die Stiftungen Jakob Fuggers noch Bestand haben: 1660 tauschten geldbedürftige Fugger das Anlagekapital der Stiftungen

gegen die (fast wertlosen, weil verwüsteten) Rittergüter ***Bocksberg*** und ***Emersacker***. Dies entsprach zwar nicht dem Stifterwillen, doch Land und Forst erwiesen sich über alle Kriege, Währungsumbrüche und Inflationen hinweg als wertbeständig.[28]

1420 stiftete das Ehepaar Konrad und Afra Hirn die Goldschmiedekapelle in St. Anna, die 1429 der Goldschmiedezunft übergeben wurde. Die 1890 in den Dom verlagerte Tumba der Stifter stellt Konrad und Afra Hirn dar.

STIFTUNGEN FÜR AUGSBURGER KIRCHEN GELTEN GOTT UND DER GESELLSCHAFT

Die Stiftungen Jakob Fuggers sind selbst in der an Stiftungen reichen Stadt Augsburg ohne Parallele. Aber auch andere Kaufleute führten Konten für Gott oder einen Heiligen, um mit den dort angehäuften Beträgen gottgefällig für Kirchen zu stiften und zugleich ihre Familien repräsentativ und für die Stadtgesellschaft unübersehbar zu verewigen. Man bezahlte Kirchengewölbe und -fenster, Altäre und Kunst. Die ***Familienwappen*** auf den ***Gewölbeschlusssteinen*** oder in den ***Glasmalereien*** wie in der Benediktinerklosterkirche ***St. Ulrich und Afra*** führten Gott und den Gläubigen vor Augen, wer wofür gegeben hatte. Die ***Stiftertafel*** in der Dominikanerklosterkirche ***St. Magdalena*** nennt Jakob Fugger „den Reichen" sowie vier seiner fünf Neffen und zeigt dabei fünfmal das Wappen der Familie.

Namentlich bekannt sind die Stifter, deren Grabkapellen Pfarr- und Klosterkirchen erweiterten und aufwerteten. Diese Bauherren waren Kaufleute, die nach den Moralvorstellungen der Zeit Geschäfte nicht sündenfrei betreiben konnten. So verstieß der „Fürkauf" (Einlagern von Ware, um bei knapperem Angebot teurer zu verkaufen, oder auch der Verkauf größerer Warenbestände mit Gewinn) gegen das Gebot des „gerechten Preises".[29] Zinsen zu nehmen war um 1500 längst üblich, blieb aber wegen der kirchlichen Wucherlehre anrüchig. Verrechnungstricks bei Ware oder Währung camouflierten den Zins: Dies schützte Bankiers vor sozialer Ächtung, nicht aber vor moralischen Skrupeln. ***„In den päpstlichen Ablassbullen wurde das durch Wucher erworbene dem gestohlenen Gute gleichgestellt."***[30]

In Augsburg stiftete der durch Waren- und Geldgeschäfte reich gewordene Peter Egen 1410 die ***Antoniuskapelle*** in der ***Antonspfründe***. Von 1420 bis 1425 wurde bei ***St. Anna*** die reich mit gotischen ***Fresken*** ausgemalte ***Goldschmiedekapelle*** errichtet: Gestiftet hat sie das im Tuch- und Gewürzhandel wohlhabend gewordene Ehepaar Konrad und Afra Hirn. Die ***Sandsteintumba*** der Hirns wurde 1890 aus ihrer Grabkapelle in den ***Dom*** übertragen.

1506 wurde die ***Herwartkapelle*** in ***St. Georg*** als Grabkapelle der im Montan- und Finanzgeschäft erfolgreichen Familie Herwart errichtet. Der Kaufherr Georg Regel stiftete 1508 die ***Heilig-Grab-Kapelle*** – eine Nachbildung des Heiligen Grabes in Jerusalem – in St. Anna, direkt neben der ab 1509 erbauten ***Fuggerkapelle***, der Grablege Jakob Fuggers „des Reichen" und seiner Brüder.

Der aus Donauwörth zugewanderte Augsburger Kaufherr Georg Regel stiftete kurz nach 1500 die Heilig-Grab-Kapelle in St. Anna. Die Eule, das Wappentier der Familie Herwart, lässt den Anbau der Herwartkapelle bereits an der Südfassade des Chors der Pfarrkirche St. Georg erkennen.

DIE FUGGERKAPELLE IN ST. ANNA IST EIN KURIOSUM

Die Grablege der katholischen Fugger, die Fuggerkapelle in der Annakirche, ist der Westchor des evangelischen Gotteshauses

Die Fuggerkapelle in St. Anna wird oft als der erste Renaissancebau Deutschlands beschrieben, doch das im Stil der Renaissance erbaute „Haus zur Katz“ in Konstanz ist älter. Der Fuggerkapelle bleibt aber der Ruhm, Deutschlands erster Sakralbau im Stil der italienischen Renaissance zu sein. Nicht zuletzt ist sie auch ein konfessionelles Kuriosum, denn die katholische Fuggerkapelle ist der Westchor der seit dem 16. Jahrhundert evangelischen Annakirche.

Anfang April 1509 unterzeichneten Ulrich und Jakob Fugger den Vertrag mit dem Prior und dem Konvent des Karmelitenklosters bei St. Anna, den Papst Julius II. bald bestätigte. Erbaut wurde die Grabkapelle von 1509 bis 1512, ausgestattet bis um 1530. Der Baumeister ist unbekannt. Dürer entwarf die Epitaphe für Ulrich und Georg Fugger. Hans Daucher schuf die Fronleichnamsgruppe auf dem Altar und die Putti auf der Balustrade. Jörg Breu d. Ä. bemalte um 1520 die Orgelflügel, die Jakob Fugger und Kaiser Maximilian I. abbilden.

Die Fuggerkapelle in St. Anna ist die bedeutendste Kapellenstiftung einer Augsburger Kaufmannsfamilie. Die Grablege Jakob Fuggers und seiner Brüder Ulrich und Georg war der erste deutsche Sakralbau im Stil der italienischen Renaissance.

EINE DORFKIRCHE IN AMBERG BIRGT DIE GRUFT DER WELSER

Nach dem Beginn der Reformation in Augsburg verlagerten katholische Patrizier ihre Familiengrablegen in ihre Herrschaften

Eine Dorfkirche in Amberg im Unterallgäu erinnert an Bartholomäus V. Welser. Dem 1484 in Memmingen geborenen Augsburger Kaufherrn hatte Kaiser Karl V. von 1528 bis 1556 Venezuela und Teile Kolumbiens als Lehen übertragen.

1540 erwarb Bartholomäus Welser die Hofmark Amberg. Dort ließ er 1557 unter dem südlichen Seitenschiff der Kirche Mariä Heimsuchung eine Familiengruft anlegen. Ein Sandsteinepitaph im Vorbau der Kirche stellt Welser und seine Ehefrau Felicitas Grander knieend dar, umgeben von Maria, dem Evangelisten Johannes und den Heiligen Georg und Ursula. Im Inneren findet man die Epitaphe Welsers und dreier seiner Kinder. Amberg zeigt, dass ländliche Patronatskirchen katholischer Patrizier zu Grablegen wurden, da im protestantisch dominierten Augsburg die Zukunft ungewiss schien. So war St. Anna (und damit die Fuggerkapelle) von 1534 bis 1548 verschlossen: Darum legte Anton Fugger 1551 die Familiengruft in Babenhausen an.

Bartholomäus V. Welser ist der wohl berühmteste Angehörige der reichen Augsburger Familie. Das Epitaph im Vorbau der Kirche von Amberg zeigt den knieenden Welser.

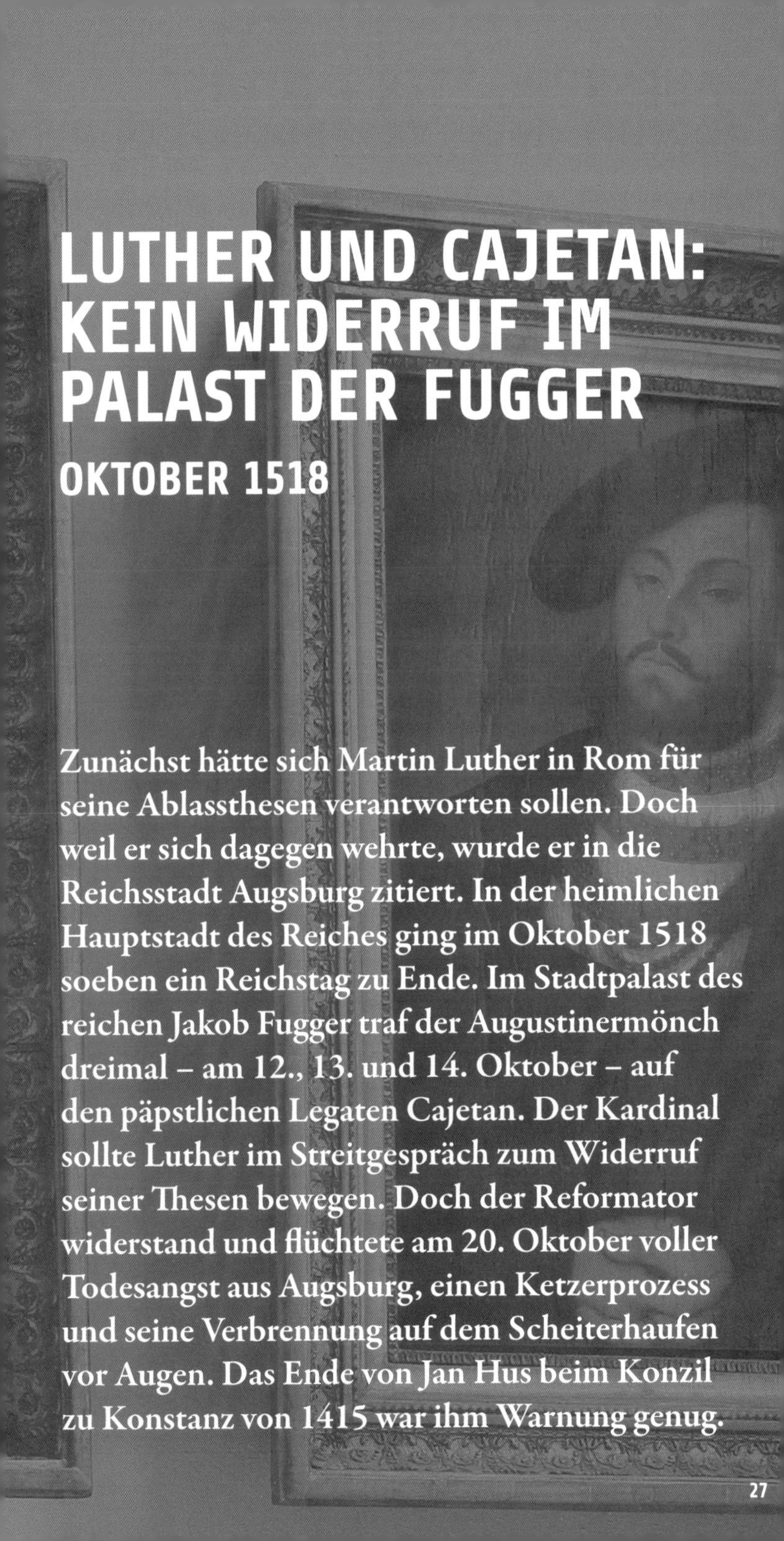

LUTHER UND CAJETAN: KEIN WIDERRUF IM PALAST DER FUGGER

OKTOBER 1518

Zunächst hätte sich Martin Luther in Rom für seine Ablassthesen verantworten sollen. Doch weil er sich dagegen wehrte, wurde er in die Reichsstadt Augsburg zitiert. In der heimlichen Hauptstadt des Reiches ging im Oktober 1518 soeben ein Reichstag zu Ende. Im Stadtpalast des reichen Jakob Fugger traf der Augustinermönch dreimal – am 12., 13. und 14. Oktober – auf den päpstlichen Legaten Cajetan. Der Kardinal sollte Luther im Streitgespräch zum Widerruf seiner Thesen bewegen. Doch der Reformator widerstand und flüchtete am 20. Oktober voller Todesangst aus Augsburg, einen Ketzerprozess und seine Verbrennung auf dem Scheiterhaufen vor Augen. Das Ende von Jan Hus beim Konzil zu Konstanz von 1415 war ihm Warnung genug.

AUGSBURG 1518 – LUTHER DROHT DER KETZERPROZESS

Während des Augsburger Gesprächs mit Kardinal Cajetan musste der Reformator mit dem Tod auf dem Scheiterhaufen rechnen

Als Martin Luther im Oktober 1518 am Rand des Augsburger Reichstages in den Fuggerhäusern auf Kardinal Cajetan traf, hatte sich der Ablassstreit längst zur Auseinandersetzung zwischen dem Reformator und der Kirche ausgewachsen. Drei Tage währte die ergebnislose Disputation des Mönchs aus Wittenberg mit dem Legaten aus Rom. Wenig später verließ Martin Luther voll Todesangst die Stadt. In den 14 Tagen seines Aufenthalts hatte er jedoch einen Samen für das Aufkeimen der Reformation in Augsburg gelegt.

1518 WAR AUGSBURG DIE BEDEUTENDSTE STADT DER REFORMATIONSGESCHICHTE

Viermal, schrieb der katholische Lutherforscher Otto Hermann Pesch, war Augsburg die wichtigste Stadt in der deutschen Reformationsgeschichte: 1530 wurde dort das von Philipp Melanchthon verfasste Augsburger Bekenntnis vor dem Kaiser

Der Kreuzgang des ehemaligen Karmelitenklosters bei St. Anna. In diesem Augsburger Kloster hielt sich Luther 1518 zwei Wochen lang auf.

Der Damenhof in den Augsburger Fuggerhäusern: Im prachtvollen neuen Stadtpalast Jakob Fuggers stritt Martin Luther an drei Tagen mit dem Kardinallegaten Cajetan ergebnislos um theologische Positionen.

und den Großen des Reiches verlesen. 1555 ermöglichte der Augsburger Religionsfrieden die Koexistenz von alter Kirche und neuem Glauben. 1999 wurde in Augsburg in der Kirche ***St. Anna*** die Gemeinsame Erklärung zur Rechtfertigungslehre unterzeichnet. Am Anfang standen aber jene Tage im Oktober 1518, als Martin Luther beim Disput mit dem Kurienkardinal Cajetan in den ***Fuggerhäusern*** am Weinmarkt (heute Maximilianstraße), dem erst kurz zuvor errichteten Stadtpalast Jakob Fuggers „des Reichen", den Widerruf seiner Thesen verweigerte.[1] Denn das Augsburger Gespräch war, wie es Pesch formulierte, ***„Von einzigartigem Rang für eine Veranschaulichung dessen, worum es im reformatorischen Durchbruch geht […]."***[2]

Seit dem 7. Oktober 1518 hielt sich Martin Luther – zum zweiten Mal nach seiner Durchreise im Jahr 1512 – in Augsburg auf. Dort sollte ihn der römische Legat Kardinal Cajetan zum Widerruf seiner seit 1517 verbreiteten 95 Thesen bewegen. Darin hieß es unter anderem: ***„Deshalb irren jene Ablaßprediger, die sagen, daß durch die Ablässe des Papstes der Mensch von jeder Strafe frei und los werde."***[3] Seine Streitschrift hatte Luther 1517 verfasst und auch an Albrecht von Brandenburg, den Erzbischof von Mainz und Magdeburg, gesandt.

In Augsburg, zu Zeiten der Kaiser Maximilian I. und Karl V. die informelle Hauptstadt des Heiligen Römischen Reiches Deutscher Nation, hatte im Juni ein großer Reichstag begonnen. Es ging vor allem um die Regelung der Nachfolge für den todkranken Kaiser Maximilian, der vergeblich für die Wahl seines Enkels König Karl I. von Spanien zum römischen König – und damit zum Kaiser des Reiches – geworben hatte.[4] Doch daran war der Habsburger ebenso gescheitert wie an seinem Plan eines Kreuzzugs gegen das Osmanische Reich.

Der Kaiser hatte Augsburg (wo er sich vor seinem Tod am 12. Januar 1519 zum 17. und letzten Mal aufhielt) schon am 26. September verlassen. Das deutet darauf hin, dass das in den Fuggerhäusern anberaumte theologische Streitgespräch

Porträtreliefs der Habsburgerkaiser Maximilian I. und Karl V. sieht man in Augsburg an einer Mauer am Gänsbühl und an einem Erker des Maximilianmuseums.

Eine Gedenktafel am Eingang zum Kreuzgang bei der St.-Anna-Kirche erinnert an Luthers Aufenthalt im Jahr 1518. Abbildungen des Reformators zeigt das Museum Lutherstiege.

JAKOB FUGGER BEGANN MIT DEM BAU DER FUGGERHÄUSER

An der Fassade des Augsburger Stadtpalastes erinnert eine kleine Gedenktafel an die Tage, in denen Luther nicht widerrief

Von 1512 bis 1515 ließ Jakob Fugger „der Reiche" die Trakte der Fuggerhäuser am noblen Weinmarkt (heute Maximilianstraße 36 und 38) bauen. Der repräsentative Wohnsitz Jakob Fuggers war die neue Zentrale seines Finanz-, Montan- und Handelskonzerns. Der Komplex, eine Mischung aus süddeutschem Stadtpalast und italienischem Palazzo, wurde seinerzeit um drei Innenhöfe erbaut. Der schönste, der sogenannte Damenhof, entstand im Stil des Palazzo Riccardi der Medici in Florenz. An drei Seiten wird dieser Augsburger Prunkhof von Arkadengängen mit toskanischen Säulen gerahmt.

In diesem einschüchternden Umfeld fand vom 12. bis zum 14. Oktober 1518 Luthers Disputation mit Kardinal Cajetan statt. An diese folgenreichen Tage erinnert eine mit der Lutherrose verzierte Gedenktafel an der Fassade zur Maximilianstraße. Ihre Inschrift lautet: „Martin Luther verweigerte hier im Oktober 1518 gegenüber dem päpstlichen Legaten Cajetan den Widerruf seiner Thesen".

Eines der beiden Hauptportale der Fuggerhäuser: Der Habsburger Adler am Tor deutet an, dass dieser Stadtpalast der reichen Fugger in Augsburg häufiger als Kaiserherberge diente.

JAKOB FUGGERS BÜSTE IN DER AUGSBURGER FUGGEREI

Ein Denkmal in seiner 1521 gestifteten Sozialsiedlung zeigt den reichen Konzernchef, den Martin Luther heftig angriff

Am 23. August 1521 unterzeichnete Jakob Fugger „der Reiche“ den Stiftungsbrief für seine seit 1516 errichtete Reihenhaussiedlung, wo von Armut bedrohte Mitbürger günstige Wohnungen mieten konnten. In der Grünanlage der Fuggerei steht ein kleines Denkmal für den Stifter – eine Stele mit dem Bronzeabguss jener Marmorbüste von Jakob Fugger, die 1967 in der Walhalla bei Donaustauf, dem Tempel der Berühmtheiten „teutscher Zunge“ nahe Regensburg, aufgestellt wurde.

Den Stifter der heute ältesten Sozialsiedlung der Welt hat Martin Luther massiv attackiert: „Wie sollte das immer mögen göttlich und recht zugehen, daß ein Mann in so kurzer Zeit so reich werde, daß er Könige und Kayser auskaufen möchte.“ Und: „Hie müßte man werlich auch den Fuckern und derglychen Gesellschaften ein Zaum ins Maul legen.“ Der Kaufherr, Bankier und Montanunternehmer gab Kontra: „Das Evangelii und Gottes Wort hat jetzo gar einen seltsamen Verstand.“

In der Grünanlage der Fuggerei steht ein Abguss der marmornen Büste Jakob Fuggers „des Reichen“, die 1967 in der Walhalla aufgestellt wurde.

Jakob Fugger, wie ihn Albrecht Dürer nach seiner beim Reichstag von 1518 gezeichneten Skizze porträtierte. Der reiche Bergbauunternehmer und Bankier ließ die Augsburger Fuggerhäuser errichten: Eine Gedenktafel an der Fassade erinnert heute an Luthers Aufenthalt im Oktober 1518.

zwischen dem Augustinermönch und dem Kurienkardinal als reichspolitisch nicht sonderlich bedeutsam angesehen wurde.

LUTHER BLIEB AM LEBEN, WEIL DER PAPST KEINEN HABSBURGER ALS KAISER WOLLTE

Für die drei Tage währende Disputation in den *Fuggerhäusern* (am 12., 13. und 14. Oktober) versuchte der Kardinallegat Tommaso de Vio – nach seinem Geburtsort Gaeta kurz Cajetan genannt – Luther den freiwilligen Widerruf der unliebsamen Thesen abzuringen. Die Freiwilligkeit war ein entscheidendes Kriterium. ***„Die römischen Gegner wollten Luther am liebsten zu Prozeß und Aburteilung – im Klartext: zum Tod auf dem Scheiterhaufen – nach Rom schaffen.“***[5] Doch man hatte auf Luthers Landesherrn, den Kurfürsten von Sachsen, Rücksicht zu nehmen. Der Papst umwarb nämlich Friedrich III. „den Weisen“ aus politischen Gründen: Bei der Wahl des römischen Königs sollte der Kurfürst gegen den Habsburger Karl stimmen.[6]

Die politische Räson verbot also eine Ketzerverbrennung wie die des böhmischen Reformators Jan Hus am 6. Juli 1415 beim Konzil zu Konstanz. Dass Luther dies gewusst hat, ist nicht wahrscheinlich. Nach dem dritten Verhandlungstag in den Fuggerhäusern schrieb er in einem Brief: ***„Das weiß ich, daß ich der allerangenehmst und liebst wäre, wenn ich dies einig Wort spräche: ‚revoco‘, das ist:***

Dürers Porträt des Jakob Fugger entdeckt man auch an der Lutherstiege: Über diese Stufen hat Martin Luther 1518 die Räume des Konvents der Karmeliten erreicht, wo er 14 Tage lang eine Bleibe fand.

‚Ich widerrufe'. Aber ich will nicht zu einem Ketzer werden mit dem Widerruf der Meinung, durch welche ich bin zu einem Christen worden; eher will ich sterben, verbrannt, vertrieben und vermaledeit werden etc."[7] Am Ende verlief das theologische Streitgespräch in den Fuggerhäusern ergebnislos.

IM AUGSBURGER KARMELITENKLOSTER HÄLT SICH LUTHER ZWEI WOCHEN AUF

In der während der Reichstage völlig überlaufenen Stadt hatte der Augustiner Martin Luther eine Bleibe bei den Karmeliten von *St. Anna* gefunden. Der Grund dafür dürfte seine Bekanntschaft mit dem Prior, Johann Frosch, gewesen sein. Frosch hatte in Wittenberg studiert und promovierte dort 1518 (unter Mitwirkung Luthers) zum Doktor.[8] Über die Kontakte der Karmeliten zur Elite der Augsburger Bürgerschaft wurde das Kloster zum *„[...] Einfallstor seiner Reformgedanken [...]"*.[9] Prior Frosch war in der Folge einer der Wegbereiter der Reformation in Augsburg: Er heiratete 1525, er führte die evangelische Gottesdienstordnung ein und er spendete erstmals das Abendmahl in beiderlei Gestalt.[10] So wurde St. Anna zum Augsburger Zentrum des Protestantismus.[11]

Die Kirche St. Anna ist heute eine Lutherstätte. An Luthers 14-tägigen Aufenthalt im Oktober 1518

Im Ostchor der St.-Anna-Kirche: Die Porträts Martin Luthers sowie des Kurfürsten Johann Friedrich von Sachsen entstanden in der Werkstatt von Lucas Cranach d. Ä. in Wittenberg.

erinnert eine steinerne ***Gedenktafel*** beim Eingang zum ***gotischen Kreuzgang***, der an die Kirche und die erhaltenen Konventsgebäude anschließt. Die Inschrift unter dem Porträt des Reformators hält fest: „Hier im Karmeliterkloster bei St. Anna wohnte Dr. Martin Luther vom 7. bis 20. Oktober 1518 während seiner Verhandlungen mit dem päpstlichen Legaten Cajetan." Der Weg in die Kirche führt durch den Kreuzgang – vorbei am ehemaligen kleinen Gottesacker, der zum Gedenken an den Aufenthalt des Reformators ***Lutherhof*** heißt.

Neben dem neugotischen ***Altar im Ostchor*** von St. Anna entdeckt man ein ***Porträt Martin Luthers aus der Werkstatt von Lucas Cranach d. Ä.*** (auf 1529 datiert). Auch das rechts davon platzierte Gemälde mit dem ***Porträt des sächsischen Kurfürsten Johann Friedrich*** – ein Förderer Luthers – stammt aus der Cranach-Werkstatt (datiert 1532).

Die ***Lutherstiege*** ist das ***theologisch-historische Museum zur Augsburger Reformationsgeschichte***: Der Eingang liegt wenige Schritte hinter der Tür vor dem Kreuzgang von St. Anna. Dort erreicht man über eine steile Treppe – die wohl auch Luther erklommen hat – das Museum in den darüberliegenden Räumen des ehemaligen Konvents. Die Gedenkstätte wurde 1983 anlässlich von Luthers 500. Geburtstag eröffnet. Die 2012 umgestaltete Ausstellung informiert multimedial zu den Mit-

REFORMATION IN AUGSBURG: DAS MUSEUM LUTHERSTIEGE

Die Gedenkstätte bei St. Anna informiert zur Disputation von 1518, aber auch zur Frühzeit der Reformation in der Reichsstadt

Die Lutherstiege bei St. Anna informiert nicht nur zum Disput des Reformators mit dem päpstlichen Legaten Cajetan in den Fuggerhäusern, von dem Luther berichtete: „Ich fing ungefähr zehnmal an zu reden, und ebenso oft donnerte er mich nieder [...] Schließlich fing auch ich an zu schreien [...]." Die Gedenkstätte zeigt zum Beispiel Luthers Einfluss auf Augsburg, wo sich von 1523 bis 1526 in Pfarr- und Bettelordenskirchen erste protestantische Gemeinden bildeten. Die Stadt war ein wichtiger Druckort von Lutherschriften. Von 1519 bis 1525 wurden über eine Million Flugschriften vertrieben.

Luther war jedoch nicht der einzige, dem die Augsburger Protestanten folgten. 1527 klagte der Reformator: „Augusta in sex divisas est sectas" („Augsburg zerfällt in sechs Richtungen"). Die Lutheraner waren damals beileibe nicht die größte Gruppe des reformatorischen Lagers: Es spaltete sich zudem in Zwinglianer und ihre Straßburger Variante, in Schwenckfelder und in Täufer auf.

Die Empore der Kirche St. Anna ist in das Museum Lutherstiege einbezogen. Dort wird die Entwicklung der Reformation in Augsburg nach 1518 thematisiert.

Die Porträts des Humanisten Konrad Peutinger sowie seiner Ehefrau Margarete Welser in der Augsburger Staatsgalerie Alte Meister.

Am 9. Oktober 1518 war Luther Gast des Augsburger Ratsherrn Peutinger in dessen Stadtpalast beim Dom.

streitern und Gegnern, zu Luthers Wirken in der Stadt und zu seinem Einfluss bei der Einführung der Reformation. Ein Hauptthema ist die dreitägige Disputation mit Cajetan in den ***Fuggerhäusern***. Der Eintritt in die Ausstellung ist frei.

MARTIN LUTHER ZU GAST IM HAUS DES HUMANISTEN KONRAD PEUTINGER

Wenige Tage vor seiner Disputation mit Cajetan – am Abend des 9. Oktobers 1518 – war Luther bereits bei dem Augsburger Humanisten, Juristen und

Ratsherrn Dr. Konrad Peutinger zu Gast gewesen. Der Augsburger Stadtschreiber lebte in seinem Anwesen am Domvorplatz, dem heutigen *Peutingerhaus*. Peutinger war Berater der Habsburgerkaiser Maximilian I. und Karl V. und einer der einflussreichsten Politiker der Reichsstadt. Der Reformator berichtete, dass sich sein Gastgeber und weitere Ratsherren eifrig um seine Sache bemüht hätten.[12]

Konrad Peutinger hatte durch die Heirat mit Margarete Welser ein namhaftes Vermögen erworben. Durch seine Ehefrau war er mit einem der reichsten Augsburger Konzernlenker dieser Zeit – Bartholomäus V. Welser – verschwägert. Als Welser, seine Mitgesellschafter und einige Verwandte nach dem Reichstag in Speyer (1529) wegen des auch von Luther heftig kritisierten Monopolmissbrauchs 1530 angeklagt wurden, wählten sie Peutinger als Verteidiger. Der gelehrte Jurist plädierte für das Recht auf freies Unternehmertum, da der Eigennutz der Kaufleute am Ende der Allgemeinheit zugute käme. Die Klage wurde niedergeschlagen.

LUTHERS APPELLATION AN DEN PAPST WIRD AM DOMPORTAL ANGESCHLAGEN

Am 22. Oktober 1518 brachten Martin Luthers Reisegefährte Leonhard Bayer sowie Johannes Frosch, der Prior von *St. Anna*, an den *Portalen* des

Die Gedenktafel am Ende der Römermauer am südwestlichsten Rand des Domvorplatzes erinnert daran, dass am 22. Oktober 1518 Luthers Appellation an den Papst an beiden Portalen des Augsburger Mariensdoms angeschlagen wurde.

DIE ROMANISCH-GOTISCHE AUGSBURGER BISCHOFSKIRCHE

Mit dem Ende des Schmalkaldischen Krieges im August 1547 endete auch die Zeit evangelischer Gottesdienste im Mariendom

Der Mariendom ist die älteste und größte Kirche Augsburgs. 807 wurde ein romanischer Neubau geweiht, um 1075 erbaute man die Doppeltürme. Der gotische Chor und das Nordportal entstanden 1343, das figurenreiche Südportal stammt von 1356. Fünf Prophetenfenster in der Bischofskirche bilden den ältesten Glasmalereizyklus der Welt.

1518 war Johannes Oecolampad – zuvor Mitarbeiter des Erasmus von Rotterdam sowie ein Bekannter Melanchthons – Domprediger geworden: Er wirkte bis 1520 und stand der Reformation nahe. Sein Nachfolger Urbanus Rhegius predigte „fast auff des Luthers seitten". 1534 war der Dom eine der acht Kirchen, in denen der Augsburger Rat noch die Römische Messe zuließ. Ab 1537 predigte Wolfgang Musculus auch dort evangelisch: Er hatte seit 1531 der Lehre Zwinglis in Augsburg zum Durchbruch verholfen. Erst ab dem 5. August 1547, nach dem Schmalkaldischen Krieg, wurden im Dom wieder katholische Gottesdienste abgehalten.

Die romanischen Doppeltürme des Augsburger Doms wurden wohl im 11. Jahrhundert errichtet. Im 15. und im 16. Jahrhundert wurden die Türme erhöht. Danach hat man ihnen typisch gotische Spitzhelme aufgesetzt.

Durch eine Pforte in der Lücke zwischen der kleinen Galluskirche und dem benachbarten Haus soll Martin Luther 1518 aus Augsburg geflüchtet sein, da er dort mit einem Ketzerprozess zu rechnen hatte. Zwei Gedenktafeln rechts und links der engen Gasse erinnern an dieses Ereignis. Der dortige Durchlass in der Stadtmauer ist womöglich nur eine Stadtlegende.

Augsburger *Mariendoms* die notariell beurkundete „Appellation von dem übel unterrichteten an den besser zu unterrichtenden Papst“ an. Luther selbst hatte Augsburg aus Furcht vor dem drohenden Ketzerprozess bereits am Abend des 20. Oktobers heimlich hinter sich gelassen.

Am Rand des Domvorplatzes, etwas versteckt an der Schmalseite der Römermauer beim *Peutingerhaus*, hält eine *Inschriftentafel* mit der Lutherrose fest: „Martin Luther's Widerspruch gegen die Eröffnung des Ketzerprozesses in Rom wurde im Oktober 1518 am Domportal angeschlagen.“

ZWEI GEDENKTAFELN BEIM „DAHINAB“ ERINNERN AN MARTIN LUTHERS FLUCHT

Als Luther Augsburg in der Nacht vom 20. auf den 21. Oktober 1518 verließ, soll ihm ein Angehöriger der Patrizierfamilie Langenmantel die Flucht durch eine Pforte in der östlichen Stadtmauer ermöglicht haben. Mit dem Ausruf „Da hinab“ soll Langenmantel dem Augustinermönch den Weg durch einen engen Durchgang hinter der kleinen *Galluskirche* gewiesen haben. Die steinerne *Gedenktafel*

Eine Gedenktafel in der kleinen Stadt Monheim (im Landkreis Donau-Ries) erinnert an jenen scharfen Ritt, mit dem sich Luther in der Nacht vom 20. auf den 21. Oktober 1518 von Augsburg aus ins Fürstentum Pfalz-Neuburg geflüchtet hat.

mit der Inschrift „Dahinab 1518“ erinnert daran. An der gegenüberliegenden Hauswand formuliert eine bronzene *Inschriftentafel* mit einer Lutherrose vorsichtig: „Martin Luther soll an dieser Stelle durch eine Pforte in der Nacht zum 21. Oktober 1518 heimlich die Stadt verlassen haben.“ Denn die besagte Pforte ist vielleicht nur eine Stadtlegende.

EINE INSCHRIFT BEZEUGT DEN SCHARFEN RITT VON AUGSBURG NACH MONHEIM

In dieser Nacht ritt Luther in das gut 60 Kilometer nördlich von Augsburg gelegene *Monheim*. Die Stadt gehörte seit 1505 zum Fürstentum Pfalz-Neuburg. Luther hat Monheim, so die Inschrift der steinernen *Gedenktafel* am Gasthof Zum goldenen Lamm, „[…] nach einem anstrengenden Ritt am 20.10.1518 […]“ erreicht. Von hier aus führte sein Weg über Nürnberg weiter nach Sachsen.

Zwei Monate später, im Dezember 1518, fragte Luther in einem Brief, *„[…] ob der Papst nicht der Antichrist sei und schlimmer als die Türken.“*[13] Die Reichsstadt Augsburg aber, in der er um sein Leben bangen musste, hat Luther nie mehr besucht.

AUFRUHR, BAUERNKRIEG UND BILDERSTURM

1524 UND 1525

Luthers Auffassung, dass ein Christ ein freier Herr über alle Dinge und niemandem untertan sei, nahmen die von Adel, Kirche und Klöstern geknechteten Bauern wörtlich. Im Januar 1525 begann der Bauernkrieg im Allgäu. Westlich von Augsburg erhoben sich neun von zehn Bauern und plünderten Schlösser und Klöster. Doch im Allgäu, im Donautal, im Ries und in der Reischenau bei Augsburg wurde der Aufstand blutig niedergeschlagen. Luther selbst hatte die Obrigkeit aufgefordert, die Bauern gnadenlos niederzumetzeln: Tausende starben oder wurden verstümmelt. Der Zorn der Armen in der Reichsstadt Augsburg brach sich schon im Sommer 1524 Bahn: Beim Schilling-Aufstand flüchtete Jakob Fugger auf seine Burg Markt.

AUFSTAND DER STADTARMEN UND GEKNECHTETEN BAUERN

Der Bauernkrieg endete mit Gemetzeln und Hinrichtungen, die Unruhen in Augsburg mit einem niedergeschlagenen Aufstand

Bauern und verarmte Handwerker verstanden Luthers theologischen Begriff von der Freiheit eines Christenmenschen im weltlichen Sinn. 1524 begann bei Augsburg der Bauernkrieg, der bald – mit Unterstützung Jakob Fuggers „des Reichen" und von Luther bekämpft und verraten – blutig niedergeschlagen wurde. Als sich die Armen in Augsburg erhoben, flüchtete Fugger aus der Stadt.

DER AUGSBURGER MATTHÄUS LANG: EIN KARDINAL UND „HURENJÄGER"

In den Jahren nach Luthers Disputation mit Cajetan in den Augsburger *Fuggerhäusern* wurde das Auseinanderdriften der Glaubensrichtungen unausweichlich. Noch ehe der Augsburger Bischof Christoph von Stadion die gegen den Reformator gerichtete Bannandrohungsbulle nach längerem Zögern am 30. Dezember 1520 öffentlich machte, hatte Luther die ihm längst zugestellte Bulle sowie Bücher zum Kanonischen Recht am 10. Dezember in Wittenberg öffentlich verbrannt.[1]

Doch nicht nur die Kirche brach auseinander. Auch die Gültigkeit der vorgeblich gottgewollten mittelalterlichen Ständeordnung wurde hinterfragt, zumal auch Martin Luther 1520 im Traktat „An den christlichen Adel deutscher Nation" schrieb: *„Man hats erfunden, daß Papst, Bischöfe, Priester und Klostervolk der geistliche Stand genannt wird, Fürsten, Herrn, Handwerks- und Ackerleute der weltliche Stand. Das ist eine sehr feine Erdichtung und Trug. Doch soll niemand deswegen schüchtern werden, und das aus dem Grund: alle Christen sind wahrhaftig geistlichen Standes und ist unter ihnen kein Unterschied außer allein des Amts halber [...]."*[2] Die vom Reformator ebenfalls 1520

Denkmäler als Erinnerung an den Bauernkrieg sind um Augsburg rar: Erst in jüngerer Zeit wird an einigen Orten tausender Opfer der Niederschlagung des Aufstands von 1525 gedacht. An einen in der Reischenau nah bei Augsburg niedergemetzelten Bauernhaufen erinnert das Schwarze Kreuz bei Ried.

verfasste Schrift „Von der Freiheit eines Christenmenschen" enthält die Worte ***„Ein Christenmensch ist ein freier Herr über alle Dinge und niemand untertan […]."***[3] Was Luther aber nur auf Glaubensfragen bezog, nahmen insbesondere die von ihren weltlichen und geistlichen Grundherren durch Zehnt, Frondienste, Leibeigenschaft und Rechtsbeugung geknechteten Bauern wörtlich.

Im Volk brodelte es, mit der Glaubwürdigkeit weltlicher und geistlicher Autoritäten war es nicht weit her. Der 1519 zum Kaiser gewählte Karl V. – in dessen Reich die Sonne nie unterging – hatte für die Deutschen wenig Sympathien übrig. Auch von den Renaissancepäpsten in Rom war wenig zu erwarten: Machtpolitik und Mätressen, Nepotismus (Vetternwirtschaft) und Simonie (der Verkauf von Kirchenämtern und Pfründen) waren an der Tagesordnung. Der Franziskaner Giuliano della Rovere – er war als Julius II. von 1503 bis 1513 Papst – hatte drei Töchter und führte derart leidenschaftlich Krieg, dass Luther ihn einen Blutsäufer nannte.[4]

In Augsburg hatte man nicht nur Papst Julius II. vor Augen, dessen 1506 installierte Schweizergarde die Fugger finanzierten, die 1508 die römische Münzstätte, die „Zecca", übernehmen konnten. Als geistliches Vorbild wenig tauglich war wohl auch der 1468 als Sohn eines Augsburger Bürgers geborene und mit den Fuggern verwandte Matthäus Lang. Als ein Günstling Kaiser Maximilians I. stieg er zum Kardinal auf. Nach dem Tod des Kaisers politisch entmachtet, wurde Lang 1519 Erzbischof von Salzburg und 1521 Bischof von Cartagena.

Im heutigen Augsburger Stadtteil *Wellenburg* ließ sich Lang sein Lustschloss bauen. *„Seine üppige Hofhaltung erregte schon bei den Zeitgenossen Aufsehen; der Chronist* [Wilhelm] *Rehm bezeichnet ihn als ‚Speckboub' und ‚Hurenjäger'.*"[5] Nur ein paar Schritte vom Nordportal des *Doms* entfernt bezeugt eine 1857 angebrachte *Gedenktafel* am „Dom Hotel", dass Matthäus Lang von Wellenburg dort 1508 die Dompropstei errichten ließ.

ZUM AUFSTAND BEREIT: DIE BAUERN – UND DIE UNTERSCHICHTEN IN DER STADT

Weltliche Güter waren in der Reichsstadt Augsburg extrem ungleich verteilt. Während für Kaufherren wie die Fugger, Welser, Höchstetter, Baumgartner, Gossembrot, Herwart oder Imhof – so ein Briefschreiber 1530 – *„[...] ein mehr als asiatischer Luxus [...]*"[6] finanzierbar war, darbten unterhalb der kleinen Oberschicht und einer kaum größeren Mittelschicht im Spätmittelalter 87 Prozent der Augsburger in Armut oder stets von Armut bedroht. Wie krass die Vermögenskonzentration in der Reichsstadt Augsburg war, zeigt der Vergleich mit der Hansestadt Lübeck: Dort gehörten lediglich 52 Prozent der Stadtbürger zur Unterschicht.[7]

Die Bauern sollten sich zwischen 1470 und 1648 vor allem in Südwestdeutschland, in Österreich und in der Schweiz mehr als 60-mal gegen ihre Herrschaften erheben. Ende 1524 hatte der Aufstand der Bauern am Hochrhein begonnen.[8] In Ostschwaben brach der Bauernkrieg im Januar 1525 im Fürststift Kempten aus: Dort hatten die Bauern besonders stark unter Repressionen und Rechtsbeugungen zu leiden. Im Februar gaben sich die Bauern aus dem Fürststift mit anderen Haufen des Allgäuer Bundes in *Marktoberdorf* eine erste gemeinsame Verfassung, die „Allgäuer Artikel".[9]

Eine Malerei an der Fassade der Memminger Kramerzunft erinnert seit 1977 daran, dass in diesem Haus im März 1525 die „Zwölf Artikel“ der aufständischen Allgäuer Bauern verfasst wurden. Die „Zwölf Artikel“ gelten als die erste Niederschrift von Menschenrechten in Europa.

VERFASSUNG DER ALLGÄUER BAUERN: DIE „ZWÖLF ARTIKEL“ VON MEMMINGEN

Den aufständischen Bauern lieferte die Reformation ihr politisches Programm: *„[...] die Heilige Schrift verstanden sie als Offenbarung des göttlichen Rechts und gleichsam als Verfassungstext für die soziale und politische Ordnung.“*[10] „Zwölf Artikel“ der aufständischen Bauern wurden (wohl unter Führung des Kürschnergesellen Sebastian Lotzer und des Predigers Christoph Schappeler) im März 1525 im ***Kramerzunfthaus*** in ***Memmingen*** verfasst.[11] Ihre Forderungen beriefen sich auf das Evangelium, sie waren ***„[...] Beschwerdeschrift, Reformprogramm und politisches Manifest zugleich [...]“***.[12] Gefordert wurden unter anderem die freie Wahl des Pfarrers durch die Gemeinde, die Aufhebung der Leibeigenschaft, die Reduzierung der Frondienste und Abgaben sowie die Abschaffung des Todtfalls (Abgabe an den Grundherrn nach dem Tod eines Bauern). Die ***Fassadenmalerei*** an der Kramerzunft (Kreuzstraße 10, Weinmarkt 15) erinnert mit ihrer ***Inschrift*** als einziges überregional bekanntes Denkmal an die Bauernbewegung im Allgäu und in Oberschwaben. Die Malerei von 1977 zeigt den Memminger Prädikanten Schappeler, den Laienprediger Lotzer und zwei Bauern.

Die „Zwölf Artikel“ wurden bald in 25 Drucken aufgelegt – sie wurden weit über Oberschwaben hinaus verbreitet.[13] Inwieweit das rund 80 Kilometer nordöstlich gelegene Augsburg die Memminger Ereignisse beeinflusste oder umgekehrt von ihnen beeinflusst wurde, ist unklar. Offiziell hatten sich die großen Reichsstädte ***Ulm*** und Augsburg der Ausbreitung der bäuerlichen Bewegung völlig verschlossen.[14] Der Austausch von Ideen ergab sich jedoch zwangsläufig über familiäre und wirtschaftliche Vernetzungen zwischen Memmingen und Augsburg. Zum Beispiel hatte Lukas Welser seine Firma 1484 mit der Memminger Vöhlin-Gesellschaft verschmolzen, und 1496 wurde in Augsburg eine neue Welser-Vöhlin-Gesellschaft gegründet.

DER BAUERNKRIEG IN OSTSCHWABEN WIRD BLUTIG NIEDERGESCHLAGEN

Nicht nur der Handel besorgte die Verbreitung neuer Gedanken. So warnte der Augsburger Ulrich Arzt – Zunftmeister der Kaufleute und langjähriger Bürgermeister sowie seit 1513 immer wieder gewählter Hauptmann jener Reichsstädte, die dem Schwäbischen Bund angehörten – eindringlich vor der Aufsässigkeit der verarmten Handwerker: ***„Ich hab auch uf kein zunft mer sorg, dann allain uf die weberzunft, die wandlen an allen orten under die paurn […].“***[15] Ulrich Arzt befürchtete wohl, dass die Gespräche unzufriedener verarmter Weber mit den aufsässigen Bauern die Unruhen vor und hinter den Stadtmauern befeuern könnten.

Nicht einmal in der Stadt Augsburg konnte sich also Bischof Christoph von Stadion noch sicher fühlen. Er zog sich auf sein ***Schloss*** in ***Dillingen*** zurück. Auch das Domkapitel flüchtete sich mit Wertsachen und Archivalien dorthin. Sogar ein Angriff auf die Donaustadt konnte nicht ausgeschlossen werden, da die Bauern aus den umliegenden Dörfern des Hochstifts zu den Aufständischen hielten.[16]

„Der eigentliche Krieg brach Ende März [1525] ***aus, als der Baltringer Haufe*** [benannt nach einem Dorf nahe Biberach] ***Klöster und Schlösser zu plündern begann. […] Jetzt schlug Georg Truchseß von Waldburg mit dem Truppenaufgebot des Schwäbischen Bundes rasch zu […].“***[17] Am 4. April

Als der Bauernkrieg begann, flohen der Augsburger Bischof und das Domkapitel auf das stark befestigte Schloss in Dillingen.

Am 1. April 1525 belagerte der Leipheimer Haufen die Stadttore von Weißenhorn, das Jakob Fugger 1507 erworben hatte.

1525 wurden die schlecht bewaffneten und organisierten Bauern bei ***Leipheim*** aufgerieben. 1000 Mann wurden getötet, 4000 gerieten in Gefangenschaft.[18] Ein ***Zinnfigurendiorama*** der Schlacht ist im Leipheimer ***Heimat- und Bauernkriegsmuseum Blaue Ente*** ausgestellt. Kurz vor der Schlacht, am 1. April, hatten Bauern erfolglos die ***Stadttore*** von ***Weißenhorn*** in der von Jakob Fugger 1507 erworbenen Herrschaft Kirchberg und Weißenhorn belagert.[19] An das Gemetzel erinnert heute in Leipheim eine moderne ***Kunstinstallation*** bei der Abzweigung der Staatsstraße 2509 ins Bibertal.[20]

Die bis ins 20. Jahrhundert dominierenden Vertreter der Feudalgesellschaft hatten an Denkmälern zum Bauernkrieg naturgemäß wenig Interesse. Das gilt auch für die Landschaft westlich von Augsburg, wo die Bauern das ***Zisterzienserinnenkloster Oberschönenfeld*** nahe ***Gessertshausen*** plünderten.[21] Am 30. Mai wurde ein größerer Bauernhaufen in der nahen Reischenau niedergemacht.[22] Kurz vor dem nördlichen Ortsrand des Dorfes ***Ried***, einem Ortsteil der Gemeinde ***Dinkelscherben***, steht das ***Schwarze Kreuz*** an der Bundesstraße 300: Es ersetzte nach einem Verkehrsunfall vor Jahrzehnten ein Vorgängerkreuz und erinnert ohne Inschrift an die im Bauernkrieg niedergemetzelten oder später hingerichteten Bauern.[23] Die Aufständischen wurden teils ***„[...] unmenschlich streng [...]“***[24] bestraft.

LUTHER WETTERT GEGEN FUGGER – UND FORDERT, DIE BAUERN TOTZUSCHLAGEN

Die Unterdrückung des Aufstands hatte unter anderem Jakob Fugger „der Reiche“ im nahen Augsburg finanziert.[25] 1524 hatte Luthers Flugschrift „Von Kaufshandlung und Wucher“, die sich gegen die großen Handelsgesellschaften allgemein und ganz speziell gegen Jakob Fugger richtete, die Massen erregt: Jegliches unternehmerische Gewinnstreben wurde als unchristlich inkriminiert.[26] ***„‚Verdammte Fuckerei‘ gehört zu Luthers derben Scheltworten, während der Chef des gemeinten Handelshauses von seinen Chronisten [...] als ‚Feind aller Lutherei‘ gekennzeichnet wurde [...].“***[27] Nun aber spottete der Kaufmann: ***„Und fürwahr so ist Lütter dieser Aufruhr, Empörung und Blutvergießen in teutsch Nation ein Anfang und Ursache – wiewohl er's jetzo vielleicht gern wieder herumbrächte, so es versäumbt ist.“***[28]

Luther aber forderte in seiner 1525 verfassten Schrift „Wider die räuberischen und mörderischen Rotten der Bauern“ die Obrigkeiten dazu auf, die Bauern ohne Gnade niederzumachen, denn sie seien ***„[...]trewlose, meyneydige, ungehorsame, auffrürissche, mörder, reuber, gottslesterer, wilche auch Heydenissche oberkeyt zu straffen recht und***

Im Mai 1525 wütete ein Bauernhaufen in der Klosterkirche in Auhausen. Nicht nur die Figuren am Chorgestühl, sondern auch Epitaphe und andere Kunstwerke wurden damals zerschlagen oder beschädigt. Die bedrückenden Zeugnisse dieses Bildersturms im Ries sind unverändert zu sehen.

macht hat [...]".[29] Die Herren ermutigte er zur Gewalt: „***[...] Steche, schlahe, würge hie, wer da kan [...]***."[30] Obwohl Luther so den Mord an den Bauern legitimierte, wurde die „***[...] lutherische Lehre und Sekte[...]***"[31] beschuldigt, Aufruhr und Unordnung auszulösen. „***Deshalb sind Spuren des reformatorischen Ansatzes nach dem Ende des Bauernkriegs im Augsburger Umland wenig zu finden.***"[32]

BILDERSTÜRMENDE BAUERN UND DIE SPUREN IHRES HASSES IN AUHAUSEN

Wie groß die ohnmächtige Wut und der unstillbare Hass der Bauern auf ihre Unterdrücker waren, belegen aber – rund 80 Kilometer nördlich von Augsburg am Rand des Rieses – bedrückende Bilder in der früheren Benediktinerklosterkirche ***St. Maria*** in ***Auhausen***. Am 6. Mai 1525 hatte ein Bauernhaufen vom nahen Hesselberg und vom Hahnenkamm das verlassene Benediktinerkloster erstürmt. Es folgte eine Orgie der Zerstörung, die erst am Morgen des 7. Mai endete: „***Es mag bei manchen wirkliche antireligiöse Gesinnung gewesen sein, was sie zu diesem tollen Treiben veranlaßte; bei der Mehrzahl wird es Habgier und blinde Zerstörungswut gewesen sein. Die Bilder der Heiligen wurden vernichtet, Grabdenkmäler in Trümmer zerschlagen [...]***."[33] Nur wenige Stunden nach der

Plünderung des Klosters wurden die Bauern in der Schlacht bei Ostheim durch Markgraf Kasimir von Ansbach vernichtend geschlagen.

Bis auf den heutigen Tag – das macht die heute evangelische Pfarrkirche von Auhausen weit und breit einzigartig – sind die Spuren der Zerstörungswut am *Kirchengestühl* und an *Epitaphen*, aber auch die *Relikte eines heiligen Christophorus* (einer zuvor riesigen Figur aus Ton) zu sehen. Das Innere der Basilika im heutigen Landkreis Donau-Ries ist ein einmalig authentisches Mahnmal des Bauernkrieges und des Bildersturms. 1525 brachte jedoch mancher (selbst in nur wenig bauernfreundlichen Kreisen) Verständnis für die blindwütige Raserei der Aufständischen auf. In einem vertraulichen Brief hatte der Nördlinger Stadtschreiber Georg Mair am 29. März 1525 notiert: Ihre Herren hätten *„[...] die armen leut nit wie menschen sondern wie die unvernunftigen tiere gehalten [...]“*.[34]

Neben den Klöstern in Auhausen und *Oberschönenfeld* hatten die Bauern in Ostschwaben die Klöster in *Kempten*, *Ottobeuren*, *Irsee*, *Ursberg*, *Roggenburg*, *Wettenhausen* und *Elchingen* überfallen.[35] Im Ries wurden die wertvolle Bibliothek des *Klosters Maihingen* verbrannt und verschleppt sowie das Deutschordenshaus in *Oettingen* und das *Zisterzienserkloster Zimmern* geplündert.[36]

EIN MIRAKEL IM BAUERNKRIEG? DAS „HERRGÖTTLE VON BIBERBACH“

Einzig im gut 20 Kilometer nördlich von Augsburg gelegenen *Biberbach* kam durch den Bauernkrieg angeblich nicht etwas fort, sondern hinzu: Glaubt man dem (Jahrzehnte später beeideten) Geschehen des sogenannten „Gespannwunders“, fand 1525 ein Fuhrmann während des Bauernkrieges in Württemberg ein Kreuz am Wegrand, als seine Pferde nicht mehr von der Stelle zu bewegen waren.[37]

Doch dieses Mirakel wird angezweifelt, weil das um 1220 gefertigte *romanische Kruzifix* angeblich erst 1655 in der Kirche wieder aufgefunden und nun zum Ziel einer blühenden Wallfahrt in der Fuggerherrschaft Biberbach wurde. Das mit dem

DIE BASILIKA IN AUHAUSEN UND DER BAUERNKRIEG

Nicht beseitigte Zerstörungen machen die einstige Klosterkirche im Ries zum weit und breit einmaligen Zeugnis des Bildersturms

Die ältesten Teile der romanischen Benediktinerklosterkirche St. Maria in Auhausen – Teile des Langhauses, das östliche Chorjoch und die beiden Nebenchöre – wurden um 1120 erbaut. Die beiden Türme sind weit ins Wörnitztal hinein zu sehen. Der nördliche Turm wurde um 1230 erhöht, der südliche 1334 in einfacherer Form erneuert. Der Chor wurde 1519, sechs Jahre vor der Plünderung des Klosters und der Zerstörung der Ausstattung im Inneren der Kirche durch die Bauern, neu errichtet. Als man 1537 einen Getreidekasten einbaute, wurden die Wände des Seitenschiffs erhöht, seitdem bedeckt ein Satteldach alle drei Schiffe der Basilika.

Schäden des Bildersturms am aus Eichenholz gefertigten Kirchengestühl und an den Epitaphen im Inneren sind ebensowenig zu übersehen wie das Bruchstück des aus Ton gebrannten, zerschlagenen Christophorus an der Westwand. Der Hochaltar mit Tafelbildern Hans Schäufeleins von 1513 in der seit 1534 evangelischen Kirche blieb erhalten.

Zahlreiche Schnitzfiguren des Chorgestühls der Basilika wurden beschädigt. Auch an dieser Madonna mit dem Kind sind die Spuren der Zerstörungen erhalten geblieben.

Bauernkrieg verbundene Mirakel des „Herrgöttle von Biberbach“ wurde aber erst 1693 durch *zwei Malereien* in der *Emporenbrüstung* der Pfarr- und Wallfahrtskirche *St. Jakobus, St. Laurentius und Heiliges Kreuz* festgehalten.

Das „Herrgöttle von Biberbach“ soll 1525 während des Bauernkrieges in Württemberg am Wegrand gefunden worden sein.

EIN ANFÜHRER DER BAUERN: GÖTZ VON BERLICHINGEN IM AUGSBURGER TURM

Götz von Berlichingen, der „Ritter mit der eisernen Hand“, hatte sich frühzeitig der Reformation angeschlossen. Die Bauern aus dem Odenwald wählten

Malereien an der Emporenbrüstung der Biberbacher Kirche haben das Mirakel der Kreuzauffindung festgehalten.

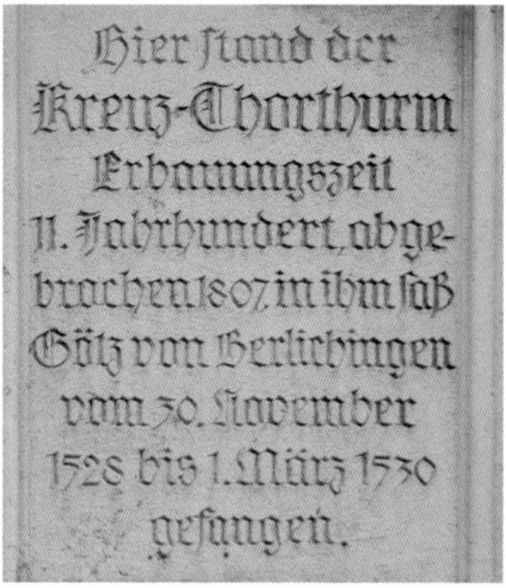

Ein Relief am Erker eines Hauses in der Augsburger Heilig-Kreuz-Straße sowie eine Gedenktafel an der Gartenmauer erinnern daran, dass Ritter Götz von Berlichingen, der Anführer eines Bauernhaufens aus dem Odenwald, im benachbarten Stadtturm einsaß.

ihn 1525 zu ihrem Anführer. Kurz vor dem bevorstehenden Kampf mit Truppen des Schwäbischen Bundes verriet der Reichsritter die Bauern und ließ den Bauernhaufen im Stich. Auf Betreiben seiner Gegner wurde Götz von Berlichingen später dennoch gefangengenommen und in Augsburg im Heilig-Kreuzer-Torturm festgesetzt.

Am Anwesen Heilig-Kreuz-Straße 4 erinnert eine *Gedenktafel* an den schon 1807 abgerissenen Stadtturm, in dem der vormalige Anführer des Odenwälder Bauernhaufens vom 30. November 1528 bis zum 1. März 1530 gefangengehalten wurde. Der Erker des Hauses zeigt ein *Porträtrelief Götz von Berlichingens*. In der Erkernische darunter findet sich eine zweite Gedenktafel mit der *Inschrift*: „Götz von Berlichingen der Ritter mit der eisernen Hand". Die Haft im Augsburger Stadtturm hat dem Reichsritter eher nicht geschadet: Er starb 1562 im Alter von über 80 Jahren.

IN DER AUGSBURGER BARFÜSSERKIRCHE: EIN FRANZISKANER SORGT FÜR AUFRUHR

Augsburg war vom Bauernkrieg weitestgehend unbehelligt geblieben. Zwar hatte Mitte März 1525 ein Bauernhaufen im Wertachtal bei *Wellenburg* gelagert, der sich mit Aufständischen aus *Haunstetten* und *Gersthofen* vereinte. Das Erstere – ein Dorf südlich von Augsburg – gehörte dem Benediktinerkloster *St. Ulrich und Afra*, das Zweitere (nördlich) dem Augustinerchorherrenstift ***Heilig Kreuz*** in Augsburg. Der Augsburger Rat blieb jedoch bei seiner strikt neutralen Politik und verwies die Aufständischen mit ihren Forderungen an den Schwäbischen Bund in ***Ulm***.

Offenbar gab es aber noch einen Versuch, den Aufstand in die Reichsstadt zu tragen. Johannes Schilling, bis November 1524 Prediger in der Augsburger ***Barfüßerkirche***, soll sich im Frühjahr 1525 in Landsknechtskleidung – und möglicherweise im Auftrag der Aufständischen – in Augsburg aufgehalten haben.[38]

Schilling war der Lesemeister des Augsburger Barfüßerklosters gewesen. Mit radikalen Predigten zu kirchlichen, sozialen und politischen Fragen hatte der Franziskanermönch in der Minoritenkirche im Lechviertel das einfache Volk begeistert: ***„Alle Autorität stehe bei der Gemeinde […]. Solche Reden vernahm der Pöbel gerne. So oft S.*** [Schilling] ***die Kanzel bestieg, war die Kirche wie vollgepfropft, und zuweilen kam es selbst im Gotteshaus zu ärgerlichen Scenen: die altgläubigen Priester wurden verhöhnt und bedroht.“***[39]

In dieser Situation versuchte der Augsburger Rat, den Frieden zwischen den Glaubensrichtungen zu sichern. Man bewegte also den aufrührerischen Franziskaner dazu, die Reichsstadt zu verlassen, ohne Aufsehen zu erregen. Ein als Gegenleistung

In der Barfüßerkirche, der Kirche der Augsburger Niederlassung der Franziskaner, hetzte der Prediger Johannes Schilling 1524 die Massen gegen die Reichen und die alte Kirche auf. Die Minoritenkirche wurde 1945 weitestgehend zerstört, lediglich ihr gotischer Chor blieb erhalten.

Beim Schilling-Aufstand im Sommer 1524 konnte sich auch Jakob Fugger in Augsburg nicht mehr sicher fühlen. Er flüchtete sich auf seine Burg in Markt bei Biberbach. Die beiden markanten Bergfriede ließ erst sein Neffe Raimund Fugger errichten.

angebotenes Reitpferd sowie 20 Gulden nahm Johannes Schilling zwar an, anders als versprochen verschwieg er seinen Weggang aber nicht. Mit dem Ruf ***„Wir wollen den Barfüßermönch und keinen andern“***[40] bedrohten daraufhin am 6. August 1524 rund 1800 seiner Anhänger den Kleinen Rat. Als am 9. August nochmals Unruhen aufflammten, war der Rat vorbereitet und hatte seine Anhänger bewaffnet. Damit war aber der Aufruhr noch nicht beendet. Später wurden zwei der Aufwiegler hingerichtet und ein weiterer der Stadt verwiesen.[41]

BEIM SCHILLING-AUFSTAND IN AUGSBURG: JAKOB FUGGER FLÜCHTET NACH MARKT

Während des Schilling-Aufstands hatte sich Jakob Fugger „der Reiche“ aus Augsburg auf seine Burg in ***Markt*** bei ***Biberbach*** geflüchtet. Die Herrschaft Markt hatte er 1514 von Kaiser Maximilian I. erworben. Diese Befestigung ist nicht erhalten: Die beiden ***Bergfriede***, die das ***Fuggerschloss*** in Markt schützen sollten, ließen Jakob Fuggers Nachfolger erst nach 1550 errichten und später ausbauen.[42]

Nach den Unruhen war Schilling zunächst nach Augsburg zurückgekehrt. Am 8. November 1524 verließ er die Stadt dann freiwillig, um 1525 verkleidet noch einmal zurückzukehren. Seine Spur verliert sich in den Wirren des Bauernkrieges.[43]

FÜNF AUGSBURGER „SEKTEN" UND DIE CONFESSIO AUGUSTANA

1521 BIS 1533

Von 1521 bis 1526 begannen sich in Augsburg erste protestantische Gemeinden zu bilden: In der Reichsstadt entwickelte sich jedoch ein verwirrender Pluralismus religiöser Bewegungen. Uneinigkeit der Prediger im reformatorischen Lager führte zu Sektiererei und Streit – einer der Gründe, weshalb der Rat der Stadt lange eine neutrale Religionspolitik verfolgte und der alte Glaube in der mehrheitlich evangelisch gesinnten Reichsstadt nicht unterdrückt wurde. Verfolgt wurden lediglich die den Altgläubigen wie den Protestanten verhassten Wiedertäufer. Beim Reichstag von 1530 wurden die evangelischen Glaubensbekennisse verkündet. Das Ergebnis des Reichstages blieb unbefriedigend: Neue Konflikte waren unvermeidlich.

AUGSBURG AUF DEM WEG ZUR CONFESSIO AUGUSTANA

Gedenktafeln erinnern an einen evangelischen Stadthauptmann, an die Verfolgung der Täufer und an das Augsburger Bekenntnis

Vor allem Kirchen und Gedenktafeln erinnern an die – neben dem alten Glauben – von mehreren reformatorischen Bewegungen gleichzeitig geprägten Jahre bis zum Augsburger Bekenntnis im Jahr 1530: Im überwiegend evangelisch gesinnten Augsburg waren die Lutheraner eine Minderheit, Zwinglianer und Schwenckfeldianer dominierten. Lediglich die Wiedertäufer wurden früh verfolgt.

ERSTE AUGSBURGER KIRCHENGEMEINDEN WECHSELN ZUM EVANGELISCHEN GLAUBEN

„Die evangelische Bewegung der 1520er Jahre wirkte vor allem in städtischen und ländlichen Gemeinden. Städte spielten eine Vorreiterrolle, sie bildeten oft die frühen Zentren der evangelischen Bewegung.“[1] In der Reichsstadt Augsburg öffnete sich die Pfarrei ***St. Jakob*** als erste der Reformation.[2] St. Jakob in der Jakobervorstadt war bis 1632 eine Filialkirche der nahegelegenen ***Barfüßerkirche*** im

St. Jakob in der Jakobervorstadt öffnete sich als erste Augsburger Pfarrkirche der Reformation.

Die Karmelitenklosterkirche St. Anna wurde in der zunächst vor allem von den Zwinglianern dominierten Reichsstadt Augsburg zu einem Zentrum der Lehren Martin Luthers.

Lechviertel: In diesen Quartieren sammelte sich der ärmere Teil der Bevölkerung, der für die sozialkritischen Thesen der Reformatoren empfänglicher war als reiche, mit Kaiser und Kirche verbundene Kaufleute. Doch auch der am 21. November 1520 als Domprediger berufene Urbanus Rhegius legte sein Predigeramt bereits am 18. September 1521 nieder, weil er den Lehren Luthers anhing.[3]

ST. ANNA: IN DER REICHSSTADT AUGSBURG DAS ZENTRUM DER LEHREN LUTHERS

Es nützte nichts, dass sich Papst Clemens VII. im November 1523 beim Schwäbischen Bund – dem Zusammenschluss der schwäbischen Reichsstände – über die Ausbreitung der lutherischen Lehre in den Reichsstädten Augsburg, Nürnberg und Straßburg beklagte.[4] In der Karmelitenklosterkirche ***St. Anna „[...] predigte Johannes Frosch spätestens seit 1523 im Geiste der Reformation.“***[5]

Damals stand auch der 1521 zurückgetretene ehemalige Domprediger Urbanus Rhegius auf der Kanzel der St.-Anna-Kirche. Gemeinsam mit dem Prediger Stephan Agricola, der 1522 aus dem Herrschaftsbereich des Erzbischofs von Salzburg – des Augsburger Bürgersohns und Kardinals Matthäus

ST. ANNA – DAS AUGSBURGER ZENTRUM DER REFORMATION

Baudenkmäler und Gedenktafeln sind ein „Geschichtsbuch" der einstigen Karmelitenklosterkirche und des neuen Glaubens

St. Anna ist Augsburgs evangelische Hauptkirche. Die Bauten und die Ausstattung dieser Kirche sowie die Gedenktafeln und Grabdenkmäler an und in dem Komplex zwischen der Annastraße und dem Annahof an der Fuggerstraße spiegeln mehr als sechs Jahrhunderte Stadt- und Glaubensgeschichte wider. Im 1275 gegründeten Karmelitenkloster St. Anna hat sich Martin Luther vom 7. bis zum 20. Oktober 1518 aufgehalten. Das Kloster wurde danach zu einem „Zentrum des deutschen Protestantismus" – so der Historiker Bernd Roeck.

Das Karmelitenkloster löste sich im Jahr 1534 auf. Vom Kloster blieben etliche Bauteile erhalten. Sehenswert sind der nach einem Brand 1460 neu errichtete Kreuzgang und die zahlreichen dortigen Epitaphe. Das Langhaus, die Seitenschiffe und der Ostchor entstanden im 14. Jahrhundert. Den Turm erhöhte Stadtwerkmeister Elias Holl im Jahr 1602.

Beim neugotischen Altar im Ostchor findet man die Porträts Martin Luthers und Johann Friedrichs

Der Friedensengel an der Kanzel in St. Anna erinnert an den Westfälischen Frieden und an die dadurch erreichte Gleichberechtigung der Konfessionen.

Viele Stile: Gegen Ende des 17. Jahrhunderts wurde das Langhaus der evangelischen Kirche barockisiert. Die Fuggerkapelle (im Hintergrund) ist der erste deutsche Sakralbau im Stil der Renaissance. Und im gotischen Ostchor der Kirche (nicht im Bild) steht ein neugotischer Schnitzaltar.

von Sachsen aus der Werkstatt Lucas Cranachs d. Ä. Von Cranach stammt auch das Gemälde „Christus segnet die Kinder“ an der Predella des Altars. An den Wänden des Chors sieht man weitere Gemälde aus dem Umkreis Cranachs sowie von Augsburger Meistern (Jörg Breu d. Ä., Christoph Amberger).

Das Langhaus barockisierten die Wessobrunner Franz Xaver d. Ä. und Simpert Feichtmayr, die Fresken schuf Johann Georg Bergmüller. Den Schalldeckel der 1682/83 aus Eichenholz geschnitzten barocken Kanzel im Langhaus ziert der Friedensengel, der an das Ende des Dreißigjährigen Krieges und an die Augsburger Parität erinnert. Bemerkenswert sind drei Grabkapellen – die 1420 gestiftete Goldschmiedekapelle, die um 1510 fertiggestellte Heilig-Grab-Kapelle sowie die im Jahr 1518 geweihte Fuggerkapelle.

Beim Eingang zum Kreuzgang sieht man neben einer Gedenktafel, die an den Aufenthalt Luthers erinnert, eine Gedenktafel zur Gemeinsamen Erklärung zur Rechtfertigungslehre: Sie wurde am 31. Oktober 1999 in St. Anna unterzeichnet. Daneben ist eine Inschriftentafel für Adam Gumpelzhaimer (der langjährige Leiter der Kantorei von St. Anna war ein bedeutender Meister evangelischer Kirchenmusik) in die Mauer eingelassen.

Lang – entwichen war, machten die evangelischen Doktoren von St. Anna die Klosterkirche zu einem Zentrum der lutherischen Lehre in Augsburg.[6] In der Stadt (wo schon am 26. August 1523 der erste Priester öffentlich geheiratet hatte[7]) stellten Luthers Anhänger aber mitnichten die Mehrheit: St. Anna nahm in dieser Beziehung eine Sonderrolle ein.

DIE BARFÜSSERKIRCHE – AUGSBURGS ZWEITES ZENTRUM DER REFORMATION

Als sich bis 1526 in den Augsburger Pfarr- und Bettelordenskirchen protestantische Gemeinden herausformten, entwickelte sich die Franziskanerklosterkirche „Zu den Barfüßern" zum zweiten Zentrum der Reformation in Augsburg.[8] Nachdem Johannes Schilling wegen seiner aufrührerischen Predigten in der *Barfüßerkirche* die Reichsstadt Augsburg verlassen musste, wurde am 9. August 1524 der ehemalige Domprediger und nunmehrige Prediger in *St. Anna* – Urbanus Rhegius – an die Barfüßerkirche berufen.

Am 23. November 1524 wurde Michael Keller Prediger an der Barfüßerkirche. Keller setzte sich allerdings für die Lehren Ulrich Zwinglis ein. Der Augsburger Rat versuchte in der Folge – im Gegensatz zum Rat der Reichsstadt Nürnberg, der sich 1525 für die Einführung der Reformation nach der Lehre Luthers entschieden hatte – mit einer kirchlich neutralen Politik zwischen allen Strömungen zu lavieren. Das Resultat dieser Haltung war, ***„[…] daß in Augsburg deutlicher als anderswo in diesen Jahren das konfessionelle Zeitalter begann."***[9]

DIE EVANGELISCHEN GEMEINDEN BEI ST. ULRICH UND HEILIG KREUZ

Bei *St. Ulrich und Afra* löste sich die Pfarrgemeinde seit 1518/19 allmählich vom Kloster der Benediktiner. Bis 1526 war hier eine evangelische Kirchengemeinde entstanden, der die „Ulrichsgred" als Predigthaus diente. Dieser Bau war schon 1457 fertiggestellt worden, als man die Arkaden einer großen Vorhalle zumauerte, um sie als Gemeindekirche zu nutzen.[10] Der evangelischen Gemeinde bei ***Heilig Kreuz*** wies der Rat 1525 die Ottmarskapelle als Predigthaus zu. Ab 1549 wurde die Kapelle erweitert. Diese evangelische Kirche wurde ab 1561 ebenfalls Heilig Kreuz genannt.[11]

Bei ***St. Georg*** wurden zwar in einem Predigthaus ebenfalls evangelische Gottesdienste begangen. Eine evangelische Gemeinde entstand aber nicht.[12]

MARTIN LUTHER KLAGTE: „AUGSBURG ZERFÄLLT IN SECHS RICHTUNGEN"

Die religionspolitische Neutralitätspolitik des Augsburger Rats hatte auch zur Folge, dass sich in der Reichsstadt ein ***„[...] eigentümlicher christlicher frühkonfessioneller Pluralismus[...]"***[13] entwickelte. Neben den Lutheranern und den Gläubigen der Alten Kirche spaltete sich das reformatorische Lager Augsburgs in Zwinglianer und in Anhänger ihrer oberdeutschen – also Straßburger – Variante sowie in Anhänger des Reformators Kaspar Schwenckfeld auf.[14] ***„Zwar rekrutierte sich hier Schwenckfelds Anhängerschaft aus allen sozialen Schichten, jedoch war der Anteil aus der Mittel- und Oberschicht überproportional hoch."***[15] Bis in die 1540er-Jahre setzte sich die Masse der Bevölkerung aus Zwinglianern und Schwenckfeldianern zusammen. Parallel dazu entwickelte sich Augsburg zum süddeutschen Zentrum der Täuferbewegung.[16]

In einem Brief an den Theologen und Pfarrer Georg Spalatin klagte Martin Luther am 11. März 1527: ***„Augusta in sex divisa est sectas – Augsburg zerfällt in sechs Richtungen!"***[17] Ein Augsburger Bürger notierte am 7. März 1528 in seinem Brief: ***„Es steht übel bei uns, denn große Ketzerei ist bei uns, fünferlei Sekten [...]."***[18] Seit 1527 entwickelte sich Augsburg zunächst zu einer überwiegend zwinglianischen Stadt.[19] Erst nach dem Augsburger Religionsfrieden im Jahr 1555 sollte sich schließlich Luthers Lehre auch in Augsburg durchsetzen.

In von alteingesessenem Adel beherrschten Gebieten ging die Wahl der Glaubensrichtung viel entschiedener vor sich. 1522 teilte man das Territorium der Grafen von Oettingen unter den Linien Oettingen-Oettingen (mit sieben Zwölfteln der Besitzungen) und Oettingen-Wallerstein, an die fünf Zwölftel aller Güter und das Erbe der Linie Oettingen-Flochberg fiel, auf. Die erstere Linie wurde später evangelisch, die zweitere blieb katholisch. 1542 teilte man sich die Residenzstadt *Oettingen*.[20]

Allerdings wirkte sich die Augsburger Vielfalt der Glaubensrichtungen und Meinungen auch fruchtbar aus: Die Stadt war ein zentraler Druckort reformatorischer, insbesondere lutherischer Frühdrucke. Von 1519 bis 1525 wurden hier Flugschriften in einer geschätzten Gesamtauflage von mehr als einer Million Exemplaren vertrieben. Unter 1711 protestantischen Drucken waren allein 515 Ausgaben Schriften von Martin Luther.[21]

„HEXEN", TÜRKEN UND LANDSKNECHTE: BEDROHUNG VON INNEN UND AUSSEN

Die außergewöhnliche religiöse Überreiztheit dieser Zeit resultiert sicher großteils aus der Suche nach dem rechten Glauben. Doch auch andere Einflüsse – reale wie irreale Gefahren, innere wie äußere Bedrohungen – steigerten die allgemeine Nervosität in Glaubensdingen. Die Bedrohung durch Schadzauber und Hexerei wurde als derart realistisch empfunden, dass Martin Luther 1526 entschieden für die Hinrichtung von „Hexen" plädierte: ***„Es ist ein höchst gerechtes Gesetz, dass die Hexen getötet werden, weil sie viel Schaden anrichten […]."***[22]

Anders als „Hexen" waren die Gefahren real, an die indirekt die *Gedenktafel für Ritter Schertlin von Burtenbach* an der Fassade eines Nachkriegsbaus direkt neben der Kirche *St. Anna* an der Augsburger Annastraße erinnert. Als der evangelische Landsknechtsführer 1530 Augsburger Stadthauptmann auf Lebenszeit wurde, hatte er bereits einiges erlebt: Er war gegen die Türken gezogen, hatte im Bauernkrieg gekämpft und sich in der Schlacht bei Pavia beim Sieg der habsburgischen Truppen über die Franzosen einen Namen gemacht.[23]

Wes Geistes Kind der neue Augsburger Stadthauptmann war, zeigt eine Schilderung des Sacco di Roma, bei dem am 6. Mai 1527 deutsche Lands-

Die Gedenktafel an einer Hausfassade bei der Annakirche erinnert an den evangelischen Stadthauptmann Sebastian Schertlin und damit auch an den Türkenkrieg sowie das Grauen des Sacco di Roma im Mai 1527.

knechtshorden sowie spanische und italienische Söldnertruppen das wehrlose Rom erstürmten, um tagelang zu plündern, zu morden und zu schänden: In seiner „Geschichte der Stadt Rom“ hat der Historiker Ferdinand Gregorovius 1889 nicht nur den Hass der deutschen Landsknechte auf den Papst, sondern auch das Treiben Schertlins von Burtenbach erwähnt. ***„Mit der rohesten Einfalt schrieb der Ritter Schertlin in seinen Aufzeichnungen: ‚Den 6. Tag May haben wir Rom mit dem Sturm genommen, ob*** [mehr als] ***6.000 Mann darin zu todt geschlagen, die ganze Stadt geplündert, in allen Kirchen und ob*** [über]***der Erd genommen was wir gefunden, einen guten Teil der Stadt abgebrannt‘.“***[24]

30 000 beutegierige Soldaten raubten und zerstörten tagelang Kirchengerät, Kunst und Bibliotheken: ***„Die Deutschen behielten als Andenken manche Reliquien, und die lächerlichste Beute war wohl der dicke und zwölf Fuß lange Strick, mit dem sich Judas erhenkt hatte. Schertlin nahm ihn aus dem St. Peter mit sich in die Heimat.“***[25] Jenen Kardinal Cajetan, der mit Luther 1518 das Streitgespräch in den Augsburger *Fuggerhäusern* geführt hatte, zogen die Landsknechte mit einem Strick um den Hals durch die mit Leichen übersäten Straßen Roms. Der Papst hatte sich auf die Engelsburg flüchten können: Ihn verhöhnten die Lands-

knechte dadurch, dass sie einen der ihren als Papst verkleideten und Luther als das neue Oberhaupt der römischen Kirche ausriefen.[26] Schockwellen dieser Barbarei waren bis nach Augsburg zu spüren: Jakob Fuggers Neffe und Nachfolger Anton Fugger sah sich gezwungen, 1527 die römische Faktorei zu schließen. Mit den Deutschen machte der Papst künftig keine Geschäfte mehr.

DIE VERFOLGUNG DER WIEDERTÄUFER IN AUGSBURG UND IM ÖSTLICHEN SCHWABEN

Mit zeittypischer Brutalität ging die – katholische wie protestantische – Obrigkeit seinerzeit gegen die Täufer vor. Diese Schwärmerbewegung hatte sich in Ostschwaben massiv verbreitet. Augsburg war ***„[…] geradezu der Gründungsort der Wiedertäuferkirche […]“***.[27] Die bis 1525 in Zürich entstandene Täuferbewegung wurde nach der von ihr geforderten Erwachsenentaufe benannt. In Augsburg kam es zur ersten „Glaubenstaufe“, als sich Ende 1525 oder Anfang 1526 der aus Nürnberg zugewanderte Knabenschullehrer Johannes Denk von Balthasar Hubmaier taufen ließ.[28]

Der um 1480/85 in ***Friedberg*** bei Augsburg geborene Theologe und Antisemit Dr. Balthasar Hubmaier war einer der schillerndsten Gottsucher dieser Zeit. Als Domprediger in Regensburg trug er nicht unwesentlich Mitverantwortung für die Vertreibung der jüdischen Gemeinde am 25. Februar 1519 und die Zerstörung der Synagoge. 1523 trat Hubmaier als Prediger in Waldshut in Vorderösterreich für Zwinglis Lehren ein, ehe er sich im Frühjahr 1525 der Täuferbewegung anschloss. Am 10. März 1528 wurde Hubmaier in Wien als „Ketzer“ auf dem Scheiterhaufen verbrannt. In Friedberg erinnert an ihn eine Straße im Gewerbegebiet.

Im August 1527 ging der Rat der Reichsstadt mit Gewalt gegen ein in Augsburg abgehaltenes Konzil der Täufer vor und ***„[…] ließ die Rädelsführer […] einkerkern und foltern sowie hartnäckig Taufgesinnte mit Ruten aus der Stadt jagen.“***[29] Das Konzil wurde als „Märtyrersynode“ bekannt, nachdem später nahezu alle Teilnehmer außerhalb von

Eine erst im Jahr 2013 angebrachte Gedenktafel an der Fassade des Daucherhauses im Lechviertel hält die Erinnerung an die Verfolgung der Augsburger Wiedertäufer wach.

Augsburg gefangengenommen und hingerichtet wurden.[30] In der Stadt starb ein Anführer der Täufer, der hart gefolterte Hans Hut, in seiner Zelle an einer Rauchvergiftung: Er hatte Stroh angezündet, weil er im folgenden Tumult zu entkommen hoffte. Die Leiche Hans Huts ***„[...] wurde vor Gericht gestellt, des Aufruhrs und der Ketzerei schuldig gesprochen und auf dem Scheiterhaufen verbrannt."***[31] Hans Leupold war der Einzige, der in Augsburg hingerichtet wurde: Er war trotz seiner Ausweisung aus der Stadt zurückgekehrt, um dort weiter zu taufen.[32]

AUGSBURG BEKÄMPFT DIE TÄUFER MIT KERKERHAFT, FOLTER UND AUSWEISUNG

In der Stadt hatten sich rund 800 Menschen – vor allem aus den ärmeren Schichten – für die Täuferbewegung gewinnen lassen. Im Oktober 1527 schloss sich Augsburg aber einer Verbotswelle süddeutscher Herrschaftsträger an. Die Reichsstadt ließ seitdem Täufer einkerkern oder aus der Stadt ausweisen. An die Verfolgung der Täufer in Augsburg erinnert eine 2013 angebrachte ***Gedenktafel*** am ***Daucherhaus*** (Hinterer Lech 2). Dort hob die Stadtwache am 12. April 1528, ein Ostersonntag, im Haus Susanna Dauchers, der Ehefrau des abwesenden Bildhauers Hans Daucher, eine geheime Täuferversammlung aus. 88 Täufer wurden ver-

haftet, zum Teil gefoltert, drei der Gefangenen erhielten ein Brandzeichen. Einer Täuferin wurde die Zunge herausgeschnitten – so die Inschrift.

Bis dahin waren nur Fremde und schwerer Belastete ausgewiesen worden. Jetzt jedoch mussten alle Augsburger Täufer die Reichsstadt verlassen, unter ihnen auch Susanna Daucher. Die Gedenktafel hält fest: „Weil sie schwanger war, wurde ihr das Brandzeichen erspart. Ihre beiden kleinen Söhne musste sie zurücklassen." Über Susanna Dauchers weiteres Schicksal sind sich die Quellen uneinig. Sie starb wohl noch im Jahr 1528. *„Angesichts des rücksicht*[s]*losen Vorgehens der Täuferstreifen* [des Schwäbischen Bundes] *erscheint die oft behauptete ‚Milde' des Augsburger Stadtrates in einem anderen Licht. Wer aus der Stadt gewiesen wurde und gar mit einer Körperstrafe wie einem Brandzeichen versehen war, fiel allzuleicht in die Hände der bündischen Täuferjäger. Und auf bayrischem Territorium hatten noch nicht mal lutherisch Gesinnte eine Chance, geschweige denn Täufer."*[33]

Der Vorgängerbau des sogenannten Unteren Schlosses in Leitershofen gehörte vormals dem Augsburger Patrizier Eitelhans Langenmantel, der sich der Täuferbewegung angeschlossen hatte.

DIE HINRICHTUNG EINES AUGSBURGER PATRIZIERS IN WEISSENHORN

Aufsehen erregte die Hinrichtung des Augsburger Patriziers und Täufers Eitelhans Langenmantel „vom Sparren" im fuggerischen *Weißenhorn*. Der

Die Gedenktafel am Unteren Schloss in Leitershofen bezeugt, dass der Täufer Eitelhans Langenmantel hier aufgegriffen und im Mai 1528 in der fuggerischen Stadt Weißenhorn hingerichtet wurde.

ehemalige Landsknecht war zunächst Anhänger Zwinglis gewesen, ehe er sich der Täuferbewegung anschloss. In der Stadt nahe *Ulm* wurde Langenmantel am 28. Mai 1528 hingerichtet, nachdem ihn eine Streife des Schwäbischen Bundes unter Hauptmann Diebold von Stein am 11. Mai 1528 in *Leitershofen* gefangengenommen hatte, um ihn gemeinsam mit seiner Magd, seinem Knecht sowie zwei Täufern aus *Göggingen* zu entführen.[34] Zermürbt von den Qualen der peinlichen Befragung durch den aus *Memmingen* geholten Scharfrichter widerriefen die Gefangenen öffentlich ihre Überzeugung. Die Männer erfuhren deshalb die „Gnade“, nicht auf dem Scheiterhaufen, sondern mit dem Schwert hingerichtet zu werden, die Magd wurde ertränkt. Ein Chronist hielt hochzufrieden fest, dass die Delinquenten *„[...] in aynem waren christenlichen glauben [...]“*[35] gestorben seien.

Das *Untere Schloss* (Schlossstraße 55a) in Leitershofen, einem Stadtteil von *Stadtbergen* im Landkreis Augsburg, erhielt seine heutige Form zwar erst durch einen Umbau im Jahr 1728. Doch die Inschrift einer *Gedenktafel* an der Schlossmauer überliefert das Schicksal des Vorbesitzers Eitelhans Langenmantel. Dass Anton Fugger als Gerichtsherr der Herrschaft Weißenhorn die Hinrichtung eines Patriziers gebilligt hatte, wurde ihm (nicht nur) von den evangelischen Bürgern Augsburgs verübelt.

EINE FUGGERIN HEIRATET „LUTHERISCH“: DER WECHSEL DER GLAUBENSRICHTUNG

Vermutlich erinnerte man sich in der Reichsstadt bei dieser Gelegenheit an den Gesellschaftsskandal, der drei Jahre zuvor die dezidiert katholische Familie Fugger erschüttert hatte. Nicht genug, dass Sibylla Fugger – die Witwe Jakob Fuggers „des Reichen“ – unziemlich weit vor dem Ablauf der üblichen Trauerfrist sieben Wochen nach Fuggers Ableben am 30. Dezember 1525 wieder geheiratet und so einen viel beachteten Erbstreit sowie sogar Gerüchte um ihre eheliche Treue ausgelöst hatte.[36] Sibyllas zweiter Ehemann, der Augsburger Patrizier Konrad Rehlinger, soll die Witwe Jakob Fuggers dazu bewogen haben, ***„[...] ihn ‚auff die lutherische Art‘ zu heiraten.“***[37]

Trotz aller religiöser Spannungen erregte der Konfessionswechsel weniger prominenter Zeitgenossen in dieser noch relativ toleranten Phase wohl geringeres Aufsehen. Ein Beispiel für eine Reihe solcher Wechsel der Konfession und religiösen Ausrichtungen ist der nach Augsburg zugewanderte Kaufmann Georg Regel, der (noch als Katholik) in ***Donauwörth*** 1503 das ***Sakramentshaus*** im ***Liebfrauenmünster*** sowie um 1508 in Augsburg die ***Heilig-Grab-Kapelle*** in ***St. Anna*** stiftete. Bald aber sympathisierte er mit der Reformation, korrespondierte mit Zwingli und wandte sich in den 1530er-Jahren den Lehren Schwenckfelds zu. 1528 war Regel in Augsburg als Täufer angeklagt worden.[38]

Der Donauwörther Sebastian Franck hoffte auf das Ende des Glaubensstreits. In Donauwörth ist eine Wörnitzbrücke nach Franck benannt: Die Stadt hat ihm dort ein Denkmal gesetzt. Ein Porträt Philipp Melanchthons entdeckt man in der großen Sakristei der evangelischen Kirche Heilig Kreuz in Augsburg. Unweit dieser Kirche verkündete der Mitstreiter Luthers das Augsburger Bekenntnis.

Während des Augsburger Reichstages von 1530 wurde am 25. Juni in der Bischofsresidenz die Confessio Augustana, das Augsburger Bekenntnis der Anhänger Martin Luthers, verkündet.

Ebenfalls aus Donauwörth stammte Sebastian Franck. Zunächst katholischer Priester im Bistum Augsburg, danach Anhänger Luthers, näherte er sich später den Täufern und dann den Schwenckfeldianern an. Am Ende lehnte er alle konfessionellen und dogmatischen Zwänge ab. 1529 schrieb Franck *„Von vier zwiträchtigen Kirchen, deren jede die ander hasset und verdammet“*.[39] Nirgendwo zugehörig, hoffte er auf einen kommenden *„[...] ‚vierten Glauben‘, [...] daß man alle äußerliche Predigt, Zeremonie, Sakrament, Bann, Beruf, als unnötig wird aus dem Weg räumen [...]‘.“*[40] Die Stadt Donauwörth hat im Jahr 2000 eine *Büste Sebastian Francks* an der schon 1999 nach ihm benannten *Sebastian-Franck-Brücke* aufgestellt.

1530: DAS AUGSBURGER BEKENNTNIS, EIN IDENTITÄTSSTIFTENDES EREIGNIS

Nachdem sich Karl V. in Bologna vom Papst zum Kaiser hatte krönen lassen, schrieb der Habsburger einen Reichstag in Augsburg aus. Der Reichstag begann am 15. Juni 1530 mit dem Einzug Karls V., seines Bruders Ferdinand sowie des päpstlichen Legaten Campeggi. Am 5. September wurde Ferdinand, der König von Ungarn und Böhmen, auf einer Wiese beim *Schloss* in *Wellenburg* mit den österreichischen Erblanden belehnt.

DIE BISCHÖFLICHE RESIDENZ AM AUGSBURGER FRONHOF

Das Stadtschloss beim Dom erinnert ans Augsburger Bekenntnis, ein Denkmal im Fronhof an Leopold und Wolfgang Amadé Mozart

Wo sich der Rokokofestsaal der fürstbischöflichen Residenz am Fronhof beim Dom (heute der Sitz der Regierung von Schwaben) befindet, lag der Kapitelsaal der mittelalterlichen Anlage. Dort wurde am 25. Juni 1530 Weltgeschichte geschrieben: Der kursächsische Kanzler verlas vor Kaiser Karl V., den Reichsfürsten und den Reichsständen Melanchthons Confessio Augustana. Die Gedenktafel am Nordflügel an der Fassade zum Fronhof hält das Ereignis fest. An die alte Bischofspfalz erinnert der 1507/08 erhöhte Pfalzturm.

Der Umbau der Bischofsresidenz erfolgte vor allem zwischen 1740 und 1768 unter Joseph Ignaz Philipp, Landgraf von Hessen-Darmstadt: Sein Wappen ziert das Hauptportal. Bei Veranstaltungen sieht man das mit Fresken ausgemalte Treppenhaus. Im Rokokosaal (1752) entdeckt man acht Fürstenporträts von Habsburgern und Wittelsbachern. Im Fronhof, einst ein Turnierplatz, heute ein Park, steht ein Denkmal für Leopold und W. A. Mozart.

Der bald nach 1500 erhöhte Pfalzturm der fürstbischöflichen Residenz am Augsburger Fronhof ist das letzte Relikt des mittelalterlichen Vorgängerbaus: Dort wurde 1530 die Confessio Augustana verlesen.

Die Lutheraner legten bei diesem Reichstag am 25. Juni 1530 die von Philipp Melanchthon verfasste Confessio Augustana als Glaubensbekenntnis vor. Für die Reformierten in der Schweiz übergab Ulrich Zwingli am 8. Juli die (nicht verlesene) Fidei ratio. Die vier oberdeutschen Städte Straßburg, *Memmingen*, Konstanz und Lindau folgten am 9. Juli mit der Confessio Tetrapolitana von Martin Bucer und Wolfgang Capito.[42] Obwohl Augsburgs Bischof Christoph von Stadion zu vermitteln versuchte, redete man neben- und gegen- statt miteinander: Der Kaiser ließ die Glaubenssätze der Protestanten durch die Confutatio katholischer Theologen widerlegen. Melanchthon antwortete mit der Apologie, was die Entscheidung Karls V. nicht beeinflusste. Da der Reichstagsabschied bis zum angekündigten Konzil die Rückkehr zum alten Glauben verlangte, war der Kurfürst von Sachsen vorzeitig abgereist. Doch auch Augsburg unterschrieb nicht.[41] ***„Während der Reichstag für die Reformation in Augsburg einen Abbruch bedeutete, wurde er für den Gesamtprotestantismus durch die Abfassung und Verlesung der Confessio Augustana zu einem identitätsstiftenden Ereignis.“***[43]

EINE GEDENKTAFEL AM FRONHOF ERINNERT AN DIE CONFESSIO AUGUSTANA

Alle 28 Artikel des Augsburger Bekenntnisses hatte der kursächsische Kanzler Dr. Christian Baier vor Kaiser Karl V., den Reichsfürsten und den Reichsständen in deutscher Sprache verlesen. Der Ort des Geschehens war der Kapitelsaal der 1530 noch von mittelalterlichen Bauten geprägten *bischöflichen Residenz am Fronhof* beim *Dom*.

Von diesem mittelalterlichen Komplex der seit 1740 im Stil des Rokokos umgestalteten Residenz blieb nur der *Pfalzturm* bis heute sichtbar erhalten. 1980 brachte man unterhalb des Turms an der Südfassade des Nordflügels bei der Parkanlage im Fronhof aus Anlass der Verlesung der Confessio Augustana 450 Jahre zuvor eine steinerne *Gedenktafel* an.[44] Die *Inschrift* auf dieser Gedenktafel lautet: „Hier stand vordem die bischöfliche

Pfalz in deren Kapitelsaal am 25. Juni 1530 die CONFESSIO AUGUSTANA verkündet wurde".

Eine steinerne Gedenktafel erinnert seit 1980 an der Fassade des Nordflügels der früheren fürstbischöflichen Residenz an die Verlesung der Confessio Augustana im Jahr 1530. Die Schlosskirche auf Schloss Harburg war schon 1524 die erste evangelische Predigtstätte im Ries geworden.

DER BEFEHLSHABER DER DEUTSCHEN JUDEN BEIM AUGSBURGER REICHSTAG

Bald nach dem Reichstag von 1530 wurde in den Orten der Grafschaft Oettingen-Oettingen schrittweise die Augsburger Konfession eingeführt, 1539 verbindlich auch in ***Oettingen*** und ***Harburg***. Die ***Schlosskirche*** auf der ***Harburg*** war schon 1524 das erste evangelische Gotteshaus im Ries gewesen.[45]

Für die jüdischen Gemeinden in Deutschland war der Reichstag von 1530 von existenzieller Bedeutung gewesen. Dem nach Rosheim im Elsass benannten Josel von Rosheim war es im Streitgespräch mit Antonius Margarita gelungen, den Kaiser von der Haltlosigkeit des Vorwurfs zu überzeugen, die Juden würden für die Türken Spionage treiben.

Margarita, der zum Christentum konvertierte Sohn eines Regensburger Rabbiners, hatte diese Anklage in seiner Schrift „Der gantz Jüdisch Glaub" erhoben und darin postuliert: ***„In Summa kein Jud will einem Christen wohl."***[46] Josel von Rosheim, der 1529 in ***Günzburg*** zum „Regierer allgemeiner Jüdischheit des Reichs" gewählt worden war, argumentierte im Disput vor Karl V. derart überzeugend, dass Margarita aus Augsburg verbannt wurde. 1537 versuchte Josel, mit Luther ins Gespräch zu kommen – das jedoch vergeblich.[47]

1531 ordnete der Rat der Reichsstadt Ulm den Bildersturm im Münster an. Das berühmte Chorgestühl blieb wohl erhalten, weil es eine Stiftung des Ulmer Rats war.

DER SCHMALKALDISCHE BUND UND DER „GÖTZENTAG" IN DER REICHSSTADT ULM

Nach dem für die Protestanten unbefriedigenden (und politisch bedrohlichen) Augsburger Reichstagsabschied von 1530 gründeten sechs evangelische Fürsten und zehn Städte (darunter *Ulm*) am 27. Februar 1531 den Bund von Schmalkalden. Dieses Schutzbündnis trug den Namen des Versammlungsorts, des Städtchens Schmalkalden im südlichen Thüringen.[48] Augsburg zählte bis 1536 nicht zu den Mitgliedern des Schmalkaldischen Bundes, da sich der Rat der Reichsstadt noch immer mit seiner religionspolitisch weitgehend neutralen Politik durchzulavieren versuchte.

Ganz anders reagierte die nahe Reichsstadt Ulm: ***„Für den definitiven Durchbruch der Reformation in Ulm bot der Reichstag von Augsburg 1530 den unmittelbaren Anlaß."***[49] Als im November 1531 die Zünfte in der Donaustadt über den Reichstagsabschied abstimmten, lehnten ihn 87 Prozent der Bürger ab: Sie brachten damit ihre Zustimmung zur Reformation zum Ausdruck. Am 16. Juni wurde die Abschaffung der Messe verfügt, und ab dem „Ulmer Götzentag" am 19. Juni wurden Bilder und andere Kunstwerke im *Ulmer Münster* beseitigt. Zu wüsten Tumulten kam es dabei jedoch nicht: Die Stifterfamilien konnten ihre Altäre und Gemälde zurückholen. 52 Altäre, der große ***Kruzifixus von***

IM ULMER MÜNSTER: FAST EIN MUSEUM DER „ULMER SCHULE"

Die evangelische Kirche birgt trotz des Bildersturms von 1531 Meisterwerke von Jörg Syrlin, Michel Erhart und Hans Multscher

Als 1531 der Bildersturm das Ulmer Münster leerte, war der 15 Meter hohe Hauptaltar des Kunstschreiners Jörg Syrlin d. Ä., für das der Bildhauer Michel Erhart viele Figuren geschnitzt hatte, der schmerzlichste Verlust. Heute dient der Hutzaltar, einer der sechs geretteten von einst 52 Altären in der seit 1377 gebauten, aufgrund vieler Stiftungen bis dahin reich geschmückten Kirche, notdürftig als Ersatz. Der Hutzaltar kam 1808 ins Münster zurück. 1531 wurde auch das fünf Meter hohe Kruzifix von Michel Erhart entfernt: Es kam damals in die Klosterkirche St. Martin in Wiblingen. Das Kreuz, das heute im Chorbogen des Münsters hängt, ist eine Kopie dieses Meisterwerks.

Die Figuren am Hauptportal, zu denen Hans Multschers Schmerzensmann (heute am Chorbogen) gehörte, das Chorgestühl, das Sakramentshaus, der Taufstein und die Kanzel wurden vom Rat geschützt. Trotz aller Verluste ist das Münster fast ein Museum der Meister der „Ulmer Schule".

Der sogenannte Hutzaltar ersetzt heute den 1531 zerschlagenen, 15 Meter hohen Hauptaltar des Ulmer Münsters. Der kleine Hutzaltar stammt zwar ebenfalls aus dem Münster, kann jedoch das Werk Jörg Syrlins d. Ä. und Michel Erharts nur bedingt ersetzen.

In der Augsburger Kirche St. Moritz geriet Anton Fugger, der Patronatsherr dieser Kirche, im Jahr 1533 wegen eines katholischen Brauches am Himmelfahrtstag mit Bilderstürmern in Streit. Der Rat der Stadt verurteilte daraufhin den Kaufherrn zu drei Tagen Haft im Turm. Der Bildersturm war für die reformiert-zwinglische, allerdings nicht für die lutherische Kirchenerneuerung typisch.

Michel Erhart im Chorbogen (heute in *St. Martin* im *Kloster Wiblingen*) und *Hans Multschers Palmesel* (heute im *Ulmer Museum*) wurden beseitigt. Zwar hatte die Obrigkeit die geordnete Entfernung veranlasst, doch wurden nur sechs Altäre zurückgeholt, alle anderen als Brennholz an die Armen verteilt. Später wurden auch die „Götzenbilder" in weiteren Kirchen und an den Stadttoren beseitigt.[50]

Erhalten blieben im Ulmer Münster dagegen der *Dreisitz und das Chorgestühl von Jörg Syrlin* mit den berühmten *Wangenbüsten von Michel Erhart*. Sie wurden wohl deswegen nicht zerstört, weil es sich um Stiftungen des Ulmer Rats handelte.[51]

DIE BILDERSTÜRMER IN AUGSBURG UND ANTON FUGGERS NACHT IM STADTTURM

In Augsburg waren 1524 Heiligenbilder auf dem Domfriedhof beschmiert sowie 1526 Ampeln in *St. Ulrich* entfernt worden. 1529 verabschiedete der Rat zwar eine Verordnung gegen die Plünderung von Kirchen. Doch als Michael Keller, der Anführer der Augsburger Zwinglianer, am 14. März 1529 das Kruzifix in der *Barfüßerkirche* zertrümmerte, bestrafte der Rat nur den daran beteiligten Sigmund Welser. Ulrich Rehlinger – der Sohn des Bürgermeisters – entfernte 1531 ein Kruzifix und Bilder aus der Ottmarskapelle bei *Heilig Kreuz*, und 1532 wurde das Dominikanerkloster ***St. Magdalena*** geplündert.[52] Nicht nur wegen solcher Ereignisse und des vom Rat 1537 angeordneten Bildersturms gingen Augsburg Kunstschätze verloren.[53] ***„Verärgert über die Fortschritte der Reformation bei St. Anna bestellte Anton Fugger das Prunkgitter der Fuggerkapelle bei den Erben Peter Vischers*** [berühmten Nürnberger Rotschmieden] ***ab.***“[54]

FUGGERHERRSCHAFTEN UND -SCHLÖSSER: EINE REAKTION AUF DIE REFORMATION?

Fortschritte machte in Augsburg, wohin von 1531 bis 1535 vor allem Ulrich Zwinglis Lehren nahestehende Prediger berufen wurden, die Reformation generell. So kam zum Beispiel der aus Straßburg zugewanderte Wolfgang Musculus Anfang 1531 als Prediger an die ***Heilig-Kreuz-Kirche***.[55]

Ein Anhänger Zwinglis war der Zunftmeister Marx Ehem, mit dem Anton Fugger am 22. Mai 1533 – am Morgen des Himmelfahrtstags – in der Fugger'schen Patronatskirche ***St. Moritz*** wegen des Aufzugs der Heilig-Geist-Taube in Streit geriet. Der Rat verurteilte den Neffen Jakob Fuggers „des Reichen“ wegen Aufruhrs zu drei Tagen Haft im Stadtmauerturm und einer Geldstrafe von 25 Gulden. Nachdem Anton Fugger die Nacht vom 30. auf den 31. Mai im Turm verbracht hatte, erließ ihm der Rat die beiden restlichen Hafttage.[56] Anton Fugger, dem wohl reichsten Unternehmer Europas, war Augsburg jetzt verleidet. Im Juli 1533 zog er sich in seine Herrschaft Kirchberg-Weißenhorn vor den Toren von ***Ulm*** zurück. Er residierte dort in seinem ***Schloss*** in der Stadt ***Weißenhorn***.[57]

Der ab 1533 massiv ausgeweitete Erwerb von Herrschaften durch Anton Fugger wird vor allem als Rückzug in sichere Sachwerte und Investition auf dem Weg in den Adel interpretiert. Die zeitliche Ballung des Kaufs von Herrschaften – 1533 ***Oberndorf***, 1536 die Reichspflege Wörth (***Pfleghaus*** in ***Donauwörth***), 1537 ***Glött***, 1538 ***Babenhausen***, 1539 ***Brandenburg-Dietenheim*** – und der Bau dortiger Schlösser lassen aber den Zusammenhang mit der Reformation in Augsburg erahnen.

„SODOMITISCHE GESELLSCHAFT" – DER GLAUBENSSTREIT SPALTET DIE ELITEN

Während sich die Augsburger Handwerker – allen voran die Weber – früh fast durchwegs dem neuen Glauben anschlossen, versuchten die Eliten der Stadt zunächst abzuwarten und einen Mittelweg zu finden. Doch am Ende setzte sich die neue Lehre auch in großen Teilen des Augsburger Großbürgertums und Patriziats durch. Seit den 1530er-Jahren dominierten vier gesellschaftliche Netzwerke die Reichsstadt. Drei von ihnen waren Befürworter der Reformation, wobei der Glaubensstreit nicht selten die Familien spaltete. Nur die Fugger – bei denen protestantische Familienmitglieder die große Ausnahme waren – bildeten mit Familien wie den Arzt, Baumgartner, Ilsung und Rehlinger einen Block, der zum katholischen Glauben stand. Und dennoch waren es Ulrich und Wolfgang Rehlinger, die im Rat die protestantische Fraktion anführten.

Zum neuen Glauben neigte zunächst das informelle Netzwerk um den Zunftbürgermeister Mang Seitz, einen Anführer der Handwerker. Das zweite reformationsfreundliche Netzwerk um Jakob Hörbrot – Kaufherr und Zunftmeister der Kürschner – bildeten vor allem Angehörige der Kaufleutestube.

1538 wurden 39 Familien, darunter die Fugger und Peutinger, neu ins Patriziat aufgenommen: Die alten Geschlechter waren bis auf acht ausgestorben. Mit Ausnahme der Fugger waren seinerzeit fast alle Patrizierfamilien bikonfessionell. Das galt nicht zuletzt für die Welser, die teils katholisch blieben, teils den Lehren Zwinglis, teils denen Luthers anhingen. In jedem Fall förderte auch das Netzwerk um die Welser mehrheitlich die Reformation.[58]

1529 hatte sich Sigmund Welser an der Zerstörung des Kruzifixes in der ***Barfüßerkirche*** und zweier von den Welsern gestifteter Altaraufsätze beteiligt. Bald darauf wurde er der Sodomie angeklagt. Dabei dürfte es sich um mit der Todesstrafe bedrohte, dennoch weithin übliche homosexuelle Praktiken gehandelt haben.[59] Damals verstieg sich ein katholischer Chronist zu dem Urteil: ***„Aus der lutherischen und Zwinglischen Sekt ist in Augsburg die sodomitische Gesellschaft entsprungen.“***[60]

RATSREFORMATION UND DIE NIEDERLAGE IM RELIGIONSKRIEG

1534 BIS JULI 1547

Im Sommer 1534 wurde die katholische Messe auf acht Augsburger Kirchen beschränkt. Erst im Januar 1537 wurde die Reichsstadt ganz und gar evangelisch – auch im Dom predigten nun die Protestanten. Nahezu alle Klöster und Stifte verließen Augsburg, der Bildersturm leerte die Kirchen in der Stadt. Im Juni 1546 begann der Schmalkaldische Krieg – auch Augsburg, das dem Schmalkaldischen Bund 1536 beigetreten war, beteiligte sich am ersten großen deutschen Glaubenskrieg. Doch nicht zuletzt mit der Hilfe hoher Kredite des Augsburger Bankiers Anton Fugger konnten die Truppen Kaiser Karls V. das Militärbündnis der Protestanten bald besiegen. Im Februar wurde Augsburg besetzt, im April 1547 war der Schmalkaldische Krieg beendet.

AUGSBURG WIRD EVANGELISCH UND UNTERLIEGT MILITÄRISCH

Die Reichsstadt führte 1537 die Ratsreformation durch – und war im Schmalkaldischen Krieg 1547 auf der Seite der Verlierer

Im Jahr 1537 führte Augsburg die Ratsreformation durch. Die Stadt war evangelisch geworden, der Bischof zog sich nach Dillingen zurück. Angetrieben von Bürgermeister Jakob Hörbrot und angeführt von ihrem Stadthauptmann Sebastian Schertlin von Burtenbach nahm die Reichsstadt 1546/47 am Schmalkaldischen Krieg teil. Doch die Protestanten unterlagen: Im Juli 1547 zog Kaiser Karl V. in das besiegte Augsburg ein.

1533 BEGINNT DER RAT DER STADT, SEINE NEUTRALE RELIGIONSPOLITIK ZU ÄNDERN

Dass der Rat der Reichsstadt Augsburg lange Zeit religionspolitisch äußerst vorsichtig taktierte, hing wohl nicht zuletzt mit dem katholischen Nachbarn östlich des Lechs, dem Herzogtum Baiern, zusammen. Wie man dort mit „Ketzern" umging, verdeutlicht ein Befehl Herzog Wilhelms IV. von Bayern zur Verurteilung von Täufern: „***Welcher revocirt*** [widerruft], ***den soll man köpfen, welcher nicht revocirt, den soll man brennen*** [auf dem Scheiterhaufen verbrennen]."[1] Freilich hatte man auch auf den katholischen Kaiser und seine österreichische Markgrafschaft Burgau sowie auf den Bischof und das Hochstift Augsburg Rücksicht zu nehmen.

Als sich jedoch 1533 der ebenfalls als bedrohlich empfundene Schwäbische Bund auflöste, fühlte sich Augsburg trotz seiner altgläubigen Nachbarn stark genug, um sich mit den protestantischen Städten *Ulm* und Nürnberg zu verbünden und eine eindeutig evangelisch orientierte Politik voranzutreiben. Darum unterblieb beim Ulrichsfest am 4. Juli erstmals die traditionelle Prozession der Dom- und Stiftsherren von ***St. Moritz*** nach ***St. Ulrich und Afra***. Der neue Glaube erhielt weiteren Auf-

Die Dominikanerinnenklosterkirche St. Katharina in Augsburg – hier der Blick in das gotische Gewölbe der Klosterkirche – wurde bis 1517 errichtet. Als die Reichsstadt 1537 evangelisch wurde, weigerten sich die Nonnen, Augsburg zu verlassen.

trieb, als sich seit 1533 der Reformator Kaspar Schwenckfeld in Augsburg aufhielt, wo er bis 1538 zahlreiche Anhänger gewann.[2]

1534: KATHOLISCHE GOTTESDIENSTE NUR NOCH IN ACHT AUGSBURGER KIRCHEN

Am 22. Juli 1534 beschloss der Große Rat mit 175 von 220 Stimmen, die katholische Messe auf acht Kirchen zu beschränken. Neben dem ***Dom*** waren dies ***St. Peter am Perlach***, ***St. Moritz***, ***St. Georg***, ***Heilig Kreuz*** und ***St. Stephan*** sowie die beiden Klosterkirchen ***St. Ulrich und Afra*** und ***St. Ursula***. Bis zu einem Konzil sollten darüber hinaus nur in Kirchen mit evangelischen Predigern, die vom Rat berufen worden waren, Gottesdienste gefeiert werden. Alle anderen Klosterkirchen und Kapellen wurden geschlossen. Dass die Karmelitenklosterkirche ***St. Anna*** zu ihnen zählte, belegt die konfliktbeladene Konkurrenzsituation zwischen den in Augsburg dominierenden Zwinglianern und der Minderheit der Luther-Anhänger. Dr. Johannes Forster aus Wittenberg – er war ab September 1535 Domprediger sowie seit 1537 bei Heilig Kreuz – vertrat in Augsburg als einziger Prediger Luthers Lehre. 1538 verließ er die Stadt.[3]

Weil sie sich in der Reichsstadt nicht mehr sicher fühlten, baten die Domherren Bischof Christoph von Stadion 1534, Augsburg verlassen und in den zweiten Bischofssitz in *Dillingen* ziehen zu dürfen.[4] Im August 1534 verließen auch die letzten vier Augsburger Dominikaner die Stadt, im Oktober übergaben die letzten sechs Karmeliten ihr Kloster an das *Heilig-Geist-Spital*. 1535 überließen schließlich die Franziskaner das Barfüßerkloster der Stadt: Der Konvent hatte sich schon 1526 aufgelöst, etliche Mönche hatten geheiratet. Die *Barfüßerkirche* wurde zum protestantischen Gotteshaus. Die Gebäude des Konvents riss man ab, als dort bis 1543 die *Jakobspfründe* gebaut wurde.[5]

IM JAHR 1537 VERBIETET AUGSBURG JEGLICHE „PAPISTISCHE ABGÖTTEREY"

Am 20. Januar 1536 war die Reichsstadt Augsburg dem Schmalkaldischen Bund beigetreten. Fast auf den Tag genau ein Jahr später, am 17. Januar 1537, beschlossen der Kleine und Große Rat der Stadt – angeführt von den Stadtpflegern Hans Welser und Mang Seitz – das *„[...] Verbot der Ausübung der ‚papistischen Abgötterey' [...]"*[6], nachdem es nicht zu einem Konzil gekommen war.

Die Geistlichen, Mönche und Nonnen, die sich der reichsstädtischen Obrigkeit nicht unterstellen wollten, mussten nun die Stadt verlassen. Mit dem Augsburger Bischof ging das Domkapitel in das Exil nach *Dillingen*. Ihnen folgten die Augustinerchorherren von *Heilig Kreuz* und die Dominikanerinnen von *St. Ursula*. Die meisten Benediktiner von *St. Ulrich und Afra* zogen sich nach *Unterwittelsbach* bei *Aichach* und die Chorherren von *St. Moritz* nach *Landsberg* (jeweils im Herzogtum Baiern) zurück. Die Augustiner von *St. Georg* gingen nach *Guggenberg* bei *Schwabmünchen* (im Gebiet des Hochstifts Augsburg) und die Stiftsdamen von *St. Stephan* nach *Höchstädt* (im Territorium des 1505 entstandenen Fürstentums Pfalz-Neuburg, das 1542/52 protestantisch werden sollte).[7]

Die 1516/17 erbaute zweischiffige Hallenkirche des Dominikanerinnenklosters *St. Katharina* ge-

Das bischöfliche Schloss in Dillingen wurde im Jahr 1537 der Zufluchtsort des aus Augsburg vertriebenen Bischofs. Im Augsburger Dom wurde damals (bis 1547) evangelisch gepredigt.

hörte zu jenen Kirchen, in denen der Rat ab 1534 keine römische Messe zuließ. Dennoch weigerte sich der Konvent 1537, die Stadt zu verlassen (und überstand die Reformation). Auch die vom abgebrochenen Benediktinerinnenkloster St. Nikolaus nach *St. Ursula* umgesiedelten Nonnen ließen sich nicht aus Augsburg vertreiben. Der Reichsstadt gelang es nicht, die letzten katholischen Priester und Mönche oder katholische Familien wie die Fugger völlig zu verdrängen.[8]

1534 UND 1537 – DIE BILDERSTÜRMER WÜTEN IN DEN AUGSBURGER KIRCHEN

Der Augsburger Rat hatte bereits 1534 das Entfernen der Bildwerke in jenen Kirchen zugelassen, die nicht zu den verbliebenen acht katholischen Gotteshäusern gehörten. 1537 ordnete der Rat zudem die Beseitigung von Gemälden und Figuren im Dom und in den anderen sieben Kirchen an: Der Bildersturm begann am 18. Januar in der Benediktinerklosterkirche *St. Ulrich und Afra*, wo die Innenausstattung im Langhaus fast völlig zerstört wurde. Die Entfernung der Bildwerke endete am 24. Januar 1537, als in *St. Moritz* und *St. Georg* *„[...] die tafln und altar zerbrochen und zerhauen [...]“*[9] wurden. Der dies (wohlwollend) berichtete, war der Augsburger Maler Jörg Breu d.J. Dessen

Vater, Jörg Breu d. Ä., hatte wenige Jahre zuvor die *Orgelflügel* der *Fuggerkapelle* in *St. Anna* bemalt.

Religiöse Unduldsamkeit trieb die Bilderstürmer an: Die Messe galt manchem als Götzenkult, bei dem Gestank zum Himmel steige. Maria wurde als unrein und als Hure beschimpft. Unter Wiedertäufern galt die Kindertaufe als Sudelpfad.[10]

Die Täuferbewegung war trotz der Verfolgung im Jahr 1528 in Augsburg und in Ostschwaben nicht erloschen. In *Donauwörth* wurde 1535 ein Täufer enthauptet, in den Donaustädten *Lauingen*, *Gundelfingen* und *Höchstädt* im Gebiet von Pfalz-Neuburg war die Schwärmerbewegung noch 1558 verbreitet. In *Memmingen* sind Täufer 1531 und 1574 nachzuweisen. Ein Augsburger Weber gründete eine Täufergemeinde in *Kaufbeuren*: 1528 wurden dort 40 Täufer gefangen, fünf enthauptet, andere gefoltert und gebrandmarkt. Noch 1545 wies man Täufer aus der Ostallgäuer Reichsstadt aus. Im Oberallgäu ist die Erwachsenentaufe in einem Dorf bei *Immenstadt* noch um 1630 belegt.[11]

Die Brunnenfigur des antiken Meeres- und Wassergottes Neptun verdrängte im Jahr 1537 eine Brunnenfigur auf dem Augsburger Fischmarkt, die den Patron der Fischer, den heiligen Ulrich, dargestellt hatte. Der als katholisch empfundenen Figur des Augsburger Bischofs zog man den konfessionell neutralen heidnischen Gott vor.

IN AUGSBURG MACHT DER BILDERSTURM VOR BRUNNENFIGUREN NICHT HALT

Wie schon 1531 in *Ulm* wurden in Augsburg 1537 die „Götzenbilder“ aus dem öffentlichen Raum verbannt. Die Beseitigung von Heiligenfiguren betraf sogar die öffentlichen Trinkwasserbrunnen. Die lebensgroße ***Bronzefigur*** des ***Neptunbrunnens*** verdrängte eine erst wenige Jahre zuvor aufgestellte Figur des heiligen Ulrich auf dem Fischmarkt, dem Platz zwischen ***Rathaus*** und ***St. Peter am Perlach***. Der Augsburger Bischof war der Schutzpatron der Fischer, und auf dem Fischmarkt verkauften die Stadtfischer ihre Ware. Dennoch musste St. Ulrich dem römischen Meeres- und Wassergott weichen: Die katholisch konnotierte Heiligenfigur ließ der Rat durch ein konfessionsneutrales Motiv ersetzen.

Die womöglich noch vor 1531 gegossene Figur des Neptun stand zuvor wohl in einem Lustgarten des 1535 verstorbenen Raimund Fugger. Heute ist der Neptunbrunnen auf dem kleinen Jakobsplatz bei ***St. Jakob*** – östlich der ***Fuggerei*** – aufgestellt.[12]

Die Auflösung der Augsburger Klöster in den Jahren 1534 und 1537 zog die Gründung der Stadtbibliothek nach sich. Im Auftrag des Rats waren die Bücher der Klosterbibliotheken gesammelt worden.

SCHERTLIN VON BURTENBACH – EIN HAUDEGEN NACH LUTHERS GESCHMACK

Der kriegserprobte Sebastian Schertlin, der damals Württemberg und dem Herzogtum Baiern gleichzeitig als Hauptmann diente, war noch 1529 gegen die Türken vor Wien gezogen. 1530 trat er als Stadthauptmann in den Dienst von Augsburg und ***„[...] zog 1531 mit seiner Familie in diese Stadt, wo er ein Spielgenosse der Welser und Fugger, ein Tafelgenosse des Dompropstes wurde.“***[13] Kurz bevor Schertlin sich mit 500 Mann eines Augsburger Hilfstrupps 1532 im Türkenkrieg erneut in Richtung Wien aufmachte (wo er sich beim Überfall auf Kasim Bey bei Pottenstein auszeichnete), hatte er ***Burtenbach*** im Mindeltal nahe ***Günzburg*** in der Markgrafschaft Burgau als Herrschaftsbesitz erworben. 1533 wurde Schertlin in Wien wegen seiner Verdienste im Krieg zum Ritter geschlagen.[14]

Neben der evangelischen Reichsstadt Augsburg diente Schertlin von Burtenbach außerdem zwei evangelischen Landesherren, Herzog Ulrich von Württemberg und Landgraf Philipp von Hessen.

DER NEPTUNBRUNNEN BEI DER AUGSBURGER FUGGEREI

Der bronzene Meeres- und Wassergott war in Deutschland wohl die erste nackte antike Gottheit auf einem öffentlichen Platz

Erst seit 1888 steht der Neptunbrunnen auf dem Jakobsplatz bei der Augsburger Fuggerei, nachdem er 1595 am Fischmarkt abgebaut und an anderer Stelle in der Stadt aufgestellt wurde. Bildhauer und Entstehungsgeschichte der Neptunfigur sind nicht überliefert. Der Augsburger Sebastian Loscher könnte die Gussform modelliert haben. In Augsburg zierte erstmals in Deutschland die Figur eines nackten antiken Gottes einen öffentlichen Platz.

Der Neptunbrunnen ist Augsburgs einzige in Bronze gegossene Brunnenfigur aus der Zeit vor Giambologna. Zwei Mitarbeiter dieses im Italien des 16. Jahrhunderts führenden Bildhauers – die Niederländer Hubert Gerhard und Adriaen de Vries – schufen von 1588 bis 1600 die Figuren am Augustusbrunnen, Merkurbrunnen und Herkulesbrunnen in der Maximilianstraße. Die Motive der ab 1593 entstandenen Monumentalbrunnen umgingen (weitgehend) konfessionelle Kontroversen: Ihre Motive huldigten den Kaisern des Reiches.

Die Originalfigur des konfessionell neutralen Neptunbrunnens ist im Maximilianmuseum der Stadt Augsburg zu sehen. Auf dem Jakobsplatz neben der Fuggerei steht heute ein Abguss der bronzenen Brunnenfigur.

Das Epitaph des Ritters Schertlin von Burtenbach im Harnisch und mit dem Schwert zeigt den evangelischen Augsburger Stadthauptmann und Landsknechtsführer im Chor seiner Herrschafts- und Grabkirche in Burtenbach.

Diese Verbindungen brachten den Landsknechtsführer dem Protestantismus nahe, was ihn dem Herzog von Bayern zum Feind machte. 1536 zog Schertlin aber als Hauptmann für Kaiser Karl V. sowie – noch 1544 – als Großmarschall, Musterherr und Brandschatzmeister gegen Frankreich.[15]

Der Augsburger Haudegen war ein Militär so recht nach dem Geschmack Martin Luthers. Der hatte 1526 am Ende seiner Schrift „Ob Kriegsleute auch in seligem Stande sein können“ unter dem Eindruck des Bauernkrieges den Soldaten im Dienst der Obrigkeit empfohlen: ***„Und befiehl damit Leib und Seele in seine Hände und zieh dann vom Leder und schlage drein in Gottes Namen.“***[16] Und auch die Türkengefahr floss in Luthers Schrift ein: ***„Wenn solcher Kriegsleute in einem Heer viel wären, Lieber, wer, meinst du, würde ihnen etwas tun? […] die sollten mir lieber sein denn alle Büchsen, Spieße, Roß und Harnisch, und ich wollte den Türken mit aller seiner Macht lassen kommen.“***[17]

DER KRIEG ALS WERK DER LIEBE: „WEIBER UND JUNGFRAUEN NICHT SCHÄNDEN“

Schon 1523 hatte Luther in seiner Schrift „Von weltlicher Obrigkeit. Wie weit man ihr Gehorsam schuldig sei“ gefordert: ***„Und in einem solchen Krieg ist es christlich und ein Werk der Liebe, unter***

den Feinden unverzagt zu würgen, zu rauben und zu brennen und alles zu tun, was Schaden bringt, bis man sie überwindet, – wie es eben im Krieg zugeht; nur soll man sich vor der Sünde hüten, Weiber und Jungfrauen nicht schänden.“ [18] Solche Sätze sind wohl ein Grund, warum Thomas Mann den Reformator *„[...] mit Charakterisierungen wie ‚Stiernackiger Gottesbarbar‘ und ‚Oger‘ belegte [...]“.* [19]

Schertlins Dienstherr, die Reichsstadt Augsburg, fühlte sich um 1540 stark genug, um eine Erweiterung des eigenen, eng begrenzten Territoriums anzustreben. Doch der Versuch, Besitzungen des Benediktinerklosters St. Ulrich und Afra und damit das Dorf ***Haunstetten*** an sich zu bringen, scheiterte nicht nur am römisch-deutschen König Ferdinand. Sogar der Schmalkaldische Bund verweigerte seine Zustimmung zur versuchten Annexion. Immerhin konnte die Reichsstadt in Dörfern im Umland und sogar in den Reichsstädten ***Donauwörth*** und ***Kaufbeuren*** Prediger aus Augsburg installieren. In Kaufbeuren wirkte der Zwinglianer Michael Keller.[20]

Der frühere Augsburger Domprediger Wolfgang Meußlin (Musculus) war in Donauwörth von Ende Dezember 1544 bis März 1545 am Durchbruch der Reformation beteiligt. Der Rat der Reichsstadt entschied sich aber gegen die von Meußlin vorgelegte Gottesdienstordnung und für die lutherische

1545 führte auch die Reichsstadt Donauwörth die Reformation ein. Die Stadt war aber zugleich der Sitz der Reichspflege Donauwörth: Dieses Territorium südlich der Stadt war im Besitz der Fugger – und katholisch.

Am 10. Mai 1543 wurde Otto Truchsess von Waldburg der neue Bischof von Augsburg. Sein Konterfei sieht man am Ulrichsdenkmal vor der Studienkirche in Dillingen.

Lehre nach der Nürnberger Kirchenordnung von 1533, wie sie später auch in den benachbarten Gebieten von Pfalz-Neuburg und der Grafschaft Oettingen gültig wurde.[21] 1539 hatten die Grafen von Oettingen-Oettingen und Oettingen-Harburg die evangelische Lehre in ihren Territorien im Ries (in etlichen Orten erst später) verbindlich eingeführt.

Südlich von Augsburg – im Allgäu – war die Reformation im Jahr zuvor in ***Füssen*** eingeführt worden. In der Stadt am Lech, über der bedrohlich das ***Hohe Schloss*** des Bischofs von Augsburg wachte, wurde seit 1538 evangelisch gepredigt.[22]

SCHARFMACHER IN AUGSBURG: DER NEUE BISCHOF UND DER NEUE BÜRGERMEISTER

Als Mitglied des Schmalkaldischen Bundes musste sich Augsburg auf die Verteidigung der Stadt einstellen. 1538 ließ der Rat die Stadtbefestigung verbessern: Mittelalterliche Türme brach man ab, das (1860 abgebrochene) Gögginger Tor und das ***Rote Tor*** wurden im Gegenzug stärker aufgebaut.[23]

Ein bewaffneter Konflikt rückte immer näher, zumal auch das Regensburger Religionsgespräch erfolglos verlief, an dem zwischen dem 5. April und 22. Mai 1541 protestantische Vertreter wie Philipp Melanchthon, Johannes Calvin sowie Martin Bucer und katholische Theologen, unter ihnen Johannes

Eck, teilgenommen hatten. Kaiser Karl V. war dieses Religionsgespräch so wichtig gewesen, dass er sich erstmals seit 1532 wieder im Heiligen Römischen Reich Deutscher Nation aufhielt. Nach anfänglichen Erfolgen scheiterte dann jedoch im März 1546 ein zweites Religionsgespräch endgültig.[24]

Auch in Augsburg wurde die Lage kritischer, als am 15. April 1543 Bischof Christoph von Stadion beim Reichstag in Nürnberg verstarb: Er hatte sich stets um eine Aussöhnung der Religionsparteien bemüht. Ihm folgte am 10. Mai 1543 Otto Truchsess von Waldburg nach, der sich für die Erneuerung der katholischen Kirche starkmachte.[25] Der neue Bischof war wie der 1545 gewählte evangelische Augsburger Bürgermeister (Stadtpfleger) Jakob Hörbrot ein religionspolitischer Hardliner.

Der Zunftmeister der Kürschner und Führer der 1539 auf sein Betreiben hin gegründeten Kaufleutestube (das Gremium der 1538 nicht ins Patriziat aufgenommenen Kaufleute) war durch Geldgeschäfte und den Handel mit Luxuswaren reich geworden. Die Fugger zählten ebenso zu Hörbrots Geschäftspartnern wie zwei protestantische Landesherren, Landgraf Philipp von Hessen und Pfalzgraf Ottheinrich von Pfalz-Neuburg.[26] Unter Pfalzgraf Ottheinrich wurde Pfalz-Neuburg 1542 evangelisch – und damit nicht nur die Residenzstadt ***Neuburg*** an der Donau im Nordosten von Augsburg, sondern auch ***Lauingen***, ***Höchstädt*** und ***Gundelfingen*** im Nordwesten.[27] An der Donau zwischen ***Ulm*** und Neuburg war der Bischofssitz ***Dillingen*** die letzte katholische Stadt.

Jakob Hörbrots Einfluss war so groß, dass er 1545 sogar bei der Einführung der Reformation in ***Donauwörth*** beriet. Stadthauptmann Sebastian Schertlin pflegte Hörbrot als seinen Landesherrn zu bezeichnen.[28] An den Zunftbürgermeister erinnert in Augsburg ein imposantes Baudenkmal: 1546 übernahm Hörbrot von seinem (bei ihm hoch verschuldeten) Geschäftspartner, dem Kaiserlichen Rat Leonhard Beck von Beckenstein, dessen ab 1544 erbautes, wohl noch unvollendetes Anwesen am Alten Heumarkt (heute ***Maximilianmuseum***, Fuggerplatz 1). Jakob Hörbrot ließ die mit dem

1546 übernahm der reiche Augsburger Bürgermeister Jakob Hörbrot den Stadtpalast am heutigen Fuggerplatz. Hörbrot war einer der Hauptverantwortlichen dafür, dass Augsburg damals in den Schmalkaldischen Krieg eintrat.

Reichsadler, *Putti* und *Porträtreliefs* römischer und habsburgischer Herrscher verzierte *Fassade* vollenden und eine lateinische *Inschrift* anbringen, die den katholischen Vorbesitzer und Bauherrn verhöhnte.[29] Der Bibelvers (erster Vers des 127. Psalms) lautet übersetzt: ***„Wo das Haus nicht bauet der Herr | die Bauleute mühn sich vergeblich."***[30]

LUTHER HETZT GEGEN DEN PAPST – UND KARL V. STEUERT AUF EINEN KAMPF ZU

In diesen unheilschwangeren Jahren goss Martin Luther in Wittenberg zusätzlich Öl ins Feuer. 1545 (kurz vor seinem Tod am 18. Februar 1546) erschien dort seine Schrift „Wider das Bapstum zu Rom vom Teuffel gestifft", die er mit drastischen Szenen bebildern ließ. In einer Tischrede ließ der Reformator wissen, ***„[...]dass ‚der Papst und sein Haufe ein lauter Götzendiener und Teufelsknecht mit all seinem Wesen und Leben' [...] sei und die Kurie ein ‚Teufelsdreck'."***[31]

1543 hatte der Reformator gegen die Juden gehetzt. In seiner Schrift „Von den Jüden und ihren Lügen" warf Martin Luther den Juden vor, Jesus zu verunglimpfen.[32] ***„Nicht wenige Stimmen gibt es, die sich wünschten, Luther wäre drei Jahre früher gestorben und seine Schmähschrift somit unter-***

blieben."[33] Dass der Reformator in seiner letzten Predigt die Vertreibung der Juden forderte, wurde als ***„[…] Steilvorlage für den Antijudaismus der nächsten vier Jahrhunderte[…]"***[34] gewertet.

Anfang 1544 hatte Kaiser Karl V. beim Reichstag in Speyer einen provisorischen Religionsfrieden zugestanden, um auch von den Protestanten Hilfe im Krieg gegen Frankreich zu erhalten. Doch mit dem Frieden von Crépy vom 19. September 1544 war der letzte Krieg Karls V. gegen König Franz I. von Frankreich beendet. Mehr noch: Der König der Franzosen sagte dem Habsburgerkaiser in einem Geheimvertrag Hilfe gegen die Protestanten zu. Am 13. Dezember 1545 ließ Papst Paul III. auf Drängen Karls V. das Konzil von Trient eröffnen, das mit Unterbrechungen bis 1563 dauerte. Protestanten nahmen am tridentinischen Konzil nicht teil.[35]

DAS EVANGELISCHE AUGSBURG AUF DEM WEG IN DEN SCHMALKALDISCHEN KRIEG

Die Reichsstadt Augsburg, die 1544 die Geschütze des bankrotten Pfalzgrafen Ottheinrich von Pfalz-Neuburg erworben hatte, verstärkte im Jahr 1545 nochmals ihre Stadtbefestigung: Türme, Mauern, Wälle und Gräben. Im August vollführten die von Stadthauptmann Schertlin von Burtenbach angeführten wehrfähigen Bürger Augsburgs – Patrizier und Kaufleute (auch die katholischen) sowie die Zünfte (mit Ausnahme der Weber) – Waffen-

Im Mai 1546 führte Sebastian Schertlin mit Unterstützung des Augsburger Rats in Burtenbach den evangelischen Kultus ein. In der Pfarrkirche St. Anna stellen heute zwei im 19. Jahrhundert entstandene Glasmalereien Martin Luther und Philipp Melanchthon dar.

Am Altargemälde der Burtenbacher Pfarrkirche St. Anna ließ sich der Landsknechtsführer Sebastian Schertlin gleich zweimal abbilden. Schertlin ist gut an seinem langen roten Bart zu erkennen.

übungen vor den Stadtmauern. Zum Aufgebot zählten 470 Reiter und 3596 Bewaffnete zu Fuß.

Im Januar 1546 schlossen sich auch die Augsburger Delegierten bei der Tagung des Schmalkaldischen Bundes in Frankfurt dem Beschluss an, am Konzil von Trient nicht teilzunehmen.[36] ***„In der Weigerung der Protestanten […] sah Karl V. den Anlass für ein militärisches Vorgehen, in dem er vom Augsburger Bischof, Kardinal Otto Truchsess von Waldburg kräftig unterstützt wurde.“***[37] Von der Reichsstadt Regensburg aus bereitete der Kaiser die militärische Konfrontation vor.[38]

DER AUGSBURGER SEBASTIAN SCHERTLIN ALS OBERBEFEHLSHABER IN SCHWABEN

Der Stadthauptmann der Reichsstadt Augsburg, Sebastian Schertlin, trat nun zum lutherischen Bekenntnis über und schaffte in ***Burtenbach***, seiner Reichsritterschaft in der Markgrafschaft Burgau, den katholischen Gottesdienst ab. Am 17. Mai 1546 erbat sich Schertlin vom Rat der Stadt die Entsendung eines Predigers aus Augsburg.[39] ***„Im Frühling 1546 führte er […] den evangelischen Cultus ein, warb von allen Seiten her Söldner und ließ sich durch ein Gebot König Ferdinands, bei Verlust der kaiserlichen Gnade seine Rüstungen abzustellen, nicht irre machen.“***[40]

Am 16. Juni 1546 hatte Karl V. auf dem Reichstag in Regensburg faktisch den Krieg erklärt.[41] Ende Juni marschierte Schertlin mit 4000 Mann nach Augsburg: Zehn seiner 16 Fähnlein hatte er für den Schmalkaldischen Bund, sechs für die Reichsstadt geworben. Fugger und Baumgartner, die meisten Welser, vier Rehlinger und zwei Herwart verließen nun (neben anderen) entgegen dem Verbot des Augsburger Rats die Stadt. Anton Fugger verlagerte die Zentrale seines Konzerns von Augsburg in die Bergbaustadt Schwaz nahe Innsbruck in Tirol.[42]

Am 1. Juli 1546 entschied sich der Augsburger Rat – an der Spitze der patrizische Bürgermeister Georg Herwart und der Zunftbürgermeister Jakob Hörbrot – dafür, am Krieg teilzunehmen. Dabei hatte Kaiser Karl V. noch mit einem Schreiben vom 17. Juni versucht, die evangelische Reichsstadt gegen eine Sicherheitsgarantie zur Neutralität zu bewegen.[43] Als der Kampf begann, wurde der Augsburger Stadthauptmann Sebastian Schertlin von Burtenbach zum Oberbefehlshaber aller süddeutschen Verbände der evangelischen Reichsstädte ernannt. Die lateinische Inschrift auf den Bannern eines Teils seiner Truppen lautete übersetzt: ***„Das Wort des Herrn bleibt in Ewigkeit […]. Es sollte dadurch unterstrichen werden, daß es sich um einen Glaubenskrieg handelte.“***[44]

FÜSSEN UND DILLINGEN FALLEN: FRÜHE ERFOLGE IM SCHMALKALDISCHEN KRIEG

Hauptmann Sebastian Schertlin glückten rasche Erfolge. Mit Söldnern der schwäbischen Reichsstädte Augsburg, *Ulm*, *Memmingen* und *Kempten* eroberte er am 9. Juli 1546 die bischöfliche Stadt *Füssen* und besetzte den südlichen Teil des Hochstifts Augsburg.[45] Nach dem bischöflichen Zentrum im Süden war auch das im Norden bald in seiner Hand: *Dillingen* war am 23. Juli besetzt und der nördliche Teil des Hochstifts schnell erobert.[46]

Dillingen fiel kampflos, und tags darauf ergaben sich *Lauingen* und *Gundelfingen*. Bischof Otto Truchsess von Waldburg war zum Kaiser nach Regensburg geflüchtet, auch die Domherren waren

DIE EVANGELISCHE KIRCHE ST. ANNA IN BURTENBACH

Ein Epitaph sowie ein Altargemälde in seiner Grabkirche stellen den Augsburger Stadthauptmann Schertlin von Burtenbach dar

1560/62 ließ Sebastian Schertlin von Burtenbach die evangelische Pfarrkirche St. Anna in seiner Herrschaft Burtenbach umbauen und erweitern. Sie diente dem Augsburger Stadthauptmann und Landsknechtsführer sowie seinen Nachkommen als Grabkirche. Im Chor findet man Epitaphe der Schertlin – an der Nordwand des Chors den Grabstein Sebastian Schertlin von Burtenbachs (1577 gestorben), im Stil der Renaissance und in Lebensgröße gestaltet, sowie die Grabdenkmäler seiner zwei Söhne Johann Sebastian (1596) und Johann Philipp (1568). Ein schlichteres Epitaph Johann Sebastian Schertlins (1638) ist in die Südwand eingelassen. Auf dem Altarblatt im Chor hat sich Schertlin von Burtenbach zweimal abbilden lassen. Die Rückseite des Gemäldes stellt die Schlacht gegen die Türken an der Schwarzach (1532) dar.

In Burtenbach erinnern einige Bauwerke an die Schertlin. Ihr 1556 erbautes Neues Schloss wurde jedoch nach einem Brand bis 1740 barock erneuert.

Als Soldaten – in voller Montur und mit einem Schwert an der Seite – sind Sebastian Schertlin (rechts) und zwei seiner Söhne auf dem Altarblatt im Chor ihrer Burtenbacher Grabkirche St. Anna abgebildet.

geflohen.[47] Ende Juli zogen Truppen des Schmalkaldischen Bundes in ***Donauwörth*** ein, das zuerst neutral zu bleiben versuchte, sich dann aber doch heimlich dem Schmalkaldischen Bund anschloss. In der Reichsstadt plünderten Landsknechte das ***Kloster Heilig Kreuz*** und das ***Deutschordenshaus***. Am 30. Juli erreichte auch Schertlin Donauwörth, wo er seine Truppen mit denen Johann Friedrichs von Sachsen und Philipps von Hessen vereinte.[48]

Ab dem 27. Juli nahm Augsburg die Orte im Hochstift Augsburg und in der österreichischen Markgrafschaft Burgau zwischen seinem Gebiet und Donauwörth in Besitz. Die Reichsstadt versuchte so, ein mit dem Ulmer oder Nürnberger vergleichbares Territorium zu arrondieren. Am 10. August befahl der Augsburger Rat den Bürgern mit Herrschaftsbesitz um die Stadt, dort den katholischen Gottesdienst abzuschaffen.[49] Dieser Verfügung kamen fast alle nach – nur die Fugger weigerten sich.[50] Anfang September begann Augsburg, die ***Chorherrenpropstei Wettenhausen*** und das ***Damenstift Edelstetten*** weit westlich der Stadt in Besitz zu nehmen. Das von den Nonnen verlassene ***Zisterzienserinnenkloster Oberschönenfeld*** ließ der Rat beschlagnahmen. Die Reichsstadt befand sich im Spätsommer 1546 im Zenit ihrer Macht.[51] Gleiches galt für den Protestantismus: ***„Die weiteste Ausbreitung erlangte die Reformationsbewegung in Schwaben vorübergehend während des Schmalkaldischen Krieges.“***[52]

ANTON FUGGER FINANZIERT DEN SIEG DES KAISERS IM GLAUBENSKRIEG

Doch dann wendete sich das Kriegsglück. Dies lag auch daran, dass Anton Fugger die militärische Intervention Kaiser Karls V. mit einem Kredit von 455 000 Gulden finanzierte.[53] Vom 12. August bis zum 5. September hatten Truppen des Schmalkaldischen Bundes noch (vergeblich) die Kaiserlichen vor den Toren des neutralen bayerischen Ingolstadt belagert.[54] Dann allerdings drängten Verbände der Katholiken die Protestanten auf dem süddeutschen Kriegsschauplatz im Donaufeldzug von einer Stadt zur nächsten zurück: Zuerst fiel ***Neuburg***, schon am 9. Oktober war ***Donauwörth*** zurückerobert.[55]

Am 12. Oktober zog Bischof Kardinal Otto Truchsess von Waldburg mit den Kaiserlichen in seiner Residenzstadt ***Dillingen*** ein. Tags darauf ergaben sich die nahen Donaustädte ***Lauingen*** und ***Gundelfingen***.[56] Am 23. Dezember 1546 kapitulierte auch ***Ulm***. Am 25. Januar 1547 zog Karl V. in diese Reichsstadt ein, wo er 37 Tage lang blieb.[57]

IM JANUAR 1547 KAPITULIERT AUGSBURG VOR DER ÜBERMACHT DES KAISERS

Nachdem Karl V. die Schonung des neuen Glaubens bis zu einer Kirchenreform zusagte, beschlossen der Kleine und Große Rat der Reichsstadt Augsburg am 24. Januar 1547, sich dem Kaiser kampflos zu unterwerfen. Am 29. Januar vollzog eine Augsburger Delegation – angeführt von Anton Fugger und dem Protestanten Dr. Claudius Peutinger – in ***Ulm*** den Fußfall vor dem Kaiser. Wegen seines Einsatzes für die Stadt, der dem katholischen Finanzier des Kaisers gewiss leichter fiel als einem evangelischen Augsburger, nannte der Benediktinermönch und Chronist Clemens Sender Anton Fugger einen „Pater Patriae" (Vater des Vaterlands).[58] Eine steinerne ***Inschriftentafel*** in den Augsburger ***Fuggerhäusern*** erinnert daran. Am 16. Februar wurde Augsburg von kaiserlichem Militär besetzt.[59]

Nach der Schlacht bei Mühlberg am 24. April stand der Sieg des Kaisers fest. Damit ging der Schmalkaldische Krieg zu Ende – er wurde ***„[...] als ‚Urtyp' des Religionskrieges [...]"***[60] bezeichnet. Am 23. Juli traf Karl V. in Augsburg ein. Er bezog die Kaiserappartements in den Fuggerhäusern.

Schertlin von Burtenbach, der den Augsburger Rat noch am 3. Januar 1547 heroisch zur ***„[...] Vertheidigung der Stadt auf Leben und Tod [...]"***[61] aufgerufen hatte, konnte Augsburg am 29. Januar verlassen. Im April 1548 trat er in die Dienste des Königs von Frankreich.[62] Dem Zunftbürgermeister Jakob Hörbrot schadete die Niederlage wegen seiner guten Beziehungen wenig. König Ferdinand ernannte ihn sogar zum königlichen Rat.[63]

AUGSBURGER INTERIM UND AUGSBURGER RELIGIONSFRIEDEN

SEPTEMBER 1547 BIS 1557

Nach dem Ende des Schmalkaldischen Krieges stand Kaiser Karl V. im Zenit der Macht. Der Habsburger diktierte 1548 den Reichsständen das Augsburger Interim, das die in der Praxis längst vollzogene Kirchenspaltung ignorierte. Schon 1552 brachte der Fürstenaufstand das Habsburgerreich an den Rand des Untergangs. Den Vormarsch der Protestanten wie auch den Gegenschlag des Kaisers finanzierten Bankiers in Augsburg. Am Ende stand ein Frieden aus tiefer Erschöpfung. 1555 wurde der Augsburger Religionsfrieden verkündet: Katholiken und Lutheraner waren nun gleichberechtigt. Doch der „geistliche Vorbehalt" erhielt die politische Dominanz der Katholiken – dadurch war der Samen für die nächste Katastrophe gesät.

DER GEHARNISCHTE REICHSTAG UND DER FÜRSTENAUFSTAND

1547 war Kaiser Karl V. auf dem Gipfel seiner Macht – doch der Aufstand der Fürsten erzwang einen konfessionellen Kompromiss

Der Geharnischte Reichstag im Augsburg der Jahre 1547 und 1548 endete mit dem Augsburger Interim, doch dieses Diktat des Kaisers hielt nur wenige Jahre. Der Aufstand evangelischer Fürsten kehrte die Machtverhältnisse im Reich um. Mit dem am 25. September 1555 verkündeten Augsburger Religionsfrieden war ein Waffenstillstand erzielt, der bis zum Dreißigjährigen Krieg dauerte.

KARL V. IN DEN FUGGERHÄUSERN – UND EIN REICHSTAG, GEPRÄGT VON MILITÄR

Am 23. Juli 1547 hatte Kaiser Karl V. in den Augsburger *Fuggerhäusern* Quartier genommen. Dort bezog er das kaiserliche Palatium. Anton Fugger hatte diese „appartimenti all'italiana" 1531 für die Habsburgerkaiser ausstatten lassen, die zu den Augsburger Reichstagen anreisten – dies sicherlich nicht zuletzt mit Blick auf das sonst zu befürchtende rüde Gebaren kaiserlicher Quartiermacher. Ein *Erker* am *Serenadenhof* der Fuggerhäuser lässt die Lage der früheren Kaiserappartements noch heute erkennen. Den im Krieg gefangengenommenen Kurfürsten Johann Friedrich von Sachsen hatte man in der Nachbarschaft, in einem Stadtpalast am Weinmarkt (dem Vorgängerbau des Schaezlerpalais an der heutigen Maximilianstraße, den Franz Welser erheiratet hatte), einquartiert.[1]

Einquartiert waren in Augsburg aber auch rund 3500 Soldaten, die am Ende mehr als ein Jahr lang eine arge Last für ihre unfreiwilligen Gastgeber sein sollten. Diese unliebsamen Gäste gaben dem Augsburger Reichstag, der am 1. September 1547 begann, seinen Namen – Geharnischter Reichstag.[2] Augsburg als Versammlungsort zu wählen, hatte

Dieser kleine Erker am Serenadenhof der Augsburger Fuggerhäuser lässt heute erkennen, wo früher das kaiserliche Palatium lag, in dem Habsburgerkaiser bei ihren Aufenthalten in der Reichsstadt residierten. Kaiser Karl V. bezog dieses Quartier während des Geharnischten Reichstages in den Jahren 1547/48.

sich angeboten, da sich Kaiser Karl V. ohnehin hier aufhielt. *„Daß Karl V. die militärische Besatzung Augsburgs nicht aufhob und einen Großteil seiner spanischen Regimenter um die Stadt des Reichstags zusammenzog, war eine unmißverständliche Demonstration […].“*[3] Der Habsburger war politisch stärker denn je: 1547 *„[…] hatte Karl V. eine überragende Stellung inne. Er war triumphierender Sieger in Deutschland; auch auf europäischer Ebene gab es […] keinen Herrscher von vergleichbarer Macht und Autorität.“*[4] Der Kaiser nutzte die Position der Stärke, um nicht nur den besiegten Protestanten, sondern auch den katholischen Reichsständen seine Bedingungen zu diktieren.

DER RESTITUTIONSVERTRAG DER STADT MIT DEM BISCHOF VON AUGSBURG

Der Geharnischte Reichstag dauerte bis zum 30. Mai 1548: Er *„[…] zog eine dreifache fundamentale Revision der Verhältnisse nach sich und ebnete gleichzeitig den Weg zur Bikonfessionalität.“*[5] Die erste Revision betraf die Stellung des Augsburger Bischofs und der Altgläubigen in der Stadt. Der Bischof wurde wieder in alle Rechte eingesetzt, die ihm 1534 und 1537 genommen worden waren.

Am 14. Dezember verpflichtete sich die Reichsstadt dazu, Kirchenornat, Monstranzen und Kelche zurückzugeben. Dem Hochstift wurden Kriegsschäden in Höhe von 95 000 Gulden erstattet. Um viel Geld ging es auch an anderer Stelle: 150 000 Gulden hatte Augsburg als Kontribution an den Kaiser zu bezahlen, zusätzlich musste die Reichsstadt zwölf Geschütze abtreten. Herzog Wilhelm von Bayern forderte eine Entschädigung von 50 000 Gulden und erhielt am Ende 20 000.[6]

Die unter dem evangelischen Rat geschlossenen oder übernommenen Klöster und Stifte wurden den katholischen Vorbesitzern zurückgegeben. Der Bischof und das Domkapitel zogen am 18. Juli 1548 in Augsburg ein, am 5. August wurde die erste Messe im ***Dom*** gehalten, ab dem 12. August wurden Gottesdienste in den nun wieder katholischen Kirchen gefeiert. Am 2. August 1548 wurde der Restitutionsvertrag zwischen Bischof Kardinal Otto Truchsess von Waldburg und der Reichsstadt Augsburg unterzeichnet: Der evangelischen Bevölkerungsmehrheit blieben nur noch die ehemalige Klosterkirche von ***St. Anna*** (die nach jahrelanger Schließung wieder genutzt wurde), die ***Barfüßerkirche*** und ***St. Jakob***, außerdem die Predigthäuser bei ***St. Ulrich und Afra***, ***Heilig Kreuz*** und ***St. Georg*** sowie die Pfarrstelle beim ***Heilig-Geist-Spital***.[7]

DAS NEUE RATSREGIMENT: NUN LENKEN PATRIZIER DIE REICHSSTADT AUGSBURG

Der Kaiser griff nun tief in die Augsburger Stadtpolitik ein: Die 1368 errungene Zunftverfassung wurde zugunsten eines von den Patriziern dominierten Ratsregiments aufgehoben. Die alten Geschlechter hatten beteuert, dass die Ratspolitik der letzten Jahre entscheidend von den Zünften bestimmt worden sei: Der Pöbel sei nicht dazu geeignet gewesen, die Geschicke der Stadt zu lenken. Dem Kaiser dürfte dies auch wegen des Beispiels der protestantischen Reichsstadt Nürnberg eingeleuchtet haben. Dort hatten die von Handelsinteressen geleiteten Patrizier im Schmalkaldischen Krieg die Neutralität der Stadt durchgesetzt.

Bereits am 3. August 1548 verfügte Karl V. die Auflösung der Zünfte und die Enteignung ihres Vermögens. Das patrizische Regiment wurde aufs Neue installiert. Im Augsburger Ratsregiment dominierte seit der „Kaiserlichen Wahlordnung des Großen Rates" vom Sommer 1549 die katholische Minorität die hohen Ämter. Einer der beiden Stadtpfleger war Katholik, obwohl die Katholiken nur ein Viertel der Bevölkerung ausmachten. Das Amt des Zunftbürgermeisters wurde abgeschafft.

Dem Geheimen Rat gehörten die Stadtpfleger und weitere fünf Patrizier an, insgesamt fünf Katholiken und nur zwei Protestanten. Den 45-köpfigen Kleinen Rat dominierten 31 Patrizier: Letztere waren mehrheitlich Katholiken. Unter den sechs Bürgermeistern waren drei Patrizier, zwei reiche Kaufleute und nur einer aus dem Handwerk. Diese von Karl V. durchgedrückte Verfassungsordnung sicherte die Kaisertreue der Reichsstadt Augsburg und galt letztlich bis zum Ende des Alten Reiches.

Die Zünfte verloren 1549 ihre politische Bedeutung. Sie hatten seither nur noch die Funktion von Innungen des Handwerks, die der Rat der Reichsstadt zudem kontrollierte. Im Rat waren die Handwerker also lediglich marginal repräsentiert.[8]

ZWISCHENLÖSUNG IM GLAUBENSSTREIT: DAS AUGSBURGER INTERIM VON 1548

Am 15. Mai 1548 diktierte Kaiser Karl V. den Reichsständen im Rahmen des Reichstagsabschieds eine Zwischenlösung im konfessionellen Konflikt: Sie ignorierte die de facto erfolgte Kirchenspaltung und stellte weder die Protestanten noch die Katholiken zufrieden. Das Augsburger Interim für die evangelischen Stände sollte die Klärung strittiger Fragen bis zu einem Konzil hinauszögern. Das Interim gestand Protestanten die Priesterehe und den Laienkelch zu. Gottesdienste und Lehre sollten sich aber am katholischen Bekenntnis orientieren.[9]

Dieser Zwischenlösung widersetzten sich die Augsburger Protestanten und evangelischen Prediger, aber auch im katholischen Herzogtum Baiern regte sich Widerstand. Nur wenige Jahre später machten der Fürstenaufstand und der daraus resultierende Passauer Vertrag von 1552 das Augsburger Interim zur bedeutungslosen Makulatur.

DIE BELEHNUNG MORITZ VON SACHSENS VOR DEN AUGSBURGER FUGGERHÄUSERN

Am 24. Februar 1548, am Geburtstag das Kaisers, hatte Karl V. vor den Augsburger *Fuggerhäusern* Herzog Moritz von Sachsen mit der Kurfürstenwürde von Sachsen belehnt. Der Protestant aus dem Haus der albertinischen Wettiner hatte ihn gegen den Schmalkaldischen Bund, und damit gegen Kurfürst Johann Friedrich von Sachsen aus dem Haus der ernestinischen Wettiner unterstützt. Dem in Augsburg in Haft gehaltenen Johann Friedrich wurde die Kurfürstenwürde und der größte Teil seines Territoriums aberkannt. ***„Der gefangene Churfürst [...] konnte aus seinem Quartier*** [im benachbarten Welserhaus] ***diese Handlung völlig mit ansehen [...].“***[10] Auch der Bruder des Kaisers – der römisch-deutsche König Ferdinand – und alle Kurfürsten des Reiches waren bei dieser Zeremonie anwesend. ***„[...] für die mehrheitlich evangelischen Stadtbewohner stellte dieses Spektakel eine hässliche Kröte dar, die es stumm zu schlucken galt.“***[11]

Im *nordwestlichen Fürstenzimmer* des Augsburger *Rathauses* zeigen heute drei um 1622/24 entstandene *Gemälde* von Matthäus Gundelach den Glanz des Reichstages. Die Ölmalereien stellen den Einzug Kaiser Karls V. auf dem Weinmarkt, die Beratung über die Verleihung der Kurwürde an Moritz von Sachsen sowie die Übergabe der Kurinsignien dar. Letzteres Gemälde zeigt den *Turm der Ulrichsbasilika* und den *Herkulesbrunnen*, die jedoch erst 1594 respektive 1600/02 entstanden.[12]

EIN AUGSBURGER BANKIER FINANZIERT DEN FÜRSTENAUFSTAND GEGEN KARL V.

Vom 25. Juni bis zum 3. November 1550 fand noch einmal ein Reichstag in Augsburg statt, bei dem Kaiser Karl V. die Nachfolge zugunsten seines jüngeren Bruders Ferdinand I. regelte. Ihm sollte nach

Dieses Gemälde im Fürstenzimmer des Augsburger Rathauses stellt die Belehnung Moritz von Sachsens mit der Kurwürde dar. Diese Zeremonie fand 1548 vor den Fuggerhäusern statt. Der damals abgesetzte Kurfürst Johann Friedrich von Sachsen musste aus dem Fenster eines benachbarten Stadtpalastes der Welser zuschauen.

dessen Tod Karls eigener Sohn, König Philipp von Spanien, nachfolgen. Bei diesem schlecht besuchten Reichstag wurden alle evangelischen Geistlichen Augsburgs vor dem Hofrat einem Verhör zum Interim unterzogen. Bis auf vier Prediger wurden sie der Stadt verwiesen. Auch 14 Gymnasialprofessoren und Schulmeister wurden entlassen.[13]

Im Reich gärte es. Ende März 1552 begann der Aufstand der deutschen Reichsfürsten gegen den Habsburgerkaiser, der mit der Hybris des Siegers nicht nur die Reichsstädte, sondern auch sie gedemütigt hatte. Moritz von Sachsen, dem Karl V. erst vier Jahre zuvor die Kurwürde verliehen hatte, marschierte mit den Fürsten des Schmalkaldischen Bundes und mit Frankreich verbündet in Richtung Süddeutschland und bis nach Tirol: Am 23. Mai flüchtete Karl V. aus Innsbruck nach Villach.

Den Feldzug der deutschen Fürsten finanzierte der protestantische Bankier Georg Österreicher in Augsburg. Bereits am 1. April standen die Truppen der Aufständischen vor der Reichsstadt, am 5. April zogen Kurfürst Moritz von Sachsen, Markgraf Albrecht von Brandenburg-Ansbach und Landgraf Wilhelm von Hessen in die Stadt ein.[14]

Dass Kaiser Karl V. 1552 so schnell und massiv in die Defensive geraten konnte, lag aber auch an der betonten Zurückhaltung der katholischen Reichsstände. Das Herzogtum Baiern verhielt sich

DER HERKULESBRUNNEN VERHERRLICHT DEN KAISER

Die siebenköpfige Wasserschlange Hydra wird dort vom Halbgott bezwungen, wo der Kaiser einen der sieben Kurfürsten bändigte

Die Hydra der antiken Sagenwelt wurde meist als neunköpfiges Monster dargestellt: Sie konnte aber auch sieben oder viel mehr Köpfe haben. Der Kampf des Herkules mit der Wasserschlange, der er mit der Keule die Köpfe abschlägt, ist das Motiv der bis 1600 in Bronze gegossenen Figurengruppe von Adriaen de Vries auf dem Pfeiler des Augsburger Herkulesbrunnens. Die Figur des Monumentalbrunnens in der Maximilianstraße hat sieben Köpfe.

Diese Zahl deutet wohl auf die sieben deutschen Kurfürsten und den Geharnischten Reichstag von 1548 hin. Kaiser Karl V. nahm damals Johann Friedrich von Sachsen die Kurfürstenwürde. Der Herkulesbrunnen steht vor den Fuggerhäusern und vor dem Schaezlerpalais: Vor Ersterem wurde der neue Kurfürst belehnt. Sein inhaftierter Vorgänger musste vom Fenster des Welserhauses aus zusehen, das der Vorgängerbau des Schaezlerpalais war. 1529 karikierte Johannes Cochläus in einer Schrift auch Luther als siebenköpfiges apokalyptisches Tier.

Der starke Halbgott Herkules auf dem Pfeiler des Augsburger Herkulesbrunnens verkörpert den Kaiser. Die sieben Köpfe der Hydra deuten vermutlich auf die sieben deutschen Kurfürsten hin, die der Kaiser jeweils zu bändigen hatte. Das Original der Figurengruppe sieht man heute im Maximilianmuseum.

neutral, um den Kaiser nicht noch stärker werden zu lassen. Karls Bruder, der römisch-deutsche König Ferdinand, war nicht in der Lage zu helfen, da die Türkengefahr in Ungarn und Siebenbürgen seine Kräfte band.[15] Noch nicht einmal Rom konnte Karl V. zu seinen Verbündeten zählen. So verdammte der im Mai 1555 gewählte neue Papst Paul IV. den Kaiser mit harschen Worten. Er schrieb: *„Es hat seit einem Jahrtausend keinen schlechteren und grundverdorbeneren Menschen gegeben als diesen Herrscher Karl V., dieses wahrhafte Werkzeug des Satans, diesen Krüppel an Körper und Geist. Sind doch die Spanier insgesamt Irrgläubige, Kirchenspalter, Nachkommen von Juden und Mauren und die Hefe der Menschheit."*[16]

DER AUGSBURGER ANTON FUGGER GIBT DEN KREDIT FÜR DEN GEGENSCHLAG

Noch Anfang Mai 1552 hatten 26 schwäbische Städte, die den Fürstenbund unterstützten, einen schwäbischen Reichsstädtetag in Augsburg abgehalten. Dort waren die Neuerungen des Kaisers schon im April zurückgenommen worden: Das evangelische Kirchenwesen und das städtische Zunftregiment wurden wiederhergestellt. Die Handwerker durften wieder mitbestimmen. Die entlassenen Prediger und Schulmeister wurden wieder eingestellt. Doch diese neuerliche Umkehr der Verhältnisse war wieder nur von kurzer Dauer. Denn schon am 19. August 1552 zogen die Truppen des Kaisers in Augsburg ein, denen Karl V. tags darauf nachfolgte. Der Habsburger machte bereits am 25. August alle in den Wochen zuvor eingeführten Neuerungen rückgängig.[17]

Finanziert hatte den militärischen Gegenschlag wiederum ein Augsburger Bankier: Anton Fugger gab Karl V. ein Darlehen über 400 000 Dukaten. *„Dreimal haben die Fugger entscheidenden Einfluß auf den Gang der deutschen Geschichte gewonnen: im Jahre 1519, als sie Karl V. zur Erwerbung der Kaiserkrone verhalfen, vor und während des Schmalkaldischen Krieges, als es galt, dem Kaiser die Mittel zur Niederwerfung der*

deutschen Protestanten zu verschaffen, und im Jahre 1552, als er sich aus der verhängnisvollen Lage, in die ihn der Fürstenkrieg versetzt hatte, herausziehen und wieder aufrichten mußte.“[18]

Im Jahr 1857 wurde in Augsburg das Denkmal für Hans Jakob Fugger aufgestellt. In seinem Gutachten für Kaiser Karl V. hatte der Patrizier vorgeschlagen, die armen Protestanten der Reichsstadt Augsburg hinzurichten oder als dem Tod geweihte Ruderklaven auf Schiffe der Kriegsflotte Spaniens zu schicken. Reiche Standesgenossen sollten der Stadt verwiesen werden.

EINE FORDERUNG HANS JAKOB FUGGERS: ARME PROTESTANTEN AUF DIE GALEEREN

Wie sehr der Glaubensstreit zu einer Verhärtung der Herzen sowie zum Verlust des in Augsburg zuvor gepflegten Gemeinschaftssinns und zur Spaltung der Stadtgesellschaft einschließlich ihrer Eliten geführt hatte, belegte ein Gutachten Hans Jakob Fuggers. Er war in den Geheimen Rat der Reichsstadt berufen worden, nachdem sein Onkel Anton Fugger dieses Amt 1551 niedergelegt hatte. Bevor Karl V. 1552 in Augsburg einzog, hatten dessen Räte von kaiserlich gesinnten Patriziern – unter ihnen Hans Jakob Fugger – Stellungnahmen zu den Verhältnissen in der Stadt angefordert.

Dass Hans Jakob Fugger die Wiedereinführung des patrizischen Stadtregiments, die Auflösung der Zünfte und die Verringerung der Bedeutung der Kaufmannsstube forderte, überrascht nicht. Doch im Gegensatz zur bisherigen Praxis sollten – so der Fugger, der bei seinen Empfehlungen auf Standesdünkel nicht verzichtete – *„[...] ‚die Leute kleinen Vermögens und schlechten Herkommens‘ hinge-*

KINDERFEST MIT BÖSARTIGEN WURZELN: DAS „TURAMICHELE“

Die Figur der Erzengels Michael, der auf den Teufel einsticht, sollte ursprünglich wohl Augsburgs Protestanten diffamieren

Seit Jahrhunderten öffnet sich zum Michaelstag am 29. September in Augsburg ein Bogenfenster im Perlachturm neben dem Rathaus. Im Takt des Stundenschlags sticht die Figur des „Turamichele“ mit ihrer Lanze auf den liegenden Teufel ein. Die mit dem Uhrwerk verbundene Figur des Erzengels Michael hat Stadtwerkmeister Elias Holl 1616 erstmals in seiner „Hauschronik“ schriftlich erwähnt. Vermutlich entstand der Brauch nach dem Schmalkaldischen Krieg, als die katholische Ratsmajorität die evangelische Bevölkerungsmehrheit dominierte.

Der Vorläufer des heutigen, nach dem Zweiten Weltkrieg neu geschnitzten Erzengels wird weniger der Belustigung, als vielmehr der Verhöhnung der Protestanten gedient haben. Während der Gegenreformation sollte das Motiv des siegreichen Erzengels Michael des Öfteren politische und religiöse Gegner diffamieren. Mitunter wurde der Satan als hermaphroditisches Mischwesen gestaltet, um den Protestanten sexuelle Abartigkeit zu unterstellen.

Das „Turamichele“ steht heute im Mittelpunkt eines Augsburger Kinderfestes. Ursprünglich sollten die Figuren des Erzengels und des Teufels wohl die Protestanten in der Stadt Augsburg verunglimpfen.

richtet oder auf die Galeere geschickt werden, die ‚von Vermögen und Namen' sollten aus der Stadt verwiesen werden und mindestens die Hälfte ihres Vermögens verlieren."[19] Hans Jakob Fugger schlug überdies die peinliche Befragung evangelischer Delinquenten vor. Außerdem sollte ein bis zwei Jahre lang eine größere Besatzung in die Reichsstadt Augsburg gelegt werden.[20] Kaiserliche Soldateska sollte man – so der Fugger – bei *„[...] den Webern und anderen bösen Buben [...]"*[21] einquartieren.

DER PASSAUER VERTRAG: DIE VORSTUFE DES AUGSBURGER RELIGIONSFRIEDENS

Seit dem 26. Mai 1552 hatten König Ferdinand, Kurfürst Moritz von Sachsen und Herzog Albrecht von Bayern über die Rücknahme des Interims und über einen Religionsfrieden bis zum nächsten Reichstag verhandelt. Bis zum 2. August kam der nach dem Verhandlungsort benannte Passauer Vertrag zustande: Er sicherte die gegenseitige Duldung der Religionsparteien und war damit ein Schritt auf dem Weg zum späteren Kompromiss. Denn der nächste Reichstag fand 1555 in Augsburg statt und endete mit dem Augsburger Religionsfrieden.[22]

Aufgrund des Passauer Vertrags erhielt Pfalzgraf Ottheinrich von Pfalz-Neuburg sein Fürstentum zurück. Auch Philipp von Hessen kam frei und durfte sich wieder Landgraf nennen. Johann Friedrich von Sachsen wurde das Recht auf den Titel „Geborener Kurfürst" zugestanden, und er erhielt die ihm noch verbliebenen Territorien zurück.[23] Der in Augsburg gefangengesetzte Johann Friedrich von Sachsen kam frei, als Karl V. die Reichsstadt am 1. September 1552 verließ. Die letzten Truppen des Kaisers zogen erst am 26. September 1553 aus Augsburg ab.[24]

DER AUGSBURGER RELIGIONSFRIEDEN MACHT DEM GLAUBENSSTREIT KEIN ENDE

Die Reformation war gegen den Widerstand der protestantischen Landesherren nicht rückgängig zu machen. Die Kirchenspaltung war theologisch, juristisch und militärisch besiegelt. Drei Jahre nach

Das große Relief der beiden Wilden Männer zierte 1555 den Eingang zum gotischen Rathaus, wo der Augsburger Religionsfrieden verkündet wurde. Heute schmückt das Sandsteinrelief die Ostfassade des im Stil der Renaissance bis 1620 erbauten neuen Rathauses.

dem Passauer Vertrag (passenderweise auch „Stillstand" genannt) begann am 5. Februar 1555 der angekündigte und von König Ferdinand geleitete Reichstag in Augsburg. Er endete mit dem von den Reichsständen ausgearbeiteten Immerwährenden Religionsfrieden, der den Passauer Stillstand in eine verbindliche Regelung für die Zukunft überführte.

Am 25. September 1555 wurde mit dem Reichstagsabschied der Augsburger Religionsfrieden verkündet.[25] Er ***„[...] stellte den endgültigen Verzicht auf die Einheit des Bekenntnisses im Reich dar, die Spaltung der Christenheit war jetzt auch reichsrechtlich besiegelt."***[26] Der Augsburger Religionsfrieden besiegelte aber mitnichten das Ende des Glaubensstreits, er war nur eine weltliche Friedensordnung.[27] Dass das Reichsrecht „Ketzer" vor dem kirchlichen Recht schützte, ***„[...] war eine grundstürzende Neuerung [...]"***.[28] Der Religionsfrieden erkannte erstmals (neben dem jüdischen Glauben) eine nichtkatholische Religion reichsrechtlich an. Die Vereinbarung schützte jedoch nur die Reichsstände des Augsburger Bekenntnisses: Täufer und Spiritualisten sowie – eingeschränkt – auch die Reformierten (Zwinglianer sowie Calvinisten) schloss der Augsburger Religionsfrieden aus.[29]

Der Augsburger Religionsfrieden besaß einen zweiten Schwachpunkt: Er war ein Frieden ohne Kaiser und Papst. Kurz vor dem zwischen König

Ferdinand und den deutschen Reichsständen ausgehandelten Reichstagsabschied traf in Augsburg die Abdankungserklärung Kaiser Karls V. ein – sein Eingeständnis, dass er mit seiner Religionspolitik im Reich gescheitert war.

Doch auch der Papst in Rom lehnte den Augsburger Religionsfrieden ab.[30] Wie sehr die katholische Kirche unter dem Religionsfrieden litt, zeigte noch 1955 ein vom Augsburger Bischof verlesener Brief, in dem Papst Pius XII. verlauten ließ, ***„[…] im Bruch der religiösen Einheit Deutschlands und Europas das schwerste Verhängnis*** [zu] ***erblicken, welches das christliche Abendland und seine Kultur treffen konnte.“***[31]

ERINNERUNGEN AN DAS AUGSBURGER RATHAUS UND DEN STREITBAREN BISCHOF

1555 aber war der Augsburger Religionsfrieden das wohl einzig machbare Ergebnis der materiellen, militärischen und mentalen Erschöpfung beider Religionsparteien. Nur einer sah das anders: ***„Als einziger deutscher Bischof verweigerte Kardinal Otto von Augsburg die Unterschrift unter den Religionsfrieden.“***[32] Damals war die vorenthaltene Zustimmung bedeutungslos. 1629 jedoch diente die nicht geleistete Unterschrift als Argument für die gewaltsame Rekatholisierung Augsburgs.[33]

Ein *Sandsteinrelief* an der Ostfassade des ab 1615 von Elias Holl errichteten *Rathauses* erinnert an jenen Ort, an dem der Augsburger Religionsfrieden verkündet wurde – an den Ratssaal im 1614 abgebrochenen Vorgängerbau. 1555 war das Relief am heutigen *Elias-Holl-Platz* über dem Eingang zum gotischen Rathaus angebracht. Es bildet zwei *Wilde Männer* ab, die das Augsburger Wappen mit der Zirbelnuss halten.

Den streitbaren Bischof Kardinal Otto Truchsess von Waldburg stellt ein *Gemälde* in der Reihe der *Bischofsporträts* im Augsburger *Dom* dar. Im nördlichen Querschiff der Bischofskirche überliefert diese im Jahr 1488 begonnene Reihe die lange Abfolge der Augsburger Bischöfe bis in die Gegenwart.

Der Augsburger Bischof Kardinal Otto Truchsess von Waldburg war der einzige, der sich dem Abschluss des Augsburger Religionsfriedens widersetzte. Ein barockes Deckenfresko in der Kirche des Dillinger Franziskanerinnenklosters zeigt den streitbaren Bischof bei der Einsetzung des Allerheiligsten.

Sehr viel mehr erinnert an Bischof Otto Truchsess von Waldburg in seiner zweiten Residenzstadt ***Dillingen***. Der Kardinal, der von 1543 bis 1573 das Hochstift Augsburg regierte, hatte dort 1549 zur verbesserten Ausbildung katholischer Geistlicher das Collegium Hieronymi gegründet. Dieses Kolleg erhob Papst Julius III. 1551 zu einer katholischen ***Universität***. Ihren Status bestätigte Kaiser Karl V. 1553. Der heutige Bau (eine Akademie für Lehrerfortbildung) stammt aus dem 17. Jahrhundert.[34] ***„Dillingen sollte die erste dauerhafte Universitätsstiftung eines geistlichen Territorialfürsten im gesamten deutschsprachigen Kulturkreis werden.“***[35]

Am ***Ulrichsdenkmal*** von 1910 auf dem Platz vor der ***Studienkirche*** entdeckt man ein ***Porträtrelief Bischof Ottos*** mit seinem Namen. In der Studienkirche ließ der Augsburger Bischof Sigismund Franz, Erzherzog von Österreich, im Jahr 1657 bei den Grabstätten der Stifter der Universität, Kardinal Otto Truchsess von Waldburg und Fürstbischof Heinrich von Knöringen, jeweils ein querformatiges, mit Wappen, Engeln und Emblemen verziertes ***Epitaph*** mit vergoldeter ***Inschrift*** anbringen. Die Gebeine des in Rom verstorbenen Bischofs Otto waren 1614 nach Dillingen überführt und 1643 in die Studienkirche umgebettet worden.

Den südlichen Rundturm des ***Schlosses*** hatte Bischof Otto 1565/66 zum Reliquienheiligtum –

zum ***Heiligen Turm*** – umbauen lassen. Am Portal der dortigen ***Salesiuskapelle*** ließ der Kardinal ebenso sein ***Wappen*** anbringen wie – im Innenhof – am ***Südflügel*** des Schlosses.

An Bischof Otto erinnert aber auch das 1737 von Christoph Thomas Scheffler gemalte ***Deckenfresko*** im Langhaus der ab 1736 neu errichteten Klosterkirche ***Mariä Himmelfahrt*** der Franziskanerinnen. Unter den Szenen aus der Klostergeschichte zeigt das Fresko (südlich) die Einsetzung des Allerheiligsten durch Kardinal Otto Truchsess von Waldburg im Jahr 1550.[36] Die Klosterkirche kann außerhalb der Gottesdienste besichtigt werden. Die frühere Universität und das Schloss (heute Finanzamt) sind nur eingeschränkt zu besichtigen.

Das Wappen des Augsburger Bischofs Otto Truchsess von Waldburg entdeckt man am Eingang zur Salesiuskapelle. Sie befindet sich im sogenannten Heiligen Turm des Dillinger Schlosses, den Bischof Otto 1565/66 zu einem Reliquienheiligtum hatte ausbauen lassen.

DER AUGSBURGER RELIGIONSFRIEDEN PRÄGTE AUGSBURG UND SEIN UMLAND

Der Reichsstadt Augsburg brachte der Augsburger Religionsfrieden durch den sogenannten Städteartikel die Bikonfessionalität – das Simultaneum. Beide Konfessionen waren gleichberechtigt, wobei die politische Dominanz der altgläubigen Patrizier durch die Verfassungsordnung von 1548/49 festgeschrieben blieb. Bei den Protestanten in der Stadt ***„[...] erfolgte erst jetzt die endgültige Orientierung an der lutherischen Variante der Reformation ge-***

genüber der ‚oberdeutschen' [...]".[37] Erst nach dem Religionsfrieden setzte sich also die Lehre Martin Luthers gegenüber der Ulrich Zwinglis und Kaspar Schwenckfelds in Augsburg durch.

Das Simultaneum galt auch in Reichsstädten wie ***Donauwörth*** und ***Kaufbeuren***. Anders war die Lage in der Reichsstadt ***Nördlingen***: Zwar hatte Nördlingen spätestens um 1530 als evangelische Stadt gegolten, doch erst 1545 vollzog man dort die Trennung von der bischöflichen Kirchenorganisation. Und seit 1555, dem Jahr des Augsburger Religionsfriedens, konnten nur noch Protestanten das Nördlinger Bürgerrecht erwerben.[38]

Anders als den Reichsstädten gewährte der Augsburger Religionsfrieden den jeweiligen Landesherren die freie Wahl der Konfession und damit der ihrer Landeskinder („cuius regio, eius religio"). Das galt auch für Reichsritterschaften wie ***Burtenbach***: Dorthin konnte der vormalige Augsburger Stadthauptmann und gewesene Feldhauptmann des Schmalkaldischen Bundes, Sebastian Schertlin von Burtenbach, Ende 1553 nach einer Amnestie zurückkehren. Freunde aus Augsburg hatten sich als Fürsprecher für ihn verwendet. In Burtenbach ließ Schertlin ab 1560 die evangelische Pfarrkirche ***St. Anna*** umbauen und erweitern. In seinem Haus in Augsburg traf ihn im Alter von 80 Jahren im März 1577 der Schlag, wenige Monate später starb er.[39] Bestattet wurde Sebastian Schertlin in der Gruft unter dem Chor der evangelischen Burtenbacher Kirche. Im Chor findet man sein ***Epitaph***.

STÄDTE UND REICHSRITTER, WELTLICHE UND GEISTLICHE LANDESHERREN

Der Augsburger Religionsfrieden war ein juristisch äußerst kompliziertes Konstrukt, weshalb er in der Regel nur sehr verkürzt dargestellt werden kann. Vereinfacht formuliert: Weltliche Landesherren erhielten das „ius reformandi", das den bikonfessionellen Reichsstädten nicht zugestanden worden war. Sie konnten also die Konfession wechseln und diesen Wechsel auch ihren Untertanen vorgeben. Den Landeskindern stand in solchen Fällen das

„beneficium emigrandi“ zu: Sie konnten beim Konfessionswechsel ihres Landesherrn unbehelligt auswandern und zuvor ihren Haus- und Grundbesitz ohne Pressionen veräußern. *„Dieses beneficium emigrandi war […] ‚das erste allgemeine Grundrecht, das das Reich […] jedem Deutschen garantierte‘ […].“*[40] Mit diesem Recht war das staatliche Zwangskirchentum auf dem Papier juristisch abgemildert. Die Praxis dürfte anders ausgesehen haben.

Dass auch kleinen Reichsritterschaften wie dem *Burtenbach* des Sebastian Schertlin aufgrund der „Declaratio Ferdinandea“ das Recht der freien Bekenntniswahl eingeräumt wurde und überdies evangelischen Städten in geistlichen Territorien die lutherische Konfession erlaubt blieb, war ein politisches Zugeständnis an die Protestanten: Sie hatten im Gegenzug den „geistlichen Vorbehalt“ (das „reservatum ecclesiasticum“) hinzunehmen. Diese Klausel des Augsburger Religionsfriedens besagte, dass ein geistlicher Territorialherr – Fürstbischof oder Fürstabt – bei einem Konfessionswechsel seine weltliche Herrschaft abtreten musste und für ihn ein katholischer Nachfolger einzusetzen war.

Der geistliche Vorbehalt legte quasi fest, dass der Großteil der Territorien des Heiligen Römischen Reiches für immer katholisch bleiben würde. Weil die drei geistlichen Kurfürsten von Mainz, Trier und Köln nicht konvertieren konnten, ohne ihr Amt und damit ihr Wahlrecht zu verlieren, war bei künftigen Wahlen des römisch-deutschen Königs (und damit des Kaisers) die katholische Mehrheit für die Habsburger de facto so gut wie gesichert.[41]

REFORMIERTE KIRCHEN IM UNTERALLGÄU: DIE PAPPENHEIMER IN GRÖNENBACH

Direkt um das überwiegend evangelische Augsburg war die Situation nach dem Religionsfrieden relativ klar. Das Herzogtum Baiern östlich des Lechs war katholisch, das Hochstift Augsburg das größte Territorium Schwabens, das westlich benachbarte Vorderösterreich in der Hand der Habsburger. *„An der katholischen Religion hielten vor allem die geistlichen sowie die österreichischen Herrschafts-*

Im Chor der Kirche in Herbishofen bei Grönenbach zeigt eine Glasmalerei das Wappen Philipp von Pappenheims. Der Reichsritter begründete ab 1558 die beiden ältesten evangelisch-reformierten Kirchengemeinden im heutigen Bayern.

gebiete, somit der Großteil Ostschwabens, fest."[42] Der Fleckenteppich der Städte und Herrschaften an der Donau, im Ries und im Allgäu barg jedoch etliche konfessionelle Einsprengsel – und damit auch ungewöhnlichere Konstellationen.

Ein Beispiel für das „ius reformandi" in Verbindung mit der „Declaratio Ferdinandea" und für die Uneindeutigkeit des Augsburger Religionsfriedens generell findet man – mehr als 100 Kilometer von Augsburg entfernt – im Landkreis Unterallgäu. Obwohl das reformierte (zwinglisch-calvinistische) Bekenntnis 1555 vom Augsburger Religionsfrieden ausgeschlossen worden war, bildeten sich in zwei Reichsritterschaften wenige Kilometer südlich von ***Memmingen*** reformierte Gemeinden. In den Herrschaftsorten ***Theinselberg*** (mit dem Dorf ***Herbishofen***) sowie ***Rothenstein*** (dieser Weiler ist ein Ortsteil von ***Bad Grönenbach***) samt Grönenbach führte Philipp von Pappenheim 1558/59 respektive 1577 das reformierte Bekenntnis ein. Die evangelisch-reformierte Kirchengemeinde von Bad Grönenbach und ihre ältere Schwestergemeinde in Herbishofen sind die ältesten Bayerns.[43]

In der (im Kern romanischen) katholischen Grönenbacher Stiftskirche ***St. Philipp und Jakob*** findet man ***Epitaphe*** der Pappenheimer sowie ***Wappensteine*** und eine mit ihren Wappen bemalte ***Wappenwand***. Die ehemalige ***Spitalkirche Heilig***

Geist in Bad Grönenbach wurde im Jahr 1808 zur evangelisch-reformierten Kirche. An die Pappenheimer erinnern in Grönenbach zudem das einstige *Schloss* sowie das ehemalige *Untere Schloss*.

Am Eingang zur evangelisch-reformierten Pfarrkirche *St. Afra* in Theinselberg informiert eine steinerne *Inschriftentafel* seit 1967 zur Geschichte des Gotteshauses. Im Chor der *evangelischen Pfarrkirche* in Herbishofen zeigt das Fragment einer *Glasmalerei* das Wappen Philipp von Pappenheims.

Das Stadtbild von Oettingen im Ries lässt erkennen, dass der Residenzort konfessionell gespalten war. Östlich des zentralen Marktplatzes sieht man die barocken Giebel der reicheren Protestanten. Auf der anderen Straßenseite stehen die Fachwerkhäuser der Katholiken.

DIE GETEILTE STADT OETTINGEN UND DIE SIMULTANKIRCHE IN EHINGEN AM RIES

Besonders eng miteinander verwoben waren die Territorien in der geteilten Grafschaft Oettingen im Ries. In der Residenzstadt *Oettingen* prägt das „ius reformandi" und damit das Prinzip des „cuius regio, eius religio" bis heute das Stadtbild: Nach der Hauptlandesverteilung im Jahr 1555 besaßen die beiden oettingischen Hauptlinien – die evangelischen Grafen von Oettingen-Oettingen und die katholischen Grafen von Oettingen-Spielberg – jeweils eine Hälfte der kleinen Residenzstadt.[44] Die Grenze teilte den Marktplatz und die Schlossstraße. Östlich davon erheben sich aus diesem Grund die *Barockbauten* der evangelischen Häuserzeile. An der Westseite der zentralen Straßenachse lag das

Die Kirche St. Ulrich und Stephanus in Ehingen am Ries ist eine Besonderheit: Der kleine Sakralbau gehört zu den letzten verbliebenen Simultankirchen im heutigen Bayern.

(offenbar weniger reiche) katholische Oettingen: Dort stehen durchwegs *Fachwerkhäuser*.

Die Bekenntniswahl der Landesherren spaltete im Ries sogar Dörfer: Dort gehörte die eine Hälfte von *Ehingen am Ries* samt dem Weiler *Erlbach* den protestantischen Grafen Oettingen-Oettingen. Die zweite, katholische Hälfte und den Weiler *Niederhofen* beanspruchte das Hochstift Eichstätt. Die Kirche *St. Ulrich und Stephanus* in Ehingen wurde von den beiden Konfessionen abwechselnd – simultan – genutzt. Die Ehinger Pfarrkirche ist eine *Simultankirche* geblieben: Sie ist eine der letzten 19 Simultankirchen Bayerns.[45] In der Grafschaft Oettingen wurden ab 1616 über längere Zeit noch weitere Kirchen – in den Dörfern *Schwörsheim*, *Munningen* und *Deiningen* – simultan genutzt.[46]

LAUINGEN: ERST EIN BILDERSTURM, DANN DIE GEWALTSAME REKATHOLISIERUNG

Wie sich das „ius reformandi" und die damit verbundene freie Konfessionswahl auswirkte, zeigt auch die Geschichte von *Lauingen* (gut 50 Kilometer nordwestlich von Augsburg). Die von kaiserlichen Truppen im Schmalkaldischen Krieg besetzte evangelische Donaustadt im Territorium von Pfalz-Neuburg hatte der Landgraf von Hessen 1552 während des Fürstenaufstands eingenommen.

Daraufhin wurde in Lauingen erneut die evangelische Kirchenordnung eingeführt. Wenige Wochen vor der Verabschiedung des Augsburger Religionsfriedens kam es am 12. August 1555 auf ausdrücklichen Befehl des Pfalzgrafen Ottheinrich von Pfalz-Neuburg zum Bildersturm: Bildwerke, Altäre und sogar die Feldkapellen wurden nun entfernt.[47] ***„Städtische Arbeiter werden für das ‚vörscheiten' der Altäre und Bildwerke ‚von denen heiligen' bezahlt. Das Holz bekommen die Armen […].“***[48]

Die Stadtpfarrkirche ***St. Martin*** verlor in dieser Zeit ihre gotische Ausstattung. An die evangelische Pfalz-Neuburg erinnern dort ein ***Kenotaph*** (ein Scheingrab) der 1563 verstorbenen Pfalzgräfin Elisabeth – der Rotmarmorsarkophag zeigt fünf Löwen, das Wappentier der Rheinpfalz – sowie das ***Epitaph*** von 1559 für Ottheinrich Pfalzgraf bei Rhein. Ein späterer Pfalzgraf, Wolfgang Wilhelm, ließ Lauingen 1618 gewaltsam rekatholisieren.[49]

In der Lauinger Kirche St. Martin erinnert das Kenotaph der 1563 gestorbenen Pfalzgräfin Elisabeth an die Zeit, als diese Donaustadt zur evangelischen Pfalz-Neuburg gehörte. Dieses Territorium und damit auch die Stadt Lauingen wurden aber schon 1618 rekatholisiert.

EIN HALBES JAHRHUNDERT FRIEDEN UND DIE ANGST VOR DEM NÄCHSTEN KRIEG

Der Augsburger Religionsfrieden verschaffte dem Heiligen Römischen Reich Deutscher Nation ein halbes Jahrhundert mehr oder weniger friedlicher Koexistenz der Konfessionen. Der Verzicht auf bewaffnete Konflikte war die für die Bevölkerung wichtigste Auswirkung des Religionsfriedens. Denn was Krieg in diesen Zeiten – nicht zuletzt für die geplagte und nicht durch Mauern geschützte Landbevölkerung – bedeutete, belegt beispielsweise die Beschreibung des Schmalkaldischen Krieges im Ries. Im zwar protestantischen, aber neutralen Gebiet von Oettingen-Harburg plünderten zuerst die Schmalkaldener, dann die Kaiserlichen: ***„Was die feind nit erreichen, nehmen die freundt.“***[50]

Im Ries hatten die spanischen Truppen Kaiser Karls V. unmenschlich gehaust und evangelische wie katholische Dörfer verbrannt. Die verbitterten Menschen rächten sich an den schwächsten unter den Feinden: ***„Beim Abzug der Spanier waren eine Menge von Kranken zurückgelassen worden. Sie verfielen der Rache der Bauersleute und wurden meist durch die Weiber erwürgt. Das verlassene Lager bot einen schrecklichen Anblick. Da die Kirchhöfe von Pfäfflingen bis Lierheim nicht mehr ausreichten, warf man zuletzt die Leichen in die Eger, die voller toter Krieger und Rosse lag.“***[51]

Wie groß die Angst auch der Augsburger vor dem nächsten bewaffneten Konflikt war, und wie instabil dort die Verhältnisse kurz nach dem Augsburger Religionsfrieden waren, belegt der sogenannte Rosenau-Krieg. Als im Mai 1556 in der Reichsstadt ***Donauwörth*** Söldner angeworben wurden, beauftragte der Augsburger Rat Sebastian Schertlin von Burtenbach und dessen Sohn Hans mit der Anwerbung eigener Truppen. Sie sollten die Stadt vor umherziehenden Soldaten schützen. Bald darauf lagerten 3500 Mann in der sogenannten Rosenau, einem Streifen Land zwischen der westlichen Stadtbefestigung und der Wertach. In der Bevölkerung sorgte kurzzeitig das Gerücht für Angst und Schrecken, diese Truppe solle den evangelischen Glauben in Augsburg ausrotten.[52]

Solche Ängste waren begründet: Letztlich war auch der 1555 vereinbarte Augsburger Religionsfrieden ***„[...] nur ein Waffenstillstand, der die Entscheidung zwei Menschenalter hinausschob.“***[53] Insbesondere ein Punkt konnte die Protestanten nie zufriedenstellen: Der ***„[...] ‚geistliche Vorbehalt‘ trug in seinem Schoße den Dreißigjährigen Krieg.“***[54]

JESUITEN, FUGGER UND EIN FRIEDEN VOLLER UNFRIEDEN

1557 BIS 1580

Die Jahrzehnte nach dem Augsburger Religionsfrieden waren Friedensjahre, aber mitnichten friedliche Jahre. Mit der Berufung des Jesuiten Petrus Canisius als Domprediger verschärfte sich der Glaubensstreit in Augsburg aufs Neue. Mit Canisius und seinem Orden zog die Gegenreformation in der bikonfessionellen Stadt ein. Canisius gewann die Unterstützung der Fugger und Welser – und er erregte im ganzen Reich Aufsehen, als er vier evangelische Frauen des Hauses Fugger für den alten Glauben gewann. Hassprediger und Furcht vergifteten das Klima: Nach dem Massenmord während der Bartholomäusnacht, aber auch nach Bücherverbrennungen durch die Jesuiten, standen nicht wenige Augsburger Protestanten Todesängste aus.

DIE GEGENREFORMATION BEGANN MIT DEN JESUITEN

Für den Glaubenseifer des Petrus Canisius boten Augsburg und die Familie Fugger eine im ganzen Reich beachtete Plattform

1559 war Petrus Canisius als Domprediger berufen worden. Die bald folgende aggressive Bekehrungskampagne der Jesuiten, gegenseitige Beschimpfungen, Hasstiraden und brennende Bibeln verstärkten die konfessionellen Konflikte in der Reichsstadt Augsburg. Scharfmacher in den Reihen der weltlichen und kirchlichen Eliten entfachten den Glaubensstreit immer wieder neu.

STAATSBANKROTTE REISSEN AUGSBURGER GELDHÄUSER IN DEN ABGRUND

In den Jahren nach dem in Augsburg verkündeten Religionsfrieden erschütterten und überschatteten Ereignisse weit außerhalb der Stadtmauern die Reichsstadt. Im Juni 1557 hatte König Philipp II. von Spanien den Staatsbankrott erklärt, im November verkündete König Heinrich II. von Frankreich, alle Zahlungen an seine Gläubiger einzustellen. Dutzende Augsburger Geldhäuser wurden von den Bankrotten schwer getroffen, und Dutzende der Augsburger Familienunternehmen wurden davon in den nächsten Jahren in den Konkurs getrieben.

Am 21. September 1558 starb Karl V. im Kloster San Jerónimo de Yuste in Spanien. Er war der erste Kaiser, der je seine Krone zurückgegeben hatte. Am 26. Februar 1558 war deshalb sein Bruder, Kaiser Ferdinand I., als „Erwählter Römischer Kaiser" ausgerufen worden – er war der erste Habsburgerkaiser des Heiligen Römischen Reiches Deutscher Nation, der sich nicht mehr vom Papst krönen und salben ließ. Da alle drei weltlichen Reichsfürsten evangelisch glaubten, war eine Krönung durch den Papst politisch nicht opportun. Papst Paul IV. erkannte zwar deshalb Ferdinand nicht als Kaiser an, doch sein Nachfolger Papst Pius IV. arrangierte sich

Seit 1925 steht der Canisius-Altar im Augsburger Dom. Der damals heiliggesprochene Jesuit Petrus Canisius wirkte ab 1559 in der Stadt und veranlasste hunderte Protestanten dazu, zum Katholizismus zu konvertieren.

bereits 1560 mit der habsburgischen Realpolitik *„[...] um nicht etwa einem protestantischen Kaisertum den Weg zu bereiten [...]“*.[1]

DER JESUIT PETRUS CANISIUS TRÄGT DIE GEGENREFORMATION NACH AUGSBURG

Im Juni 1559 hatte Bischof Kardinal Otto Truchsess von Waldburg den Jesuiten Petrus Canisius als Domprediger nach Augsburg berufen.[2] In der Stadt kam das Wirken der Jesuiten in Gang: Ihr Orden wurde nach 1550 ***„[...] zum Hauptinstrument der katholischen Konfessionalisierung [...]“***[3].

Canisius hatte sich am 8. Mai 1543 als erster Deutscher der Gesellschaft Jesu angeschlossen.[4] 1555 sandte ihn Papst Paul IV. zum Reichstag nach Augsburg. In Ingolstadt gründete Petrus Canisius 1555/56 das Jesuitenkolleg. Im Juni 1556 war er zum Provinzial der oberdeutschen Ordensprovinz ernannt worden.[5] ***„Als Ratgeber des Kaisers und der katholischen Fürsten und als Vertrauensmann der päpstlichen Gesandten in Deutschland wurde er zwischen 1550 und 1570 zum geistlichen und politischen Führer der Gegenreformation.“***[6]

Für den Wirkungsort Augsburg hatte sich Petrus Canisius sicher bewusst entschieden. An Bischof

Kardinal Otto Truchsess von Waldburg schrieb er: ***„Wien liegt am Ende von Deutschland, Prag ist böhmisch, Ingolstadt ist ein unberühmter Ort, wo man nur Volk und arme Leute sieht. Aber Augsburg könnte uns einen erhabenen Sitz bieten, von wo wir ganz Deutschland überschauen und ihm mit Gottes Beistand helfen könnten.“***[7] Nicht zuletzt setzte Petrus Canisius auf die Mithilfe der Fugger bei der Errichtung eines künftigen Jesuitenkollegs in Augsburg.[8]

Ab dem Sommer 1559 hatte er die Fugger und weitere reiche Augsburger – unter ihnen auch die Welser – als Unterstützer gewinnen können.[9] Zur Jahreswende 1559/60 hielt sich der Jesuit in den *Fuggerhäusern* auf. Der Plan, in Augsburg ein Jesuitenkolleg zu gründen, stammte angeblich sogar vom Hausherrn Anton Fugger.[10] Nachdem die Errichtung eines Jesuitenkollegs aber vorläufig am Widerstand des Domkapitels scheiterte, übernahm Petrus Canisius ab 1559/60 die geistliche Betreuung der Menschen in der *Fuggerei*.[11]

CANISIUS: EIN MITREISSENDER PREDIGER, DER DEN HEXENGLAUBEN BEFEUERT

Petrus Canisius muss ein charismatischer Prediger gewesen sein. Hans Fugger verglich den Jesuiten mit den Augsburger Domherren und kam zu dem vernichtenden Urteil: Diese Pfaffen könnten ***„[...] mit predigen nit ein hund uß den ofen locken [...]“***.[12] Canisius, der bis 1566 in Augsburg wirkte, soll allein in seinem ersten Jahr als Domprediger mehr als 900 Protestanten dazu gebracht haben, zur katholischen Kirche zu konvertieren.[13]

Aufsehen im Reich erregte Petrus Canisius aber vor allem dadurch, dass er in den Jahren 1560/61 vier evangelische Fuggerinnen zum katholischen Glauben bekehren konnte: Erstens Sibylla von Eberstein, die Gemahlin Markus Fuggers, des Herrn zu Nordendorf, Oberndorf und der Reichspflege (Donau-)Wörth. Zweitens Elisabeth Nothafft von Weißenstein, die Ehefrau Hans Fuggers, des Herrn zu Kirchheim, Glött, Mickhausen, Schmiechen und Stettenfels, sowie drittens Ursula

DIE FUNERALWAFFEN KAISER KARLS V. IM AUGSBURGER DOM

Das Diözesanmuseum St. Afra zeigt heute den Kronhelm, den Totenschild und das Trauerschwert des 1555 gescheiterten Kaisers

Das Diözesanmuseum St. Afra beim Dom (Kornhausgasse 3–5) belegt die mehr als tausendjährige Geschichte des Bistums und des Hochstifts Augsburg. Ausgestellt sind Exponate von europaweiter Bedeutung, darunter die Funeralwaffen Kaiser Karls V. Sein Totenschild, sein Kronhelm und sein Trauerschwert wurden anlässlich der Trauerfeier für den verstorbenen Habsburger am 15. Dezember 1558 im Augsburger Dom aufgestellt.

Der Fürstenaufstand von 1552 machte Karl V. bewusst, dass eine Universalmonarchie und eine geeinte Kirche nicht mehr zu verwirklichen waren. Darum wollte er noch vor der Verkündung des Religionsfriedens zugunsten seines Bruders, des römisch-deutschen Königs Ferdinand, abdanken: Doch seine Nachricht erreichte Augsburg zu spät und wurde deshalb zurückgehalten. 1556 übergab Karl V. Spanien an seinen Sohn, 1558 die Kaiserwürde an seinen Bruder. Am 21. September 1558 starb Karl im Kloster San Jerónimo de Yuste.

Den Totenschild, den Kronhelm und das Trauerschwert Kaiser Karls V. hat man 1558 anlässlich der Trauerfeiern nach seinem Tod stellvertretend für den Verstorbenen im Augsburger Dom aufgestellt. Diese Funeralwaffen sind heute im Diözesanmuseum St. Afra in Augsburg zu sehen.

von Lichtenstein, die Gattin Georg Fuggers, des Herrn zu Weißenhorn. Auch Katharina, die wohl evangelische Schwester Markus und Hans Fuggers, sowie ihren Ehemann Graf Jakob von Montfort gewann Canisius für den katholischen Glauben.[14]

Protestantische Predigthäuser waren für Canisius keine Kirchen, sondern profane Räume – und er ***„[...] wandte [...] sich gegen die verbreitete Unsitte, daß ‚ein schwarzer schmid, ein grober Maurer, ein vngelerter vngeschickter handwercker, taglöner, baur, stalbub' über die [...] theologischen Gegenstände zu urteilen sich anmaße."***[15] Damit waren natürlich die Augsburger Protestanten gemeint.

Dass sein Glaubenseifer nicht nur mit Arroganz, sondern auch mit tiefem Aberglauben einhergehen konnte, bewies Canisius 1563 in einem Schreiben an seinen Ordensgeneral, als er sich zur Verfolgung von „Hexen" äußerte, denen er vorwarf: ***„Sie beneiden die Kinder um die Gnade der Taufe und berauben sie derselben. Kindermörderinnen findet man unter ihnen in großer Anzahl. Ja, von einigen Kindern haben sie das Fleisch aufgezehrt, wie sie gestehen. [...] Unglaublich ist die Gottlosigkeit, Unkeuschheit..., die unter Satans Anleitung diese verworfenen Weiber ... getrieben haben [...]."***[16]

Auch mit einer Teufelsaustreibung, die er 1569 in Altötting an Anna von Bernhausen vornahm, erregte Canisius Aufsehen. Die Unglückliche war die Kammerfrau der Gemahlin Markus Fuggers. ***„Zu den [...] bizarren Begleiterscheinungen der religiösen Neuorientierung der Fugger seit den 1560er Jahren gehören die zahlreichen Exorzismen, die seit 1568 an Bediensteten der Familie durch Canisius und andere Jesuiten durchgeführt wurden."***[17]

EINE STRENG KATHOLISCHE FAMILIE: NUR WENIGE FUGGER WAREN PROTESTANTEN

Im Jahr 1562 geriet der 1526 geborene, zum evangelischen Glauben konvertierte Ulrich Fugger – wie etliche weitere Augsburger auch – in Konkurs. Er wanderte ins lutherische Heidelberg aus. Die kostbare Bibliothek Ulrich Fuggers wurde nach seinem Tod Teil der berühmten Bibliotheca Palatina. Doch

FUGGER AM CANISIUS-ALTAR IM AUGSBURGER DOM

Zwei Holzfiguren am Altar des 1925 heiliggesprochenen Jesuiten stellen ein Fugger'sches Ehepaar dar, das Petrus Canisius förderte

Die Bedeutung der Fugger für den Erfolg des Jesuiten Petrus Canisius in der Reichsstadt Augsburg verdeutlichen zwei Figuren am Canisius-Altar im Dom. Sie stellen Georg Fugger und seine Ehefrau Ursula von Lichtenstein dar. Diese Fuggerin konvertierte unter dem Einfluss von Canisius zum katholischen Glauben.

1925 wurde anlässlich der Heiligsprechung von Petrus Canisius der Canisius-Altar an einem der südlichen Langhauspfeiler im Augsburger Dom aufgestellt. Diesen 1521 in Nimwegen als Pieter Kanijs geborenen Jesuiten hat Papst Leo XIII. als „zweiten Apostel Deutschlands" bezeichnet. In Augsburg bekehrte Canisius, der Ordensprovinzial der oberdeutschen Jesuiten, 1560/61 drei evangelische Ehefrauen der Fugger sowie die vermutlich evangelische Katharina Fugger zum alten Glauben.

Den Canisius-Altar dominiert eine große Holzfigur, die den Heiligen darstellt, darüber die von zwei Engeln flankierte Madonna mit dem Kind. Beiderseits wird Canisius von vier kleinen Figuren gerahmt. Die Figur (vom Betrachter aus) links zu seinen Füßen stellt Georg Fugger dar, der den Jesuiten massiv unterstützte. Die Figur rechts zeigt Georgs Ehefrau Ursula von Lichtenstein. Die in Tirol geborene, zuvor evangelische Fuggerin war seit der Konversion eine Fürsprecherin der Jesuiten.

Das Wappen der Augsburger Fugger sieht man im Hof des Schlosses im niederbayerischen Ortenburg. In der evangelischen Enklave (20 Kilometer westlich von Passau) wandelte sich Ursula Fugger zur Verfechterin des Protestantismus.

Ulrich war nicht der Einzige, der in dieser streng katholischen Familie zum neuen Glauben konvertierte. Ursula Fugger, die Tochter Raimund Fuggers und Katharina Thurzos (beide verstarben 1535), hatte im Alter von 19 Jahren 1549 Graf Joachim von Ortenburg geheiratet. Die niederbayerische Grafschaft wurde im Oktober 1563 evangelisch, und Gräfin Ursula Ortenburg-Fugger wurde zur engagierten Kämpferin für den neuen Glauben.[18]

Abgesehen von diesen beiden Ausnahmen neigten die Fugger in den Jahren ab 1560 unter dem Einfluss von Canisius mehr und mehr zu einem jesuitisch-aggressiven Katholizismus. Dies machte sich nicht nur durch Exorzismen, sondern auch im Alltag bemerkbar. So entließ Hans Fugger Ende 1568 unter dem Einfluss von Canisius sämtliche evangelischen Bediensteten – soweit sie nicht für das Geschäft unentbehrlich waren. Auf der im Jahr 1580 von Jakob Fugger für die Augsburger Benediktinerklosterkirche ***St. Ulrich und Afra*** gestifteten ***Fuggerorgel*** durfte nach dem Willen ihres Stifters zum Beispiel nur von einem katholischen Organisten gespielt werden. Sein älterer Bruder Hans ließ seine Bibliothek von Jesuiten „purgieren“ (reinigen) und nach häretischen Büchern durchsuchen. Die durch das Aussondern der verpönten Lektüre entstandenen Lücken schloss man mit neu erworbenen Bibeln und Gebetbüchern.[19]

1580 stiftete Jakob Fugger – der Herr zu Babenhausen – die Fuggerorgel in St. Ulrich und Afra. Sie stand zunächst in der Michaelskapelle und wurde 1608 von dort auf die Orgelempore versetzt. Nach dem Willen des Stifters musste der Organist Katholik sein.

MENSCHENVERACHTENDE „NACHRUFE": HASS, HOHN UND SPOTT IN AUGSBURG

Der Hass auf die Andersgläubigen war also mitnichten verschwunden, wenn auch der Religionsfrieden in Augsburg gewaltsame Konflikte verhinderte. Nicht beendet war freilich der tagtägliche Kleinkrieg um Kleinigkeiten: Denn in den Jahren bis 1564 war die Zwietracht zwischen den beiden Konfessionen – angeheizt nicht zuletzt durch die offensive Bekehrungskampagne der Jesuiten um Canisius – weiter gewachsen.[20]

Wie kleinlich und menschenverachtend der Umgang miteinander in der bikonfessionellen Stadt geworden war, zeigte sich 1564 nach dem Tod des früheren evangelischen Zunftbürgermeisters Jakob Hörbrot in der Donaustadt *Neuburg*. Hörbrot hatte Augsburg 1553 verlassen, um im evangelischen *Lauingen* Stadtpfleger zu werden. Seine Handelsgesellschaft hatte er an seine Söhne übergeben, die aber 1562 in Konkurs gingen und vor den Gläubigern flohen – ihr Vater wurde in Schuldhaft genommen. Selbst nach Hörbrots Ableben am 21. April 1564 höhnten seine katholischen Gegner in Augsburg: ***„Der Hörbrot ist verdorben, sein Weib vor Leid gestorben, des freut sich jedermann."***[21]

Ähnlich bösartig urteilte 1579 der Protestant Sebastian Schertlin von Burtenbach nach dem Ableben des Bischofs Kardinal Otto Truchsess von

Waldburg in Rom. *„Im selben Jahr ist bemeldter Bischof wie ein wütiger Hund gestorben. Er ist ein zorniger, giftiger, böser und unruhiger Mann gewest; er hat sich gegen alle Nachbarn gehalten, daß wenig Leut um ihn getrauert haben."*[22]

HETZE, BRENNENDE BÜCHER, TODESANGST: AUGSBURGS UNFRIEDLICHE FRIEDENSZEIT

Von einer auch in der Praxis friedlichen Koexistenz der Konfessionen konnte in Augsburg keine Rede sein: *„Vor allem seit den 1570er Jahren häuften sich die Spannungen zwischen beiden Konfessionen, häufiger provoziert von katholischer Seite und nicht zuletzt initiiert durch die Jesuiten […]."*[23] Es ging um Worte und Juristerei. Doch spätestens mit der Bartholomäusnacht vom 23. zum 24. August 1572, als in Frankreich auf Befehl der katholischen Königinmutter mehr als 10 000 Hugenotten ermordet worden waren, ging es für die Augsburger Protestanten um weit mehr als um Schimpf oder Schikanen. Nun machte sich die Angst ums nackte Leben breit.[24] Dazu wird beigetragen haben, dass der Protestant Dr. Lukas Geizkofler – er wurde als Syndikus der Fugger mit deren Verhandlungen und Prozessen in Augsburg beauftragt – als Student in Paris Augenzeuge dieses Massakers geworden war. Geizkofler konnte in Augsburg aus erster Hand über das Gemetzel aus Glaubenseifer berichten.[25]

Der bayerische Rat Andreas Fabricius gab 1573 ein Buch heraus, in dem er Kaiser Maximilian II. aufforderte, *„[…] zum Schwert gegen die Ketzer zu greifen und alle schädlichen Auswüchse vom gesunden Leib zu trennen, um das Reich vor dem Verderben zu retten […]"*.[26] Ebenfalls 1573 begannen *„[…] die Jesuiten* [in Augsburg] *mit dem systematischen Aufkauf und der Verbrennung lutherischer Druckerzeugnisse […]"*.[27] Dies schürte Ängste.

1579 goss der spätere Brixener Weihbischof Johannes Nas Öl ins Feuer. Nas hatte in Nürnberg, Regensburg und Augsburg Luthers Lehre kennengelernt und sich ihr angeschlossen. Das Gezänk der protestantischen Theologen hatte ihm den neuen Glauben verleidet: Deshalb trat er in München in das Franziskanerkloster ein. Bischof Otto hatte Nas 1567 zu einer Provinzialsynode nach ***Dillingen*** und 1577 als Prediger nach Augsburg berufen, wo er sich noch 1578 aufhielt.[28] In einer Predigt von 1579 beschimpfte der Konvertit nicht nur den evangelischen Glauben als einen ***„[...]Abfall von der Einigkeit in vielerley Secten und Irrthumber [...]“***[29] und setzte evangelische Predigthäuser mit anrüchigen Badehäusern gleich, sondern verlangte größere Härte gegen Protestanten: ***„[...] daß man sie eisern sperrte | oder ihnen das Kueh Fenster aufftbet | uund ihnen die Goschen zerklopfet und recht oeffnet, daß man sie mit Nadel und Faden mueßte zu hefften[...]“***.[30] Das war nicht bloß eine grobe Sprache. Das war ein Aufruf zu brutaler Gewalt.

BEI GESCHÄFTEN UND BEIM GELD KÜHLT SICH DER GLAUBENSEIFER DER FUGGER AB

Der kaufmännische Pragmatismus war in der Stadt der Bankiers und Montanunternehmer aber noch nicht abgestorben. ***„Konfessioneller Rigorismus endete bei den Fuggern, wenn ihre wirtschaftlichen Interessen oder ihr weiterer politischer oder gesellschaftlicher Aufstieg dadurch gefährdet wurde.“***[31] 1575 griff ein jesuitischer Prediger im ***Dom*** die Zinsnahme durch Bankhäuser an und verlangte, ***„[...] daß Kaufleute und Wechsler nicht zur Kommunion zugelassen würden [...]“***.[32] Als Bischof Johann Eglof von Knöringen diese Forderung kurzzeitig unterstützte, kühlte die Begeisterung der Fugger für die Jesuiten vorübergehend stark ab.[33]

Auf die Fugger fiel nun (freilich nur temporär) zurück, dass sie und andere sogenannte Eliten den Konfessionsstreit angeheizt hatten. Das Gros der Augsburger sah das wohl weniger verbissen. Michel de Montaigne, der sich 1580 in Augsburg aufhielt, notierte: ***„Hochzeiten zwischen Katholiken und Lutheranern sind in Augsburg etwas ganz Alltägliches. Derjenige von beiden, der die Ehe am meisten begehrt, muß in dieser dann freilich nach den Regeln der Konfession seines Partners leben. Solche Verbindungen gibt es zu Tausenden. Unser Wirt war katholisch, seine Frau lutherisch.“***[34]

KIRCHEN UND KUNST ALS DENKMÄLER DER GEGENREFORMATION

1580 BIS 1607

Im ausklingenden 16. Jahrhundert weitete sich der Glaubensstreit in einer Weise aus, die Augsburg bis heute prägt. Hochrangige Sakralkunst und neu erbaute Kirchen – meist finanziert von den Fuggern – stehen für das Wiedererstarken des Katholizismus nach dem Konzil von Trient. Nicht zuletzt die Fugger und die katholischen Welser waren es auch, die Wallfahrten wiederbelebten oder neue Wallfahrten begründeten. Das Wirken der Jesuiten sorgte in diesen Jahren ebenso für Konflikte wie der Kalenderstreit. Trotz aller Differenzen begann jedoch in der bikonfessionellen Reichsstadt der Prozess der umfassenden Stadterneuerung: Zwischen 1588 und 1602 entstanden der Augustusbrunnen, der Merkurbrunnen und der Herkulesbrunnen.

NEUE SAKRALBAUTEN ALS ZEUGEN DES GLAUBENSSTREITS

Die Konkurrenz der Konfessionen führte in und bei Augsburg zur Errichtung weiterer katholischer Kirchen und Kapellen

Jesuiten und Fugger waren in Augsburg Speerspitzen der Gegenreformation. Fugger finanzierten das Jesuitenkolleg, in St. Ulrich und Afra besaß die Familie fünf Grabkapellen. Die evangelische Mehrheit wurde politisch von Katholiken dominiert: Diese Konstellation brachte Augsburg im Kalenderstreit an den Rand des Bürgerkrieges.

NACH DEM KONZIL VON TRIENT: DAS ENDE DER KONKUBINEN UND BORDELLBESUCHE

Das Konzil von Trient – 1546 einer der Auslöser des Schmalkaldischen Krieges – ging im Dezember 1563 zu Ende. Dieses Konzil schuf das Regelwerk für die Erneuerung der katholischen Kirche und damit das Fundament der Gegenreformation.

Die Trienter Dekrete überreichte der Jesuit Petrus Canisius dem Augsburger Bischof Kardinal Otto Truchsess von Waldburg im November 1565: In *Dillingen* hielt Bischof Otto vom 15. bis zum 20. Juni 1567 seine Reformsynode ab. 55 Beratungspunkte sollten der schlechten Ausbildung der Geistlichen sowie ihrer mangelnden Vorbildfunktion entgegenwirken: Die verbesserte Ausbildung und verstärkte Kontrolle der Priester sollte die Seelsorge verbessern und die Kirchenzucht erhöhen. Dass es an beidem mangelte, sah Bischof Otto als einen Auslöser für den Erfolg des Protestantismus.[1]

Mit der Vorbildfunktion der Geistlichen war es damals nicht allzu weit her: ***„So sollten Kleriker ihre Konkubinen verlassen, ansonsten würden ihnen die Einnahmen gekürzt […].“***[2] Man untersagte ihnen jetzt ***„[…] das Zutrinken beim Wirtshausbesuch, das Spielen von verbotenen Karten- und Würfelspielen, den Besuch von Bordellen, von Jagd- und Tanzveranstaltungen […]“***.[3] Wer sich

Die Simpert- und die Markuskapelle in der Ulrichsbasilika (im Hintergrund die Georgskapelle): Ihre fünf Grablegen in dieser Klosterkirche ersetzten den Fuggern die Fuggerkapelle in der evangelischen Kirche St. Anna. Der Reichtum der Fugger ermöglichte auch den Bau von neuen Augsburger Kirchen sowie des Jesuitenkollegs St. Salvator.

nicht daran hielt, dem drohten Geld- oder gar Gefängnisstrafen. *„Aus Grabmälern und Epitaphien mußten sämtliche Hinweise auf eine eventuelle Vaterschaft eines Geistlichen getilgt werden.“*[4]

Auch die Gläubigen wurden kontrolliert. Pfarrkinder, die nicht an Ostern die Sakramente empfangen hatten, sollten *„[...] von der Kanzel herab öffentlich benannt werden[...]“*.[5] Doch nicht einmal dem Bemühen, den Gläubigen das Vaterunser, das Credo und die zehn Gebote zu vermitteln, scheint größerer Erfolg beschieden gewesen zu sein.[6]

DIE MACHT DER BILDER UND BAUTEN: KIRCHEN UND KAPELLEN DER FUGGER

Im Wettbewerb der beiden Konfessionen setzten die Fugger in Augsburg ab 1563 verstärkt auf die Botschaft des Sichtbaren – Bauwerke und Bildnisse. Einen Anstoß dazu gab, dass die von Jakob Fugger ab 1509 erbaute *Fuggerkapelle* in *St. Anna* nicht mehr wie zunächst vorgesehen als Familiengruft dienen konnte. Nachdem die frühere Karmelitenklosterkirche 1534 geschlossen worden war, wurde dort ab 1548 wieder evangelisch gepredigt.

Deshalb ließ Georg Fugger 1563 in einem der beiden 1480 von den Fuggern gestifteten Ostjoche

der Benediktinerklosterkirche ***St. Ulrich und Afra*** die ***Georgskapelle*** ausstatten. Und der 1579 verstorbene Christoph Fugger ließ seine Grabstätte in der Dominikanerklosterkirche ***St. Magdalena*** mit einem prachtvollen Gedenkaltar – mit Reliefs von Hubert Gerhard und Carlo Pallago – schmücken. Auch der 1575 verstorbene ältere Bruder Georg Fuggers – Hans Jakob (der seine evangelischen Mitbürger gern auf Galeeren verfrachtet hätte) – hatte sich schon in St. Magdalena bestatten lassen. Die Grabkapelle Hans Jakob Fuggers ist zwar erhalten, die Ausstattung wurde aber beseitigt. Das ***Grabdenkmal Hans Jakob Fuggers***, geschaffen von Bildhauer Hans Kels, hat man 1894 aus der 1807 profanierten Dominikanerkirche St. Magdalena in die Georgskapelle übertragen.

Das Grabmal des Hans Jakob Fugger aus St. Magdalena, der Klosterkirche der Dominikaner, wurde später in die Georgskapelle der Benediktinerklosterkirche St. Ulrich und Afra übertragen.

Die vor dem Zugriff der Protestanten gesicherte Benediktinerklosterkirche St. Ulrich und Afra übernahm bei den Fuggern ab 1578 vollends die frühere Rolle der Fuggerkapelle in St. Anna. Die katholische Basilika wurde mit sechs Grüften und fünf fuggerischen Grabkapellen zur Grablege der Familie umfunktioniert.[7] Im benachbarten – zweiten von seiner Familie 1480 gestifteten – Ostjoch ließ Markus Fugger ab 1578 die ***Andreaskapelle*** als Grabkapelle ausstatten. Er stiftete die ***Arkadenwand*** vor seiner Grablege und der angrenzenden ***Simpertkapelle***: Auf einer zehnteiligen Marmor-

Jakob Fugger, der Herr von Babenhausen, stiftete die Michaelskapelle von St. Ulrich und Afra. Seine Söhne stifteten später die Orgelempore dieser Kirche.

schranke stehen *13 Terrakottafiguren* des Figurenzyklus *Christus und die zwölf Apostel*, die Hubert Gerhard und Carlo Pallago ab 1582 modellierten.

1583 erwarben die Fugger die westlich an die Simpertkapelle angrenzende *Benediktuskapelle* der Familie Stammler vom Ast: Octavian Secundus Fugger, der Herr zu Kirchberg, ließ sie ab 1590 als seine Grabkapelle ausstatten. Jakob Fugger, der Herr zu Babenhausen, stiftete 1580 zwischen zwei Langhauspfeilern die durch das kunstvolle *Fuggergitter* abgegrenzte *Michaelskapelle*, wo ursprünglich die (seit 1608 auf der Empore aufgestellte) *Fuggerorgel* stand. Die *Bartholomäuskapelle* erwarb Anton Fugger d. J., der Herr zu Hainhofen, im Jahr 1589. Als dieser seit 1596 im Rathaus in Schuldhaft einsitzende Fugger 1601 auswanderte, übernahm sein Bruder Philipp Eduard die Kapelle. An die 1604 entstandene Grablege von Christoph Fugger erinnert die (erneuerte) *Gruftdeckplatte* vor einem der östlichen Langhauspfeiler.[8]

AN IHRER ORGEL UMGEHEN DIE FUGGER DAS TRIDENTINISCHE BILDERDEKRET

Keine zweite Familie im bikonfessionellen Augsburg hat sich derart augenfällig mit Bauten und Kunst zum katholischen Glauben bekannt wie die Fugger in *St. Ulrich und Afra*. Und keine zweite

VERSTECKTE FUGGERPORTRÄTS AN DER FUGGERORGEL

Auf den beiden Flügelbildern der Orgel in St. Ulrich und Afra sind sechs Angehörige der Familie Fugger zweifelsfrei zu identifizieren

1608 stifteten die Söhne von Jakob Fugger-Babenhausen die Orgelempore in St. Ulrich und Afra. An der damals aus der Michaelskapelle dorthin versetzten Orgel wurden nach dem Vorbild der 1521 von Jakob Fugger „dem Reichen" gestifteten Fuggerorgel in St. Anna zwei Orgelflügel am Gehäuse angebracht. Bemalt hat sie wohl der aus Weilheim stammende Elias Greuther, die Motive entworfen hat vermutlich der Augsburger Stadtmaler Johann Matthias Kager. Das linke der 6,66 Meter hohen Flügelbilder stellt Christi Himmelfahrt dar, das rechte das Motiv der Himmelfahrt Mariens.

Auf dem Flügelbild mit dem Motiv der Himmelfahrt Christi sind neben einem Engel und anderen Personen zweifelsfrei Jakob Fugger-Babenhausen sowie seine Brüder Markus, Hans und Hieronymus dargestellt. Auf dem rechten Flügelbild mit dem Motiv der Himmelfahrt Mariens findet sich eine Darstellung Jakob Fuggers „des Reichen". Er ist neben den Aposteln Petrus und Johannes nahezu

Auf einem Flügel der Fuggerorgel in der Ulrichsbasilika sind die vier Brüder Markus und Hans, Hieronymus und Jakob Fugger zu erkennen.

In einer Apostelgruppe auf dem Gemälde mit dem Motiv der Himmelfahrt Mariens sind Jakob Fugger „der Reiche" und sein Neffe Anton zu identifizieren.

Porträts lieferten die Vorlagen für die Gesichter Jakob und Anton Fuggers.

lebensgroß als Apostel Jakob d. Ä. (beziehungsweise als Jakobspilger mit Jakobsmuscheln sowie mit Jakobsstäben am Pilgerhut und am Mantel) abgebildet. Die Vorlage für Jakob Fuggers bartloses Gesicht lieferte mit Sicherheit ein um 1518 von Albrecht Dürer gemaltes Porträt des Kaufherrn. Sicher zu identifizieren ist auch Anton Fugger, der links von Petrus kniet. Die Vorlage für sein Gesicht war wohl ein Ölgemälde in Privatbesitz: Um 1600 hat ein Augsburger Maler dieses Porträt des Neffen Jakob Fuggers geschaffen. Vermutlich sind in dem Gemälde aber noch weitere Fugger versteckt.

Augsburger Familie hat eine Kirche so „okkupiert" wie die Fugger die Ulrichsbasilika. Allerdings zeigt sich gerade in St. Ulrich und Afra, dass sich die Fugger nicht nur im Streit um das Zinsverbot, der 1576 kurzzeitig eskalierte, wenig um kirchliche Ver- und Gebote scherten, wenn diese ihren eigenen Interessen entgegenstanden. Als sich zum Beispiel 1576 Markus Fuggers jesuitischer Beichtvater für ein Zinsverbot aussprach und es ablehnte, dem Kaufherrn die Absolution zu gewähren, schrieb ihm der Fugger: ***„Ich werde in Zukunft sowohl Euch wie Eurer Gesellschaft meine Beichte ersparen […].“***[9] Und mit dem Hinweis auf seine immensen Forderungen an den König von Spanien und eigene Zahlungsverpflichtungen höhnte er: ***„Darum wird sich dann freilich weder die Gesellschaft Jesu noch der Papst viel Sorgen machen.“***[10]

Scheinbar haben sich die Fugger aber auch im Zusammenhang mit dem Tridentinischen Bilderdekret dem Willen des Papstes widersetzt. Das 1563 beendete Konzil von Trient hatte sich mit den Motiven sakraler Kunst auseinandergesetzt und unter anderem gefordert, in der Kirchenmalerei auf die Darstellung von profanen Inhalten und von Erfundenem zu verzichten. Die Kontrolle des Bilderdekrets oblag den Bischöfen.[11] Profan war aber fraglos die Selbstdarstellung von Stiftern und mit ihnen verbundenen Personen auf Gemälden, wie sie zum Beispiel (vor dem Bilderdekret gemalt) auf den ***Flügelbildern*** der ***Fuggerorgel*** in ***St. Anna*** zu sehen ist. Dort sind der Stifter Jakob Fugger „der Reiche" sowie vermutlich sein designierter Nachfolger Raimund Fugger auf dem (vom Betrachter aus gesehen) linken Flügel zu erkennen. Auf dem rechten Flügelbild ist – neben anderen – Kaiser Maximilian I. in grüner Jagdkleidung verewigt.

Die Söhne des Orgelstifters Jakob Fugger ließen freilich auch nach dem Bilderdekret ihre Vorfahren nach dem Vorbild der Fuggerorgel in St. Anna auf den um 1608 bemalten ***Flügeln*** der ***Fuggerorgel*** in der Ulrichsbasilika abbilden. Neben dem Stifter zeigt der linke Orgelflügel auch dessen Brüder Hans, Markus und Hieronymus in antikisierenden Gewändern. Auf dem rechten Flügel sind Jakob

Das Gesicht des Octavian Secundus Fugger auf einem kolorierten Porträtstich zeigt die Ähnlichkeit mit seiner Darstellung auf einer Malerei im Querhaus der Ulrichsbasilika.

Fugger „der Reiche" und sein Neffe Anton Fugger derart versteckt in einer anbetenden Apostelgruppe untergebracht, dass ihre Darstellung wenigstens hundert Jahre lang in Vergessenheit geraten war und erst 2013 (wieder-)entdeckt wurde. Der Verdacht liegt nahe, dass dieses Versteckspiel schon bei der Anbringung der Orgelflügel kein Zufall war.[12] Freilich ist anzunehmen, dass die Benediktiner den Stiftern der Empore bei der Abbildung ihrer Ahnenreihe an der Orgel (die Flügelbilder zeigen vermutlich noch weitere Mitglieder der Familie) trotz des Bilderdekrets keine Steine in den Weg legen wollten.

Derart groß waren die Verdienste der Fugger um St. Ulrich und Afra, dass man Geschichtsklitterung nicht scheute, um Octavian Secundus Fugger, den Herrn von Kirchberg, zu ehren. Ein ***Gemälde*** im ***südlichen Querhaus***, das die ***Prozession zur Grundsteinlegung des Chors*** durch Maximilian I. im Jahr 1500 darstellt, zeigt wahrscheinlich den 1549 geborenen Stadtpfleger und Stifter mit einer erst nach 1500 üblichen Halskrause und einem erst zu seinen Lebzeiten modischen spanischen Spitzbart zwischen sonst spätmittelalterlich Gewandeten.[13]

DER PROTESTANT HANS HOLL ERBAUT DIE FUGGEREIKIRCHE ST. MARKUS

Es war vor allem das Zusammenwirken der Fugger mit den Jesuiten, das im letzten Drittel des 16. Jahrhunderts den Frieden in der bikonfessionellen

IN DER ULRICHSBASILIKA: EIN WUNDERSAMER FUGGER

Octavian Secundus Fugger wurde erst 1549 geboren – trotzdem zeigt ihn wohl das Bild einer Augsburger Prozession von 1500

Seit 1480 hatten die Fugger für die Klosterkirche St. Ulrich und Afra gestiftet. Nach dem Bildersturm von 1537 wurde die Ausstattung mit Geld der Fugger erneuert. Der Augsburger Stadtpfleger Octavian Secundus Fugger, der Herr zu Kirchberg, legte 1594 sogar den Grundstein für den Afraturm.

Maximilian I. hatte nach einer Reliquienprozession am 13. Juli 1500 den Grundstein für den Chor gelegt. Dazu entstanden drei Gemälde, die seit 1817 in der Basilika hängen: Sie sind auf das Jahr 1613 datiert, wurden aber nach weit älteren Vorlagen gemalt. Fast alle Abgebildeten tragen die Mode, Haar- und Barttracht der Zeit um 1500. Einer fällt aus dem Rahmen: In der Prozession geht der 1600 verstorbene Octavian Secundus Fugger mit. Anders als die spätmittelalterlich Gekleideten trägt er eine Halskrause und einen spanischen Spitzbart. Mithilfe zweier Porträts lässt er sich ziemlich sicher identifizieren, zumal ein Wappen zu seinen Füßen auch noch die Frau von Kirchberg zeigt.

Im südlichen Querschiff der Ulrichsbasilika hängt das extrem breitformatige Gemälde einer Reliquienprozession von 1500. Zwischen spätmittelalterlich Gekleideten ist wohl Octavian Secundus Fugger mit der Kleidung sowie der Haar- und Barttracht der Zeit um 1600 abgebildet. Der Vergleich mit einem Porträt Hans von Aachens und einem Porträtstich von Dominicus Custos lässt diese Identifizierung zu.

Stadt mehr und mehr gefährdete. Der gebürtige Augsburger Georg Mylius, Pfarrer bei ***St. Anna***, klagte 1586 über den wachsenden Einfluss der katholischen Seite auf die Politik der Reichsstadt und die Auswirkungen tagtäglicher Konfrontation: Die Katholiken beauftragten keine evangelischen Handwerker, vermieteten nicht an evangelische Stadtbewohner und gäben nichts für die Almosenkasse der evangelischen Armen. Auch Hochzeiten und Beerdigungen der evangelischen Mitbürger würden die Katholiken auf Betreiben der Jesuiten meiden, die darauf hinwirkten, dass – so Mylius – ***„[...] jeglicher recht Catholische mit allem Eifer sich gegen den Lutherischen anderst nicht / dann gegen die ärgsten Ketzern / ja als gegen Hunden und Bestien erzeigen solle.“***[14] Auch andere Quellen bezeugten ***„[...] ein zunehmend schlechter werdendes Klima im Zusammenleben der Konfessionen, das sich gelegentlich sogar zu gegenseitigem Haß steigerte.“***[15]

Bis 1582 entstand die von Markus und Philipp Eduard Fugger gestiftete Kirche St. Markus in der Fuggerei. Errichtet hat sie der evangelische Baumeister Hans Holl.

Die 1581 gestiftete, 1582 geweihte kleine Kirche *St. Markus* in der *Fuggerei* ist einerseits ein Beispiel für die Richtigkeit solcher Beobachtungen, andererseits aber auch ein Beleg dafür, dass manche Klage seitens der Protestanten stark übertrieben war. Natürlich war es für die Stifter der Fuggereikirche – Markus und Philipp Eduard Fugger – entscheidend, dass die Bewohner der Fuggerei ein

katholisches Gotteshaus in ihrer Nähe besuchen konnten, denn in der Jakobervorstadt und im benachbarten Lechviertel gab es damals mit ***St. Jakob*** und der ***Barfüßerkirche*** nur evangelische Kirchen. Und doch beauftragten die Fugger ***„[...] 1581 ihren ‚täglichen Maur- und Werkmeister' Hans Holl mit dem Bau.“***[16] Dieser Hans Holl aber war Protestant und damit ein Beispiel für den im Alltag im Ernstfall eben doch geübten Pragmatismus der Fugger, wenn es um herausragende Baumeister, Kunsthandwerker oder Künstler ging.

DAS GELD DER FUGGER FINANZIERT DAS AUGSBURGER JESUITENKOLLEG

An der grundsätzlichen Ausrichtung der Fugger änderten derartige Zugeständnisse freilich nichts. 1572 hatten sie den Jesuiten die Predigerstelle bei ***St. Moritz*** vermittelt, wo sie seit 1517 aufgrund der von Jakob Fugger „dem Reichen“ eingerichteten St.-Moritz-Prädikaturstiftung das Vorschlagsrecht besaßen. Das große Ziel war allerdings nach wie vor die Errichtung eines Jesuitenkollegs in der Reichsstadt. 1571 gab Anton Fuggers Sohn Hieronymus dafür 10 000 Gulden aus seinem Nachlass. Ursula Fugger-Lichtenstein vermachte 1572 den Jesuiten 4000 Gulden.[17] Und am 2. Mai 1580 übereigneten die Söhne von Georg Fugger und Ursula Fugger-Lichtenstein – Philipp Eduard, Octavian Secundus und Anton d. J. – den Jesuiten aus dem Erbe ihres Onkels Christoph, dem damals wohl reichsten aller Fugger, acht Häuser auf dem Frauengraben (heute Kohler- und Jesuitengasse) sowie 30 000 Gulden für den Bau eines Jesuitenkollegs in Augsburg.[18]

Das Augsburger ***Jesuitenkolleg St. Salvator*** entstand auf einem von den Fuggern überlassenen Grundstück zwischen ***Dom*** und ***Heilig Kreuz***. Mit dem Kolleg wurden die Kirche St. Salvator und ein katholisches Gymnasium errichtet. Der 1580 mit dem Rat der Reichsstadt vereinbarte Vertrag schloss aus, das Augsburger Kolleg zur Universität auszubauen, wie es 1551/53 beim 1549 gegründeten Kolleg in der zweiten bischöflichen Residenzstadt ***Dillingen*** der Fall gewesen war. 1589 wurde

In einem Deckenfresko im Kleinen Goldenen Saal ist ein Fassadenausschnitt der von den reichen Fuggern finanzierten Augsburger Jesuitenkirche St. Salvator auszumachen.

in Augsburg jedoch ein Lyzeum eingerichtet, das Schüler des Kollegs auf ein Studium vorbereitete.[19]

Von dem mit fuggerischen Geldern erbauten Jesuitenkolleg im Augsburger Domviertel ist seit dem Zweiten Weltkrieg nur noch ein Restbau (das Rückgebäude des Anwesens Jesuitengasse 14) erhalten geblieben. Die 1803 profanierte Jesuitenkirche St. Salvator ließ die Stadt 1872 abreißen. An das Jesuitenkolleg erinnert nur noch der von 1762 bis 1765 ausgestattete ***Kleine Goldene Saal***.[20] Ein ***Fresko*** in einem der ***Deckenspiegel*** im barocken Kongregationssaal zeigt einen Fassadenausschnitt der längst verschwundenen Jesuitenkirche.

EINE FUGGERIN FLIEHT AUS DEM KLOSTER: SCHMACH UND SCHANDE FÜR DIE FAMILIE

Vom 27. Juni bis zum 1. Oktober 1582 hielt Kaiser Rudolf II. einen Reichstag in Augsburg ab.[21] Was zu diesem Zeitpunkt noch niemand ahnen konnte: Es sollte der letzte der Augsburger Reichstage gewesen sein.

Am 4. Oktober erschütterte ein Skandal die Familie Fugger und mit ihr die gesamte Reichsstadt: Anna Jacobäa Fugger, Nonne bei den Augsburger Dominikanerinnen von ***St. Katharina***, war aus dem Kloster entsprungen und hatte sich zu ihrem evangelischen Onkel Ulrich nach Heidelberg geflüchtet. Die damals bereits 35 Jahre alte Tochter von Georg Fugger und Ursula Fugger-Lichtenstein war 1561 unter dem Einfluss des Jesuiten Canisius gegen ihren Willen zunächst ins Benediktinerinnenkloster in *Kühbach*, dann 1562 ins Augsburger Kloster St. Katharina gebracht worden. Dort war das Klosterleben ab 1563 – ebenfalls auf Druck von Canisius – strengsten Regeln unterworfen worden. So durfte die damals 16-jährige Fuggerin nicht einmal von ihren engsten Familienangehörigen besucht werden. Nach 20 Jahren floh Anna Jacobäa aus dem Kloster.[22] Ihren Habit hinterließ sie auf dem Tisch in ihrer Zelle, auf den sie die Worte schrieb: ***„got allain die ehr, in dise kutten komb ich nicht mehr […].“***[23]

Die Brüder Anna Jacobäa Fuggers waren völlig konsterniert. Philipp Eduard schrieb an Octavian Secundus über ***„[…] dise große schand […]“***.[24] Er klagte: ***„[…] wann mir ainer gesegt gantz hispagnia wer versunckgen hette Jches eher dann solliches […] geglaubt […] diser schandlich handl der dem gantzen fuggerischen stamen zu nachtail vnd schmach raicht.“***[25] Ein evangelischer Goldschmied, der Anna Jacobäa in Augsburg zur Flucht verholfen hatte, wurde gefoltert und nach dreimonatiger Haft aus der Stadt verbannt.[26] Mit der Hilfe ihres Onkels Ulrich reiste die entsprungene Nonne nach Heidelberg, wo sie sich drei Jahre lang aufhielt. Im Alter von 38 Jahren heiratete sie dort 1585 den neun Jahre jüngeren Grafen Heinrich von Ortenburg.

An die Dominikanerinnen in Augsburg erinnern der Turm der Bettelordenskirche St. Katharina und der Kreuzgang des 1802 aufgehobenen Klosters.

Zwei Jahre nach der Heirat und acht Monate nach der Geburt einer Tochter starb Anna Jacobäa am 28. Februar 1587. Sie wurde in Amberg (Oberpfalz) beigesetzt.[27]

Das Dominikanerinnenkloster St. Katharina wurde 1802 aufgehoben. Bald darauf wurden die Konventsgebäude um den *Kreuzgang* an der Hallstraße als Schule (heute Holbein-Gymnasium) eingerichtet. In dem Kreuzgang entdeckt man *zwei Fuggerwappen* – das bürgerliche Lilienwappen und das Wappen der Grafen Fugger mit den Lilien, der Frau von Kirchberg und den drei Hörnern von Weißenhorn. Unter dem Gewölbe der Klosterkirche zog man 1835 eine Zwischendecke ein. Der so entstandene Raum beherbergt seitdem eine Gemäldegalerie, die heutige *Staatsgalerie Alte Meister*.

DER KALENDERSTREIT LÖST IN AUGSBURG BEINAHE EINEN BÜRGERKRIEG AUS

In der Reichsstadt Augsburg nahm die religiöse Gereiztheit in den Jahren um 1580 immer weiter zu. Dass der Prediger von *St. Anna*, Georg Mylius, die Jesuiten angriff, trug ebenso wenig zur Befriedung bei wie die öffentlichen Karfreitagsprozessionen, die von den Katholiken 1577 wieder eingeführt worden waren.[28] Auch die Zusammensetzung des Kleinen Rats musste die Protestanten, die ungefähr drei Viertel der Bevölkerung ausmachten, provozieren: 1582 dominierten 25 Ratsherren der katholischen Minderheit die 20 evangelischen Ratsherren. Als der Rat am 5. Januar 1583 beschloss, den unter Papst Gregor XIII. reformierten Kalender auch in der Reichsstadt einzuführen, und der Bischof auf Drängen des Augsburger Rats am 8. Januar 1583 für das Gebiet des Hochstifts nachzog, brach der Kalenderstreit aus.[29] Er brachte *„[…] Augsburg an den Rand einer Katastrophe […]“*.[30]

Obwohl der Rat argumentierte, dass sich der Augsburger Kalender an den des Umlands angleichen müsse und dass auch die evangelischen Reichsstädte *Ulm* und Nürnberg die Gregorianische Kalenderreform übernommen hätten, machten Prediger und Kirchenpfleger den verbesserten Kalender zur Glaubenssache. *„Es sei der evangelischen Bevölkerung nicht zuzumuten, den Kalender anzunehmen, da der Kalender vom Papst komme."*[31]

Der führende Gegner *„[...] des Bapstes erlognen Newen Kalender [...]"*[32] war der Prediger von St. Anna, Superintendent Dr. Georg Mylius. Als ihn der Rat am 28. Mai 1584 aus der Stadt schaffen lassen wollte,[33] kam es zu *„[...] bürgerkriegsähnlichen Ereignissen [...]"*.[34] Rund 4000 Handwerker, insbesondere Weber und Metzger, stürmten das *Zeughaus*, um sich zu bewaffnen. Die wütende Menge belagerte daraufhin das *Rathaus* und das *Jesuitenkolleg*. Erst den vom Rat zu Hilfe gerufenen Predigern gelang es, die heikle Situation zu entschärfen, ohne dass es während der Unruhen zu Mord und Totschlag kam.[35] Ein Todesfall war am Ende aber doch zu beklagen: *„Die hochschwangere Frau von Dr. Mylius hatte sich über die Vorfälle derart aufgeregt, daß sie starb."*[36]

IM AUGSBURGER KALENDERSTREIT EMIGRIEREN ZWEI EVANGELISCHE WELSER

Der katholisch dominierte Rat entließ nun die Prediger in der Stadt. Die daraufhin vom Rat neu ernannten Prediger wurden von ihren Gemeinden boykottiert. Vertreter des evangelischen Patriziats, unter ihnen auch der Bürgermeister Hans Friedrich Welser, verließen wegen des Kalenderstreits die Reichsstadt und gingen nach *Ulm*.[37] Hans Friedrich Welser kehrte erst 1591 nach Augsburg zurück und bekleidete nie mehr ein öffentliches Amt.[38] Sein Vetter Christoph Welser erhielt sogar erst im Frühjahr 1595 (neben anderen Emigrierten) sein 1584 aufgegebenes Bürgerrecht zurück.[39]

Die Welser im Kalenderstreit sind ein Beispiel dafür, wie die Glaubensspaltung auch die Familien zerriss. Während die Karriere des Hans Friedrich Welser beendet war, wurde sein katholischer Onkel Hans Welser, ein Sohn Bartholomäus V. Welsers, 1585 zum Stadtpfleger und damit in das höchste Amt in der Reichsstadt gewählt. Sein ebenfalls katholischer Verwandter Markus Welser d. J. wurde 1584 in den Großen Rat berufen – der Beginn einer Laufbahn, die auch ihn im Jahr 1600 in das Amt des Stadtpflegers führen sollte.[40]

AN ARME VERSCHENKTE KATECHISMEN, ALTE WALLFAHRTEN UND NEUE KIRCHEN

Ab den 1560er-Jahren ließen die Katholiken Augsburgs nach und nach die Tradition der Wallfahrten wieder aufleben. 1574 sollen 4000 Augsburger nach Andechs gewallfahrtet sein. (Stimmt die Zahl, hätte jeder zweite Katholik in der Stadt daran teilgenommen.) Auch Romwallfahrten wurden nun wieder durchgeführt. Hans Fugger, Ursula Fugger-Lichtenstein und Philipp Eduard Fugger waren 1569 die prominentesten unter den Augsburger Rompilgern dieser Zeit.[41]

Dass Octavian Secundus Fugger 1591 auf eigene Kosten 300 Exemplare des Kleinen Katechismus von Petrus Canisius unter Augsburgs Armen verteilen ließ, war eine der günstigeren Maßnahmen, mit denen ein Fugger seine Unterstützung für den alten Glauben zum Ausdruck brachte.[42] Mit dem Bau der ***Fuggerkapellen*** in ***St. Ulrich und Afra***, der Stiftung der dortigen ***Orgel*** und der ***Orgelempore***, der Finanzierung des ***Jesuitenkollegs*** und der Kirche St. Salvator sowie dem Bau der ***Markuskirche*** in der ***Fuggerei*** hob sich die Familie in Bezug auf ihr materielles Engagement insgesamt signifikant von allen anderen Augsburger Patrizierfamilien ab.

MIT DEM GELD DER FUGGER: JESUITEN IN FRIEDBERG UND KAPUZINER IN AUGSBURG

1587 erwarben Octavian Secundus und Hans Jakob Fugger auch zwei Häuser in der bayerischen Grenzstadt ***Friedberg*** östlich des Lechs. Nur ein paar Schritte vom dortigen ***Wittelsbacherschloss*** entfernt entstand 1588 die Jesuitenkirche zu Unserer Lieben Frau. Am Ostgiebel des Bauwerks, heute ein Wohnhaus (Jesuitengasse 7), ist der ***Dachreiter der ehemaligen Jesuitenkirche*** zu erkennen.[43]

Die ersten beiden Kapuziner ließ Markus Fugger im Jahr 1600 heimlich aus Graz nach Augsburg kommen. 1601 stellten ihnen die Fugger ein Grund-

stück im Ulrichsviertel für die Klostergründung zur Verfügung, 1602 wurde die schlichte Klosterkirche St. Franziskus geweiht.[44] Ein Spottlied über die Fugger und die Kapuziner endete mit der Verhöhnung des „Hurengesindels", dem die Fugger in der Reichsstadt Augsburg ein Nest gebaut hätten: ***„[…] Machen das hueren gsind thuet bleiben | Die capuziner."***[45] Es blieb aber nicht nur beim Hohn: ***„[…]daß auf den Kapuzinerpater Ludwig von Protestanten zwei Mordanschläge verübt worden sein sollen […], wirft ein Schlaglicht auf den Zustand der konfessionellen Toleranz in dieser Zeit."***[46] 1609 sollten die Fugger auch bei der neuerlichen Ansiedlung der Franziskaner Hilfestellung leisten.

Der Dachreiter am Ostgiebel des Friedberger Wohnhauses Jesuitengasse 7 ist das Relikt des Turms der ehemaligen Jesuitenkirche zu Unserer Lieben Frau. Auch diese Niederlassung der Jesuiten wurde von den Augsburger Fuggern gefördert.

SELBST IM TOD SOLLTEN KATHOLIKEN UND PROTESTANTEN GETRENNT BLEIBEN

Für Unmut bei den Protestanten sorgte auch eine Stiftung der Fugger, welche die Einrichtung eines reichsstädtischen katholischen Friedhofs vor dem Gögginger Tor (des heutigen *Hermanfriedhofs*) ermöglichte. Immerhin hatte der Rat erst 1534 den *Prostestantischen Friedhof* vor dem *Roten Tor* anlegen lassen. Ein evangelischer Chronist merkte dazu bissig an: ***„Tuncken sie sich ein mehrers zu sein und nit wirdig bei und neben anderen christen […] zu liegen."***[47] Auf dem neuen Friedhof entstand

Der katholische Friedhof an der heutigen Hermanstraße in Augsburg geht auf eine Stiftung der Fugger zurück. Die Familie bezahlte auch den Wiederaufbau der im Verlauf des Spanischen Erbfolgekrieges im Jahr 1703 zerstörten Friedhofskirche St. Michael.

die Kirche ***St. Michael***. Erbaut hat sie Esaias Holl von 1603 bis 1605 nach den Plänen seines Bruders, des evangelischen Stadtwerkmeisters Elias Holl.

Für die katholischen Ratsmitglieder hatte das Friedhofsprojekt große Bedeutung: Stadtpfleger Markus Welser sowie die Baumeister Bernhard Rehlinger und Matthäus Welser befassten sich mit der Planung und dem Bau dieser Friedhofskirche. Die Stifter des Friedhofs sicherten sich den Zugriff auf das neue Gotteshaus: Die Kirche St. Michael wurde zur Filialkirche von ***St. Moritz***, wo die Fugger das Präsentationsrecht für die Pfarrstelle besaßen.[48] (Als die Michaelskirche 1703 während des Spanischen Erbfolgekrieges von den Franzosen und Bayern zerstört wurde, finanzierten zwei Fugger den Wiederaufbau und die neue Ausstattung.[49])

DER PROTESTANT HANS HOLL BAUT DEN KIRCHTURM DER FRANZISKANERINNEN

Die Fugger spielten also beim Bau katholischer Kirchen und Kapellen eine dominierende Rolle, die einzigen Stifter und Bauherren waren sie selbstverständlich nicht. 1574 wurde damit begonnen, die Franziskanerinnenklosterkirche ***Maria Stern*** beim Rathaus zu errichten. Den schlanken ***Kirchturm*** – er war Augsburgs erster mit einer „welschen Haube“, also mit einem ***Zwiebelhelm*** – plante und

vollendete auch hier ein evangelischer Baumeister – Hans Holl.

Um 1600 wurden der südliche Domturm erneuert sowie der *Afraturm* von *St. Ulrich und Afra* und die *Schneckenkapelle* in der Basilika gebaut. Auch die *Antoniuskapelle* sowie die kleine Kirche *St. Gallus* wurden renoviert. Weitere Kirchen und Kapellen sind aus dem Stadtbild verschwunden, andere werden kaum noch wahrgenommen – wie die von Markus Welser 1578 erneuerte Kapelle *St. Severin*, die ab 1970 für Gottesdienste in der Justizvollzugsanstalt an der Karmelitengasse genutzt wurde.[50] All diese sakralen Bauten entstanden innerhalb einer Generation in einer Stadt, die um 1600 mit (hier gehen die Schätzungen weit auseinander) 40 000 bis 50 000 Einwohnern zwar eine der größten Städte im Heiligen Römischen Reich Deutscher Nation war: Nach heutigen Begriffen war Augsburg jedoch nur eine Kleinstadt.[51]

Bis 1576 entstand der Neubau der Franziskanerinnen-klosterkirche Maria Stern. Den Turm mit der ersten Zwiebelhaube Augsburgs errichtete der evangelische Baumeister Hans Holl.

DER KONKURS EINES FUGGERS UND DIE NEUE WALLFAHRT ZUR LORETO-MADONNA

1596 hatte erneut ein Skandal das Haus Fugger erschüttert: Anton Fugger d. J., der ab 1580 versucht hatte, um *Schloss Hainhofen* einen neuen Herrschaftskomplex aufzubauen, war spektakulär in Konkurs gegangen und saß seither (bis 1601) im

Für seine Hainhofer Schlosskapelle ließ Anton Fugger d. J. eine Nachbildung der Madonna di Loreto schnitzen: Heute ist dieses Gnadenbild im Chor der Wallfahrtskirche auf dem Kobel in Westheim (Stadt Neusäß) zu sehen.

Augsburger Rathaus in Schuldhaft. Im Garten des Hainhofer Schlosses hatte der Fugger 1582 eine kleine Kapelle für eine geschnitzte ***Nachbildung der Madonna di Loreto*** errichten lassen.

Sein Nachfolger auf Hainhofen, der evangelische Augsburger Patrizier Wolfgang Paller, ließ die Kapelle 1601 abreißen. Die Figur schenkte er aber seinem Nachbarn Karl von Langenmantel, dem katholischen Herrn zu ***Westheim***. Dieser ließ 1602 für das Gnadenbild auf dem Westheimer Kobel hoch über Augsburg eine Kapelle in der Form des „Heiligen Hauses" von Loreto bauen. Die Kapelle ist seit dem Anbau des Langhauses um 1657 der Chor der Wallfahrtskirche ***St. Maria von Loreto***. Für den Bau hatten auch Langenmantels Schwäger Matthäus, Paul und Markus Welser Geld gegeben.[52]

AUGSBURGER JESUITEN MISSIONIEREN AUCH IM UMLAND DER REICHSSTADT

Bei den Protestanten musste es für böses Blut sorgen, dass die Augsburger Jesuiten in den Jahren um 1600 im Umland der Reichsstadt zu missionieren begannen. Auch hier stand das Zusammenwirken mit den Fuggern am Anfang. 1595 hatte Jakob Fugger, der Herr von Babenhausen, von der Augsburger Patrizierfamilie Rehlinger das Dorf ***Leeder*** unweit von ***Landsberg*** erworben. In Leeder hatte Ulrich Rehlinger, Bürgermeister in Augsburg und ein Anführer der Protestanten im Rat, 1527 den evangelischen Glauben eingeführt. Die neuen Grundherren ließen jedoch die Pfarrkirche ***Mariä Verkündigung*** erneut katholisch weihen und die katholische Messe lesen. Die Häuser des Dorfes durchsuchte man nach evangelischen Büchern, die dann verbrannt wurden.[53] In ***Wehringen***, einem Dorf im Gebiet des Hochstifts Augsburg, wurden um 1580 die Protestanten vor die Wahl gestellt, den Glauben zu wechseln oder auszuwandern.[54]

Auch in den Dörfern im Norden der Reichsstadt Augsburg setzte im Jahr 1595 die Jesuitenmission ein. ***„1601 konnte die Rekatholisierung hier als abgeschlossen gelten, es mußten hier also Anhänger der neuen Lehre gelebt haben.“***[55] 1606 und 1607 missionierten die Jesuiten auch in ***Lützelburg***.[56]

LÜTZELBURG: DIE LETZTEN PROTESTANTEN IN EINEM DER DÖRFER UM AUGSBURG

Lützelburg spielte eine Sonderrolle: In diesem Dorf übte Augsburg über den Grundherrn, das reichsstädtische ***Heilig-Geist-Spital***, mittelbar Herrschaftsrechte aus, wobei die vorderösterreichische Markgrafschaft Burgau die hohe Gerichtsbarkeit besaß und mit dem Spital um weitere Rechte stritt. Eine dieser Auseinandersetzungen betraf um 1574 die Pfarrstelle, als Augsburg neben dem evangelischen auch einen katholischen Pfarrer installieren sollte. Als 1603 erneut der evangelische Pfarrer ab- und ein katholischer Nachfolger eingesetzt werden sollte, kam es im Dorf zu Tumulten. Doch am 3. Februar 1607 konnte sich Erzherzog Maximilian durchsetzen und damit in Lützelburg wieder den katholischen Glauben einführen.

Der neue Glaube war in Lützelburg damit aber noch immer nicht erloschen. Im Juli 1607 nahmen Burgauer Schützen nahe ***Oberhausen*** ein Lützelburger Brautpaar fest, weil es sich in Augsburg vom evangelischen Pfarrer in ***St. Georg*** trauen lassen wollte. Beamte der Markgrafschaft schickanierten die verbliebenen Protestanten schließlich so lange, bis sie entweder katholisch wurden oder ihr Hab und Gut verkauften und auswanderten.[57] Der Augsburger Chronist Paul von Stetten hielt fest, dass

1607 wurde Lützelburg, das letzte evangelische Dorf bei Augsburg, buchstäblich katholisch gemacht. Die Pfarrkirche St. Georg errichtete kurz darauf aber ein Protestant aus Augsburg, der Stadtwerkmeister Elias Holl.

„[...] also das gantze Dorff in gar kurzer Zeit völig Catholisch [...]“[58] gemacht wurde.

Das Langhaus der neuen katholischen Pfarrkirche *St. Georg* in Lützelburg wurde ab 1609 erbaut. Den Chor und den schlanken Satteldachturm errichtete ein vom Augsburger Heilig-Geist-Spital beauftragter Protestant: Elias Holl, der erst seit 1602 der neue Stadtwerkmeister der Reichsstadt war. Dass die Lützelburger Kirche bereits 1622 durch Brand beschädigt wurde, muss kein Zufall gewesen sein.[59]

IN STÄDTEN UND DÖRFERN UM AUGSBURG: ABERGLAUBEN, HEXENWAHN UND FOLTER

Sowohl in katholischen Gebieten als auch in evangelischen Reichsstädten kam es in diesen Jahren zu Hexenverfolgungen. In Augsburg war es damals nur eine einzige „Hexe“, die am 4. April 1591 nach harter Tortur in der Kerkerhaft verstarb.[60] Doch vom nur wenige Jahre zuvor katholisch gemachten *Wehringen* im Hochstift Augsburg berichtete 1590 ein Chronist, dass dort *„[...]von diesen Weibern nit mehr viel vorhanden sei [...]“*.[61]

Beim Aberglauben standen die Protestanten den Katholiken in nichts nach. So wurden in der evangelischen Reichsstadt *Nördlingen* zwischen 1589 und 1598 insgesamt 34 Frauen und ein Mann nach Hexenprozessen verbrannt. An das Schicksal der

Nördlingerin Maria Holl erinnert der 1966 auf dem Weinmarkt aufgestellte ***Maria-Holl-Brunnen***.

Die in ***Ulm*** geborene Frau des Kronenwirts am Weinmarkt war nach ihrer Heirat in die Stadt gezogen. Dort wurde sie 1593 ein Opfer der zweiten Welle Nördlinger Hexenprozesse: Doch weil sich ihre Ulmer Verwandten beim Reichstag in Regensburg für sie einsetzten und Maria Holl ***„[...] auch nach 62 Folterungen innerhalb fast eines Jahres kein unwiderrufenes Geständnis abgelegt hatte [...], musste man sie freilassen.“***[62] Sie starb 1634 (nach zwei weiteren Ehen) im Alter von 85 Jahren.

Der Hexenwahn hatte die evangelische Reichsstadt ***Donauwörth*** ebenso erfasst wie die bischöfliche Residenzstadt ***Dillingen***. Die Donauwörther Akten hielten 1590 das Schicksal einer „Unholdin“ fest, 1596 wurde der Besitz eines ***„[...] zauberischen Büchleins [...]“***[63] bestraft. Die Bürgermeisterstochter Katharina Buecher nahm in der Kerkerhaft Gift: Sie entzog sich mit ihrem Selbstmord der Folter und dem Tod auf dem Scheiterhaufen. Der Leichnam der Selbstmörderin wurde in ein Fass gesteckt und in die Donau geworfen.[64] Flugblätter berichteten 1579 sowie 1588 ***„[...] von den greulichen Untaten zweier Teufelsbuhlerinnen in Dillingen.“***[65] In der Residenzstadt des Augsburger Bischofs überliefern die Akten etliche weitere Hinrichtungen in den folgenden Jahren.[66]

An die Nördlinger Wirtin Maria Holl, die während ihres Hexenprozesses im Jahr 1593 mehr als 60 Folterungen überstand, ohne sich ein falsches Geständnis abpressen zu lassen, erinnert der Maria-Holl-Brunnen auf dem Weinmarkt.

EIN NEUER AUGSBURGER BISCHOF UND DIE ALTEN KONFESSIONELLEN KONFLIKTE

Die letzten Jahre des 16. Jahrhunderts in der Reichsstadt Augsburg werden einerseits als eine Phase der Beruhigung beschrieben.[67] Gerade diese Zeit sowie die ersten Jahre des 17. Jahrhunderts waren für die Reichsstadt eine künstlerisch sowie architektonisch fruchtbare und bis heute prägende Epoche. Der ***Augustusbrunnen*** Hubert Gerhards (ab 1588 entstanden, 1594 eingeweiht) läutete drei Jahrzehnte einer umfassenden Stadterneuerung ein. Adriaen de Vries schuf um 1600 den ***Merkurbrunnen*** und den ***Herkulesbrunnen***. Stadtwerkmeister Elias Holl stellte 1607 das ***Zeughaus*** fertig und errichtete bis 1609 die ***Stadtmetzg***. Die alte Metzg beim Rathaus ersetzte er bis 1614 durch den ***Neuen Bau***, ab 1611 wurde das ***Reichsstädtische Kaufhaus*** errichtet, nur wenige Jahre später sollten die Aufstockung des ***Perlachturms*** und der Baubeginn des ***Renaissancerathauses*** erfolgen. In dieser Stadt kam niemand durch konfessionelle Konflikte zu Tode.

Andererseits war jederzeit mit verbalen Attacken oder auch wirtschaftlichen Einschränkungen zu rechnen: Ängste, Druck und Gegendruck wurden immer stärker. Am 29. November 1598 war der zu diesem Zeitpunkt 28-jährige Augsburger Bischof Heinrich V. von Knöringen gewählt worden. Man hat ihn als den ***„[...] eifrigen Vertreter der Gegenreformation [...]“***[68], als ***„[...] gegenreformatorischen Scharfmacher [...]“***[69] und sogar als den ***„[...] eigentlich Schuldigen an der Katastrophe [...]“***[70] des Dreißigjährigen Krieges bezeichnet. Im Alltag waren es aber auch evangelische Geistliche, die in Predigten gegen Karfreitagsprozessionen sowie andere katholische Bräuche mit Worten wie mit Druckwerken hetzten. Der publizistische Schlagabtausch beinhaltete auch, dass ***„[...] beide Seiten stets nach einer vollständigen Disqualifizierung des Gegners in theologischen Kategorien strebten.“***[71]

Bezeichnend für den konfessionellen Kleinkrieg in der Stadt war zum Beispiel ein Verbot aus dem Jahr 1600, mit dem der Rat Schülern beider Konfessionen Religionsdispute sowie die Verhöhnung von jeweils Andersgläubigen untersagen musste.[72]

Doch der katholisch dominierte Augsburger Rat traf des Öfteren Entscheidungen, *„[…] die eine fortschreitende Konfessionalisierung und Aufrichtung jener ‚unsichtbaren Grenze' signalisieren und die sich in den Jahren um 1600 häufen."*[73] So mussten evangelische Handwerker im Dienst der Stadt an katholischen Feiertagen die Arbeit ruhen lassen und dadurch Verdienstausfälle hinnehmen.[74]

EINE DROHUNG? – DIE MICHAELSGRUPPE AM NEUEN AUGSBURGER ZEUGHAUS

Auch bei der Zierde für das neue reichsstädtische *Zeughaus* folgte der Rat den Intentionen Bischof Heinrichs V. von Knöringen. Er hatte 1605 in Augsburg die herausgehobene Verehrung des heiligen Michael durch einen jährlichen Festtag am 29. September initiiert.[75] 1607 wurde die monumentale, von Hans Reichle modellierte *Michaelsgruppe* am *Ostgiebel* des Zeughauses angebracht. Der Erzengel stürzt dort mit gezogenem Schwert den Satan in die Hölle. Zwei Putti rahmen diese Szenerie.

Da der Heilige der Patron der Soldaten war, hätte er als ein konfessionell neutrales, dem Augsburger Waffenarsenal angemessenes Motiv gelten können. *„Darüber hinaus besaß er als Schutzpatron des Reiches eine Funktion, der gerade um 1600 im sogenannten ‚langen Türkenkrieg' eine große Bedeutung zukam."*[76] Man kann den Erzengel und den gefallenen Luzifer also durchaus als einen von allen christlichen Glaubensrichtungen akzeptierten Heerführer und Friedenswahrer interpretieren.[77]

Ganz so harmlos dürfte die Sache eher nicht gewesen sein: Erstens war das Vorbild dieser Bronzefiguren Hubert Gerhards Michaelsgruppe, die seit 1588 die Fassade der Münchner Jesuitenkirche St. Michael beherrschte. Der 1583 begonnene Bau der Kirche *„[…] erfolgte im Bewusstsein der Bedeutung Bayerns und des Einsatzes seines Fürstenhauses gegen das Vordringen des Protestantismus in Deutschland für die Behauptung der römisch-katholischen Kirche im Reich"*.[78] Und zweitens war der Standort des von Elias Holl vollendeten Zeughauses gegen die Protestanten in der Stadt gerich-

DER HÖLLENSTURZ AM AUGSBURGER ZEUGHAUS

Die monumentale Bronzefigurengruppe am Ostgiebel des Waffenarsenals ist ein Meisterwerk des Bildhauers Hans Reichle

Weil Augsburg bei der Einführung des Gregorianischen Kalenders 1584 kurz vor dem Ausbruch eines Bürgerkrieges stand, ließ der katholisch dominierte Rat der überwiegend evangelischen Reichsstadt das Zeughaus, das Augsburger Waffenlager, vom Katzenstadel nahe dem Wertachbrucker Tor ins Kornhaus bei St. Moritz – direkt neben die Fuggerhäuser – verlegen. 1589 begann Stadtwerkmeister Jakob Eschay mit dem Bau des Ostflügels, der im rechten Winkel zum Kornhaus errichtet wurde. Elias Holl vollendete diesen Trakt bis 1607.

Über dem Portal des Zeughauses ließ der Rat 1607 eine in Bronze gegossene Figurengruppe des Bildhauers Hans Reichle anbringen: Sie zeigt den Erzengel Michael, der Luzifer zur Hölle stürzt. Reichle, der in Florenz bei Giambologna, Italiens führendem Bildhauer, und dann in Brixen an einem Figurenzyklus für die Habsburger gearbeitet hatte, schuf mit seinem Höllensturz Augsburgs letzte monumentale Figurengruppe im Stil des Manierismus.

Die Figurengruppe Hans Reichles am Zeughausgiebel stellt den Erzengel Michael im Kampf mit dem Teufel dar. Das monumentale Bronzekunstwerk im Stil des Manierismus gilt als ein Hauptwerk des in Schongau geborenen Bildhauers.

tet. Denn das Waffenarsenal der Reichsstadt war nach dem Kalenderstreit und den bürgerkriegsähnlichen Zuständen von 1584 vom Katzenstadel nahe der nördlichen *Stadtmauer* neben die *Fuggerhäuser* (das politische Zentrum des Katholizismus in Augsburg) und somit weit weg von den unruhigen, überwiegend von Protestanten bewohnten Vorstädten verlegt worden.[79] Das war kein Zufall.

Als man die Michaelsgruppe an der Zeughausfassade aufgerichtet hatte, notierte ein evangelischer Chronist: ***„Vnnsere widersachers Pöfell*** [Pöbel], ***Wann sie sachen Luterische Leüth stehen, vnd das auffgerücht Bildt S. Michael […] besahen, Liessen sie sich unverhollen hören, wie dieser Engell Dem Teüfell mitt füessen trett, vnd mit dem Schwerdt nach Im Schlage, also müessen Alle Lutherischen vntertretten, vnd mitt dem Schwerdt ausgerottet werden […].“***[80] Jener Zeitzeuge sah im Höllensturz am Zeughausgiebel ein eindeutiges Signal. ***„In der Gegenreformation wurden Siegesdarstellungen von Michael vielfach gegen politische und religiöse Gegner verwandt. Die Gestaltung des Satans und der gefallenen Engel als hermaphroditische Monster bezichtigte dabei die protestantischen Gegner auch sexueller Ausschweifungen.“***[81] Augsburger Protestanten empfanden diese Figurengruppe deshalb als bedrohlich und nannten sie eine ***„[…] jesuittische arbait […]“***.[82]

Die Michaelsgruppe Hans Reichles am Ostgiebel des von Elias Holl erbauten Zeughauses interpretierten manche Protestanten in Augsburg als eine versteckte Drohung der katholischen Ratsmajorität.

DIE SINGOLD AM AUGSBURGER AUGUSTUSBRUNNEN

Eine Bronzefigur am Monumentalbrunnen vor dem Rathaus erinnert an einen Konflikt zwischen Hochstift und Reichsstadt

1594 ging der Augsburger Augustusbrunnen in Betrieb, 1600 der Merkurbrunnen und 1602 der Herkulesbrunnen. Die Figuren wurden konfessionsneutral in der Bildsprache der Antike modelliert.

Zwei männliche Figuren, die auf dem Beckenrand des Augustusbrunnens lagern, verkörpern den Lech und die Wertach, zwei weibliche die Singold und den Brunnenbach. Die Singold, der Mühlenfluss der Stadt, hält das Viertel eines Kammrads. Als dieser Fluss 1588 bei einem Hochwasser in die Wertach einbrach, fiel ihr Unterlauf bei Augsburg trocken: Die Mühlen standen still. Um die Singold ins alte Bett zurückzuleiten, musste man auf dem Gebiet des Hochstifts graben. Dafür stellte Bischof Marquard von Berg der mehrheitlich evangelischen Stadt jedoch inakzeptable Bedingungen. 1589 griff Augsburg zur Selbsthilfe, errichtete ein Wertachwehr und leitete Wertachwasser ins trockene Bett der Singold ein: So entstand der Senkelbach. Der Streit mit dem Hochstift wurde erst 1602 beigelegt.

Die Singold (hier ihre Personifikation am Augustusbrunnen) war der Mühlenfluss der Reichsstadt Augsburg. Wegen des Antriebswassers der Singold geriet die mehrheitlich evangelische Stadt 1589 mit Bischof Marquard in einen Streit, der erst 1602 mit Bischof Heinrich von Knöringen einvernehmlich beendet werden konnte.

DIE PROTESTANTISCHE UNION UND DIE KATHOLISCHE LIGA

1606 BIS 1618

In den ersten Jahren des 17. Jahrhunderts trieb Deutschland unaufhaltsam auf die Katastrophe des Dreißigjährigen Krieges zu, der im Sommer 1618 begann. Einer der Auslöser des großen Sterbens war das Donauwörther Kreuz- und Fahnengefecht vom April 1606, nach dem die Reichsstadt vom Herzogtum Baiern besetzt wurde. Im nahen Auhausen gründete sich 1608 als Reaktion auf die widerrechtliche Annexion dieser Donaustadt die Protestantische Union. Daraufhin schloss sich 1609 in München die Katholische Liga zusammen. In Augsburg blieb das Leben zwar vordergründig friedlich und die Stadt erfuhr sogar eine späte Blüte. Doch auch hier wuchsen die unsichtbaren Mauern zwischen den Glaubensrichtungen weiter.

AUSLÖSER DES KRIEGES: DAS KREUZ- UND FAHNENGEFECHT

Donauwörth, Auhausen, Pfalz-Neuburg – die dunklen Wolken des nahenden Unheils brauten sich außerhalb Augsburgs zusammen

Der Blick auf Augsburg und sein Umland in den Jahren vor dem Großen Krieg zeigt, wie unterschiedlich sich Städte und Territorien entwickelten. Während in Augsburg Baukunst und Kunst blühten und im protestantischen Haunsheim eine „aufgeklärte" Herrschaft entstand, brannten in Wemding und Donauwörth die Hexenfeuer, und bis 1618 wurde Pfalz-Neuburg rekatholisiert.

UM 1600: NIEDERGANG DER WIRTSCHAFT, PREISREVOLUTION UND TÜRKENGEFAHR

Im 16. Jahrhundert war Schwaben das zentrale Reichsland gewesen und Augsburg gleichsam die heimliche Hauptstadt des Heiligen Römischen Reiches Deutscher Nation.[1] Doch der politische Bedeutungsverlust gegenüber der habsburgischen Weltmacht Spanien machte sich nach 1600 ebenso bemerkbar wie der wirtschaftliche Niedergang. Augsburgs Montanunternehmen litten unter erschöpften Erzlagerstätten in den Alpen und Karpaten, Böhmen, Thüringen und Sachsen wie unter Importen aus der Neuen Welt. Steigende Rüstungsausgaben und (wegen der Kleinen Eiszeit) schlechtere Ernten bei wachsender Bevölkerung führten ab 1550 zu Inflationswellen – zur „Preisrevolution".[2] *„An der Wende vom 16. zum 17. Jahrhundert kam es […] zu fast 300%igen Teuerungen der Lebensmittel […]."*[3] 1607 traf auch noch der dritte spanische Staatsbankrott die Augsburger Geldhäuser. Die Fugger waren mit Forderungen von mehr als drei Millionen Dukaten betroffen. Mit neuen Darlehen an die spanische Krone versuchte die Firma, die alten Ansprüche wenigstens teilweise zu retten.[4]

Der Türkenkrieg machte sich nicht nur durch eine hohe Steuerlast bemerkbar. In den Jahren 1597

Der Augsburger Joseph Heintz entwarf das Epitaph für den Reichsritter Zacharias Geizkofler in dessen evangelischer Pfarrkirche im Dorf Haunsheim. Ausgeführt wurde dieses Epitaph mit der Porträtbüste des Bauherrn durch den Augsburger Bildhauer Christoph Murmann d. J.

und 1600 zogen niederländische Regimenter entlang der Donau in Richtung Ungarn. Sie nahmen auch in ***Dillingen*** Quartier.

Die Bischofsstadt litt in diesen Jahren, verursacht durch die Teuerungen, an einer sinkenden Zahl von Studenten. Dagegen trugen Scharen von Bettlern Seuchen in die Stadt. Das sich verschlechternde Klima führte häufiger zu Missernten, die wiederum zu Auslösern von Hexenprozessen in Dillingen und in Dörfern des Hochstifts Augsburg, in ***Donauwörth*** und ***Wemding*** wurden.[5] Erhöhte Abgaben sowie Religionsmandate des Augsburger Bischofs Heinrich V. von Knöringen lösten im Hochstift Augsburg von 1605 bis 1607 einen Aufstand der Bauern von ***Rettenberg*** im Oberallgäu aus. Militär schlug die Erhebung nieder, einige der Rädelsführer warf man in Dillingen in den Kerker.[6]

DIE KATHOLISCHEN FUGGER FINANZIEREN DIE HERRSCHAFT EINES PROTESTANTEN

Geschäft und Glauben trennten die Fugger bedarfsweise säuberlich voneinander. Das galt auch im Fall des Protestanten Zacharias Geizkofler. Der 1560 in der Bischofsstadt Brixen geborene Tiroler war im Alter von sechs Jahren nach Augsburg geschickt

worden. Seine Schulzeit im 1531 gegründeten *evangelischen Gymnasium bei St. Anna* hatte Geizkofler im Alter von 13 Jahren abgeschlossen. 1584 arbeitete er – nach seinem Studium in Padua, Ingolstadt, Basel und Straßburg sowie nach seiner Zeit beim Kaiserlichen Kammergericht in Speyer – für Markus Fugger. Im Einvernehmen mit den Fuggern diente er ab 1585 Erzherzog Ferdinand von Tirol. 1589 ernannte Kaiser Rudolf II. den Augsburger Bürger zum Kaiserlichen Rat und – auf Vorschlag der Fugger – zum Reichspfennigmeister in Augsburg. Geizkofler war quasi Finanzminister des Reiches und damit beauftragt, vom Reichstag bewilligte Türkengelder und andere Reichshilfen einzutreiben. Liquiditätsengpässe überbrückte er mit der Hilfe der großen Geldhäuser. Geizkofler war also für die Fugger ein erstrangiger Geschäftspartner – und seine Konfession somit zweitrangig.

Von dem Schloss, das Zacharias Geizkofler in Haunsheim erbauen ließ, sind die doppeltürmige Toranlage und der benachbarte runde Wehrturm erhalten geblieben.

Im Jahr 1592 hatte Zacharias Geizkofler den Weiler *Gailenbach* im Westen von Augsburg erworben. Der Reichspfennigmeister errichtete dort ein *Schloss* und nannte sich nach seinem neuen Besitz, das den Rang eines Ritterguts erhielt, Geizkofler von Reiffenegg, von und zu Gailenbach. Vom dortigen Schloss sind *Relikte* überbaut erhalten.

Im Jahr 1601 konnte Geizkofler auch *Haunsheim*, eine Reichsritterschaft, erwerben. Für den Kauf dieser Herrschaft am Rand der Schwäbischen

Alb hatte der Reichspfennigmeister 20 000 Gulden bei Philipp Eduard Fugger und dessen Brüdern zu fünf Prozent Zins aufgenommen. Als Reichsritter besaß Geizkofler seit dem Augsburger Religionsfrieden das Recht der freien Bekenntniswahl für seine neuen Untertanen. 1603 nutzte er dieses Recht.[7] ***„In seinem Besitztum Haunsheim hatte er nicht nur die Reformation eingeführt, sondern auch die Leibeigenschaft abgeschafft, ja sogar fremde Leibeigene freigekauft.“***[8] Der Augsburger Zacharias Geizkofler war also offenbar weit mehr als „nur“ ein äußerst fähiger Finanzminister: ***„Als enger Ratgeber Kaiser Rudolfs II. und des Kaisers Matthias [...] suchte er mit seinen Ratschlägen das aufziehende Unheil der Reichsfinanzen und des 30jährigen Krieges zu bannen.“***[9]

IM EVANGELISCHEN HAUNSHEIM: EIN SCHLOSS UND EINE EINZIGARTIGE KIRCHE

1603 legte Geizkofler sein Amt nieder – sein Nachfolger als Reichspfennigmeister wurde Matthäus Welser. 1605 gab Geizkofler das Bürgerrecht der Reichsstadt Augsburg auf und ließ sich in ***Haunsheim*** nieder. Dort hatte er von 1601 bis 1604 das ***Schloss*** erneuern und ausstatten lassen. Die heute zweiflügelige Anlage wurde 1864 im neugotischen Stil umgestaltet. Von der von Geizkofler erbauten

In einem Fenster im Chor der Kirche in Haunsheim zeigt eine Glasmalerei die Wappen von Zacharias Geizkofler und seiner Ehefrau Maria Rehlinger.

Vierflügelanlage sind der 1603 errichtete ***Torbau*** mit zwei von welschen Hauben gedeckten Türmen sowie ein ***Rundturm*** (er bekam erst später den neugotischen Maschikulikranz und Zinnen) erhalten. Am Torbau sieht man drei ***Wappen*** – den doppelköpfigen Habsburgeradler, das Wappen von Geizkoflers Ehefrau, der Augsburger Patrizierin Maria Rehlinger, und das „sprechende" Wappen des Bauherrn. Ein Wappentier ist ein springender Gamsbock – eine Geiß für das „Geiz" im Namen. Ein Löwe mit der Weltkugel in beiden Pranken ist das zweite Wappentier. Am Maschikuliturm zeigt ein ***Steinrelief*** am Hof das ***Allianzwappen*** Geizkofler-Rehlingen und die Jahreszahl MDCII (1602).[10]

Die Kirche Heilige Dreifaltigkeit in Haunsheim wird von einer Wehrmauer mit zwei quadratischen Türmen umgeben.

An der Orgelempore der Haunsheimer Pfarrkirche sieht man die Wappen Geizkoflers (links) und seiner Ehefrau Maria Rehlinger.

Die Wappen der Familien Geizkofler und Rehlinger entdeckt man auch im Rundbogen über der Tür zur Sakristei der evangelischen Herrschaftskirche in Haunsheim.

Der humanistisch gebildete und ungewöhnlich sozial eingestellte Herr des reichsritterschaftlichen Dorfes Haunsheim richtete dort Stiftungen für die Armen seiner Herrschaft ein und unterstützte den Bau einer Schule im Ort. Ab 1606 ließ Geizkofler nach dem Abbruch des Vorgängerbaus die neue Pfarrkirche ***Heilige Dreifaltigkeit*** errichten und im dortigen ***Chor*** seine ***Familiengruft*** anlegen. Im Chorscheitel sieht man das ***Epitaph für Zacharias Geizkofler***, eine Inschriftenplatte aus Rotmarmor, gerahmt von einem ***Allianzwappen*** Geizkofler-Rehlingen, zwei lagernden Putti und Puttenköpfen sowie den Wappen der Ahnenreihe. In der Nische darüber ist die ***Porträtbüste Zacharias Geizkoflers*** aufgestellt. Dieses Grabdenkmal hat der Augsburger Bildhauer Christoph Murmann 1607 nach einem Entwurf des Augsburger Malerarchitekten Joseph Heintz ausgeführt. Heintz war wie der Augsburger Stadtwerkmeister Elias Holl (letzterer über ein Gutachten) an den Bauplänen beteiligt.

Zehn ***Wappenscheiben*** in den ***Chorfenstern*** der Haunsheimer Herrschaftskirche zeigen die Wappen Zacharias Geizkoflers und seiner Ehefrau Maria Rehlinger sowie der Eltern der beiden. Bei den Wappen der Rehlingerin und ihrer Mutter in den Glasmalereien sowie in der Ahnenprobe am Epitaph sieht man auch die Lilie der Welser. Weitere ***Wappen der Geizkofler und Rehlinger*** entdeckt man außerdem an der *Orgelempore*, am *Herrenstuhl* sowie im Rundbogen der hölzernen Verkleidung über der *Tür zur Sakristei*.[11]

DIE HAUNSHEIMER KIRCHENBURG IST IM BAYERISCHEN SCHWABEN EINZIGARTIG

Errichtet hat die Kirche in *Haunsheim* bis 1609 ein Katholik, der Dillinger Baumeister Hans Alberthal: ***„Mit diesem Bau greift die Renaissance zum ersten Mal auf die Architektur der Landkirchen über.“***[12] Die *Inschrift am Chorbogen* sowie die *Inschrift über dem Kirchenportal* weisen Zacharias Geizkofler ebenso als Bauherrn aus wie die *Inschriftentafel am Torbau* der *Wehrmauer*. Diese Umfassungsmauer entstand nach Plänen Elias Holls oder seines Bruders Esaias: Sie umgibt die Kirche und den Friedhof. Mit ihren beiden Vierecktürmen und den Schießscharten verleiht die Wehrmauer dem Komplex den Charakter einer Kirchenburg.[13] ***„Die Friedhofsanlage versinnbildlicht in ihrer Gestaltung den Gedanken von der Gleichheit der Menschen im Tode. Alle Gräber tragen gleichgeformte schlichte Holzkreuze […].“***[14]

Haunsheim war bis 1603 katholisch geblieben, obwohl das angrenzende Territorium von Pfalz-Neuburg 1542 evangelisch geworden war. Als aber Pfalz-Neuburg nach 1614 rekatholisiert wurde, blieb dieses Dorf evangelisch. Die seitdem durchgängig evangelische Haunsheimer Kirche *Heilige Dreifaltigkeit* blieb im Wesentlichen unverändert. Der Denkmälerführer „Dehio“ urteilte über den Bau am Rand des Donautals: ***„Hochbedeutender Ableger Augsburger Baukunst des frühen 17. Jhs. und als protestantischer Kultbau auf dem Lande einzigartig in Bayerisch-Schwaben.“***[15]

HEXENWAHN IN WEMDING – FUGGER ALS GLAUBENSKÄMPFER IN DONAUWÖRTH

Wie ungewöhnlich fortschrittlich und quasi „aufgeklärt“ ein Zacharias Geizkofler in seiner Reichsritterschaft *Haunsheim* agierte, verdeutlicht ein Blick auf zwei nahegelegene Städte: In *Wemding*,

ZACHARIAS GEIZKOFLERS PFARRKIRCHE IN HAUNSHEIM

Die Pfarrkirche Heilige Dreifaltigkeit erinnert daran, dass das Dorf durch einen Kredit der katholischen Fugger evangelisch wurde

20 000 Gulden hatte sich der Reichspfennigmeister und Protestant Zacharias Geizkofler bei Philipp Eduard Fugger und dessen Brüdern geliehen, um die Reichsritterschaft Haunsheim zu erwerben. Als evangelischer Territorialherr konnte Geizkofler in Haunsheim 1603 die Reformation einführen. Dort entstand ab 1606 die evangelische Kirche Heilige Dreifaltigkeit. Hinter dem Altar der Kirche sieht man ein Epitaph mit einer Porträtbüste des Bauherrn. Bis 1609 entstanden beide Viereckstürme sowie das aufwendige Eingangsportal der Wehrmauer, welche die Kirche und den Friedhof umgibt.

Geizkoflers Kirche in Haunsheim war auf den Dörfern im Augsburger Umland der erste Bau im Renaissancestil. Die beteiligten Meister – Elias und Esaias Holl, Joseph Heintz und Christoph Murmann aus Augsburg sowie Hans Alberthal aus Dillingen – sind Beispiele dafür, dass die Konfession bei Bauten und Kunst keine Rolle spielte: Ihre Auftraggeber waren mal Katholiken, mal Protestanten.

Die Wehrmauer um die Haunsheimer Pfarrkirche wurde nach den Entwürfen von Elias Holl oder seines Bruders Esaias errichtet. Elias Holl war vermutlich auch an den Entwürfen für den Turm beteiligt.

Der Wemdinger Folterturm vom Kapuzinergraben aus gesehen: In diesem markanten Stadtmauerturm informiert eine Ausstellung zu den Hexenprozessen in der kleinen Stadt am nordöstlichen Rand des Rieses.

seit 1467 eine Stadt im Territorium der Wittelsbacher, begann 1609 die Zeit der Hexenprozesse. An die Martern und Hinrichtungen 49 unschuldiger Opfer erinnern in der Stadt im Landkreis Donau-Ries die Ausstellung im *Folterturm* am Kapuzinergraben sowie eine Gedenkstätte am Galgenberg. Am 1957 errichteten *Mahnmal* der *Hexenstube* bezeugt eine *Inschrift* auf drei miteinander verbundenen *Holzkreuzen*, dass die verurteilten „Hexen" auf dem dortigen Hügel verbrannt wurden.[16]

In der damaligen Reichsstadt *Donauwörth* erinnert unter anderem das *Fuggerhaus*, nur ein paar Schritte von der seinerzeit evangelischen Stadtpfarrkirche *Zu unserer Lieben Frau* entfernt, an die Konflikte zwischen den Bürgern der evangelischen Stadt und den katholischen Fuggern, dem nahen *Kloster Heilig Kreuz* und dem Deutschen Orden. Wegen dieser Konflikte sollte die Reichsstadt, die damals noch Schwäbischwerd hieß, zu einem der Auslöser des Dreißigjährigen Krieges werden.

DAS PFLEGHAUS DER FUGGER: DER PALAST DER KAISERLICHEN AUFSICHTSBEHÖRDE

Die Stadt an der wichtigen Donaubrücke galt als „Schlüssel zum Reich zu Wasser und zu Lande". Die Straße nach Nürnberg führte am Ostgiebel des *Fuggerhauses* vorbei. In dem Stadtpalast saß die

Die Reichsstadt Donauwörth galt als „Schlüssel zum Reich zu Wasser und zu Lande“. Die Straße nach Nürnberg führte dort direkt am gotischen Zinnengiebel des massigen Fuggerhauses vorbei.

Verwaltung der Reichspflege Werd: Ihr Gebiet entsprach in etwa der Fläche des heutigen Landkreises Donau-Ries südlich von ***Donauwörth***. Wegen der strategischen Bedeutung von Schwäbischwerd hatte Kaiser Karl V. die konfessionell unzuverlässige – da evangelisch dominierte – Reichsstadt im Juli 1536 dazu gedrängt, die in ihrem Besitz befindliche Pflege an die Fugger abzugeben:[17] ***„Anton Fugger, dem der Kaiser sowieso finanziell verpflichtet war, sollte die verläßliche und starke Stütze der katholischen Kirche in der Reichsstadt Schwäbischwerd sein.“***[18] Ähnlich wie Augsburg war in Donauwörth das Gebiet innerhalb und vor der ***Stadtmauer*** konfessionell gespalten: In der Bürgerschaft stellten die Protestanten die Mehrheit, doch die Reichspflege und das ***Kloster Heilig Kreuz*** waren katholisch. Auch das ***Deutschordenshaus*** neben dem ***Rathaus*** sowie die Häuser des nahen ***Klosters Kaisheim*** waren der Reichsstadt trotz aller Beengtheit in den Stadtmauern zwischen Donau, Wörnitz und Kaibach rechtlich nicht unterstellt.[19]

Am 26. August 1536 wurde die Reichspflege an die Fugger übergeben, der jeweils Älteste der Familie sollte diese Besitzung erben. Ab 1537 hatte Anton Fugger das auch „Pfleghaus“ genannte Fuggerhaus am oberen Ende der Reichsstraße – gleichsam als Gegenpol zum Rathaus der Reichsstadt – errichten lassen. ***„Eine Königswohnung könnte das***

DAS GRAUEN DER HEXENJAGD: DER FOLTERTURM IN WEMDING

Marterwerkzeuge im Stadtmauerturm und eine Gedenkstätte am Galgenberg erinnern an das Leid und den Tod unschuldiger Opfer

In der südlichen Wemdinger Stadtmauer fällt der „Lange Turm“ allein schon durch seine markante Form auf: Dreieckig ragt er in den Wehrgraben hinein. Von außen verrät dieser Stadtmauerturm am Kapuzinergraben jedoch nichts vom Grauen in seinem Inneren. Die steinerne Inschriftentafel an der Eingangstür des Wehrturms (Sandbichelring/ Ecke Huggasse) gibt einen ersten Hinweis: „Folterturm. Zeit der Hexenprozesse von 1609 bis 1631“ steht dort zu lesen. Doch erst die (nachgebauten) Folterinstrumente der Ausstellung im Turm lassen erahnen, welche Ängste und Schmerzen die unschuldigen Opfer des von beiden Konfessionen und nicht zuletzt auch von Martin Luther befeuerten Hexenwahns erlitten haben müssen.

Ausgelöst durch die Hexenprozesse im nahen Donauwörth wurden im katholischen Wemding 1609/10 neun Frauen und ein Mann als „Hexen“ hingerichtet. Doch als man den Wemdinger Richter Gottfried Sattler wegen Unterschlagung und

Die Inschriftentafel am „Langen Turm“ erinnert an die Zeit der Hexenprozesse in Wemding. In dem Stadtmauerturm wurden 49 Männer und Frauen der Tortur unterzogen: Deswegen wird er heute auch „Folterturm“ genannt.

Die nachgebauten Marterwerkzeuge und die Räume im „Folterturm“ sind nur bei Führungen zu besichtigen.

Unzucht verurteilte, endete diese erste Welle der Hexenprozesse. Von 1629 bis 1631 kostete eine zweite Prozesswelle unter dem Universitätsprofessor Dr. Johann Schmid aus Ingolstadt 39 Wemdinger das Leben. An die Opfer erinnert die „Hexenstube“ im Wald am Galgenberg: Anderthalb Kilometer südöstlich des Rathauses wurden die „Hexen“ verbrannt. Seit 1957 erinnern drei Holzkreuze mit einer Inschrift daran, dass auf diesem Hügel 49 Männer und Frauen auf dem Scheiterhaufen starben.

Drei Holzkreuze am Galgenberg zeigen, wo einst Scheiterhaufen loderten.

Fuggerhaus sein […]"[20], schrieb ein Reisender. In diesem Stadtpalast residierte freilich kein Fugger: Der Bau repräsentierte vielmehr *„[…] die kaiserliche Aufsichtsbehörde über die Reichsstadt[…]"*.[21]

Seit 1553 wurde im Liebfrauenmünster der Reichsstadt Donauwörth evangelisch gepredigt. Doch ab 1607 war die Stadtpfarrkirche erneut katholisch.

IN DONAUWÖRTH: DAS PROVOZIERTE KREUZ- UND FAHNENGEFECHT

Reibereien zwischen dem evangelischen Teil von Schwäbischwerd und den Fuggern waren vorprogrammiert. Während die Fugger in der Reichspflege Werd den neuen Gregorianischen Kalender einführten, blieb die Reichsstadt beim althergebrachten Julianischen Kalender. Als Georg Fugger 1605 in *Donauwörth* ein Haus erwarb, ohne als Fremder die Genehmigung des Rats eingeholt zu haben, wurde das Anwesen gesperrt – eine massive Provokation. Ebenfalls 1605 störten die Protestanten die Prozession der Katholiken am Markustag, woraufhin der Augsburger Bischof eine Beschwerde beim kaiserlichen Hof in Prag einreichte.[22]

„Die nächste Prozession am Markustag 1606 ist als ‚Kreuz- und Fahnengefecht' in die Geschichte eingegangen."[23] Helena von Madruzzo, die Ehefrau Georg Fuggers, des Herrn zu Nordendorf und der Reichspflege Werd, zog mit Beamten des *Fuggerhauses*, mit dem Prior des *Klosters Heilig Kreuz*, vier jüngeren Mönchen und Beamten von Heilig

Nördlich von Donauwörth liegt die ehemalige Zisterzienserabtei Kaisheim. Beamte des Klosters zogen in der Prozession am Markustag vom 25. April 1606 mit.

In Donauwörth erinnert eine Gedenktafel an das Kreuz- und Fahnengefecht an der „Umkehr".

Kreuz sowie des *Klosters Kaisheim* am 25. April 1606 in dieser Prozession durch die Stadt. Diesem Zug folgten auch ein Notar samt Zeugen aus dem bischöflichen *Dillingen*, um die erhoffte Störung des Bittgangs zu protokollieren. Auf dem Rückweg von *Auchsesheim* wurde die Prozession prompt von Vertretern der Reichsstadt und acht mit Hopfenstangen und mit Schaufeln „bewaffneten" Bürgern empfangen. Bei einem Gässchen namens *Umkehr* kam es zu einer Schlägerei, bei der die Fahnen des Klosters Heilig Kreuz sowie des *Deutschordenshauses* zerfetzt wurden und die Stange der Kreuz-

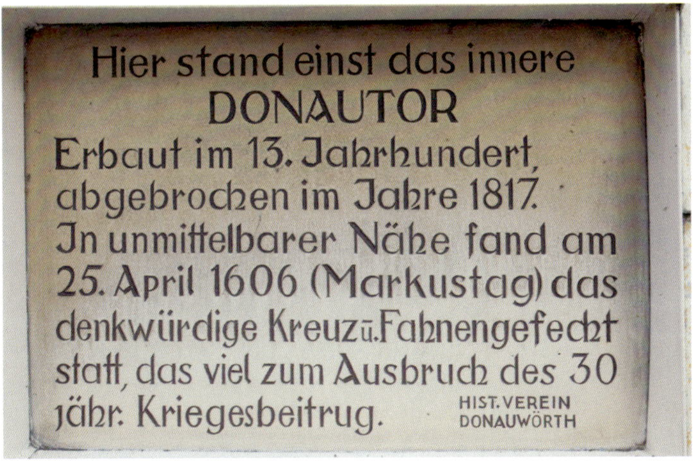

Eine Gedenktafel im Donauwörther Liebfrauenmünster erinnert an die Jesuiten und deren Einsatz gegen die (so die Inschrift) „LVTHERI CANEIS – die „lutherischen Hunde“.

fahne zerbrach. 1607 fiel die Prozession daher aus.[24] Die Verrohung der Sitten und die Verhärtung der konfessionellen Konflikte in Schwäbischwerd belegt auch ein Vorfall im Juni des Jahres 1606: Als Laurentius von Brindisi, ein führendes Mitglied des Kapuzinerordens, auf dem Weg nach Wien nach Donauwörth kam, wurde er dort ***„[…] von einer Menge umzingelt und mit den Worten ‚Kapuziner, Kapuziner, Speck, Speck!‘ verunglimpft und am Weitergehen behindert“***.[25]

„GEGEN DIE LUTHERISCHEN HUNDE“: WIE DONAUWÖRTH KATHOLISCH WURDE

Wegen der Störung des Religionsfriedens durch das Kreuz- und Fahnengefecht verhängte Kaiser Rudolf II. über Schwäbischwerd die Reichsacht. Mit der Exekution beauftragte er gegen geltendes Reichsrecht Herzog Maximilian I. von Bayern. Am 12. November 1607 verkündete ein Reichsherold im Dorf ***Nordheim*** (heute ein Stadtteil von ***Donauwörth***) die Reichsacht. Da zu diesem Akt kein Donauwörther erschienen war, schlug der Herold den Achtsbrief am Tor des Nordheimer Wirtshauses (ehemaliger ***Gasthof Stengel***) an.

Rund 15 000 Bayern, meist kaum kriegsgeübte Schützen sogenannter „Landfahnen“, besetzten am 17. Dezember 1607 kampflos die Stadt. Mit dem

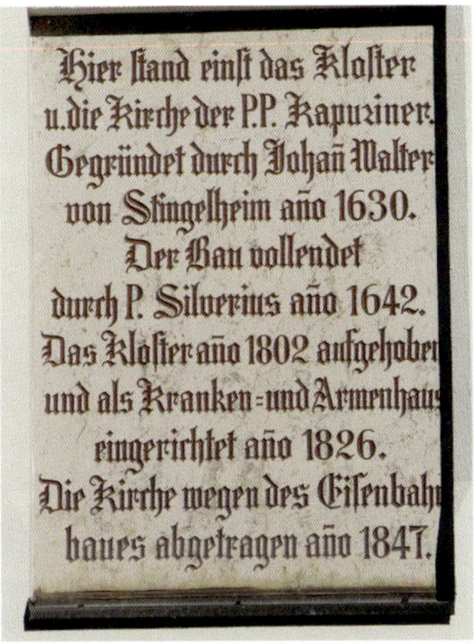

Der kleine Torbau an der Pflegstraße unweit des Donauwörther Fuggerhauses ist ein Relikt des 1802 säkularisierten Kapuzinerklosters. Dort erinnert eine Inschrift an das Wirken des Ordens in der Stadt.

Verweis auf seine Exekutionskosten eignete sich der Bayernherzog die Reichsstadt 1608 (formell 1609) als Pfand an.[26] Nach zahlreichen Schikanen wurde Donauwörth bis zum 10. Januar 1616 zwangsweise, mitunter von Soldaten eingeschüchtert, rekatholisiert. Schwäbischwerd hieß jetzt Donauwerd.[27]

Auch in Donauwörth missionierten Jesuiten.[28] Eine ***Gedenktafel*** in der ***Johanniskirche*** (Berger Vorstadt) dankte dort einst ***„[...] den vor Ort tätigen Jesuiten für ihre Arbeit im Dienste gegen die ‚lutherischen Hunde' (Lutheri caneis) [...]"***.[29] Diese Tafel ist heute im nördlichen Seitenschiff des ***Liebfrauenmünsters*** angebracht. Die seit 1553 evangelische Stadtpfarrkirche Zu unserer Lieben Frau wurde 1608 erneut katholisch.[30]

Den Bekehrungsversuchen der Jesuiten war in Donauwörth aber kein großer Erfolg beschieden: ***„Die eigentliche Gegenreformation blieb den Angehörigen eines anderen Ordens, den Kapuzinern, vorbehalten."***[31] An das Wirken dieses Ordens in Donauwörth erinnert das bis 1642 errichtete und 1802 aufgehobene ***Kapuzinerkloster*** an der Pflegstraße. (In den früheren Konventsbauten ist das Käthe-Kruse-Puppen-Museum der Stadt Donauwörth untergebracht.) Eine steinerne ***Inschriftentafel*** über dem kleinen ***Torbau*** des Klosters erinnert daran, dass die Kapuzinerkirche 1841 wegen des Baus der Eisenbahnlinie abgebrochen wurde.

Seit dem Jahr 2002 zeigt die Fassadenmalerei am Haus „Umkehr 2" neben einer der Donauwörther Wörnitzbrücken diese Szenerie des Kreuz- und Fahnengefechts von 1606.

EINE FASSADENMALEREI ERINNERT AN DIE SCHLÄGEREI BEIM DONAUTOR

Eine *Fassadenmalerei* am Haus „Umkehr 2" erinnert in *Donauwörth* seit 2002 an das Kreuz- und Fahnengefecht vom 25. April 1606. Eine ältere, in die angrenzende Hausfassade eingelassene steinerne *Inschriftentafel* hält fest, dass die dort gestörte Prozession sowie die daraufhin erfolgte Annexion der Stadt zu einem der wichtigsten Auslöser des Dreißigjährigen Krieges werden sollte.

Zwar hatten auf dem Reichstag von 1608 vier evangelische Reichsstände – darunter Kursachsen – (anders als die süddeutschen evangelischen Reichsstände, die das nahe Bayern mehr fürchten mussten) das Vorgehen des Kaisers und des Bayernherzogs sogar gebilligt.[32] Als Reaktion auf die Vorgänge um das widerrechtlich vom Herzogtum Baiern einverleibte Donauwörth entstand jedoch bereits im Jahr 1608 ein Bündnis evangelischer Reichsfürsten und Reichsstädte – die Protestantische Union.

IM KLOSTER AUHAUSEN WIRD 1608 DIE PROTESTANTISCHE UNION GEGRÜNDET

Unter der Führung der Kurpfalz schlossen sich am 14. Mai 1608 evangelische Reichsstände, darunter das Herzogtum Württemberg und das Herzogtum Pfalz-Neuburg, in *Auhausen* zum Defensivbündnis

Die ehemalige Klosterkirche und die einstige Prälatur erinnern an das Kloster Auhausen: Dort wurde 1608 die Protestantische Union gegründet.

Im Chor der evangelischen Kirche in Auhausen findet man Figuren, die Martin Luther und Philipp Melanchthon darstellen.

der Protestantischen Union zusammen. Noch 1608 trat die in *Oettingen* im Ries residierende evangelische Linie Oettingen-Oettingen dem Bündnis bei, 1609 folgte unter anderem die Reichsstadt *Ulm*, 1610 kamen die schwäbischen Reichsstädte *Nördlingen*, *Memmingen* und *Kempten* hinzu.

An den Gründungsakt im Wörnitztal erinnert die ehemalige Benediktinerklosterkirche *St. Maria* in Auhausen. Als Relikt der im 19. Jahrhundert weitestgehend abgebrochenen Bauten des Klosterareals ist die einstige *Prälatur* südlich der evangelischen Pfarrkirche erhalten. An der Nordseite der Kirche schließt ein *Torbau* (vor 1200 erbaut) und ein Stück *Wehrgang* an den romanisch-gotischen

Ein Torbau und der Rest des Wehrgangs an der Nordseite der Auhauser Kirche sind die Relikte der im 19. Jahrhundert abgebrochenen Klosteranlage.

Sakralbau an. In der evangelischen Pfarrkirche sieht man neben hochrangigen Kunstwerken sowie den Spuren des Bildersturms von 1525 zwei (wohl im 19. Jahrhundert entstandene) ***Figuren*** im ***Chor***, die den Reformator Martin Luther und seinen Mitstreiter Philipp Melanchthon darstellen.[33]

Kein einziges öffentliches Denkmal erinnert in Auhausen an die Gründung der Protestantischen Union. Nur ein 1956 gemaltes naives ***Fresko*** in der Gemeindekanzlei des Ortes (zugänglich während der Amtsstunden) bildet den Gründungsakt ab.[34]

DIE GRÜNDUNG DER KATHOLISCHEN LIGA UND DIE GETEILTE STADT KEMPTEN

Als Reaktion auf die Gründung der Protestantischen Union in ***Auhausen*** schlossen sich am 10. Juli 1609 in München katholische Reichsstände unter der Führung des Herzogtums Baiern zur Katholischen Liga zusammen. ***„Der Augsburger Bischof Heinrich von Knöringen war seit der Begründung der Liga deren eifriges Mitglied.“***[35]

In ***Kempten*** schloss sich das Fürststift ebenfalls von Beginn an der Katholischen Liga an. Die Reichsstadt, die erst 1525 durch den „Großen Kauf“ letzte fürstäbtliche Rechte hatte ablösen können und 1527 evangelisch geworden war, stand seit 1610 auf der Seite des politischen Gegners, der

Das gotische Rathaus von Kempten: Die Reichsstadt im Oberallgäu stand auf der Seite der Protestantischen Union. Das Fürststift Kempten war jedoch ein Mitglied der Katholischen Liga: Kempten war eine konfessionell und politisch geteilte Stadt.

Protestantischen Union. Das ***Rathaus*** der Stadt im Oberallgäu und die (damalige) Residenz der Fürstäbte lagen wenige Schritte auseinander: Viel näher konnten sich verfeindete Parteien kaum sein. Die alte Residenz wurde 1632 von den Schweden, von Bürgern der Stadt Kempten und von Bauern aus dem Hochstift Kempten zerstört. (An ihrer Stelle entstand ab 1652 die neue ***Residenz***.) 1633 wurde ein Großteil der Reichsstadt um ihre Hauptkirche – die evangelische Pfarrkirche ***St. Mang*** – von den Kaiserlichen in Schutt und Asche gelegt.[36]

Seit dem Frühjahr 1610 war der kriegserfahrene Graf Johann Tserclaes von Tilly der Führer der ligistischen Heereskontingente:[37] ***„Somit standen sich im Reich zwei konfessionelle Bünde feindlich gegenüber und jeder von ihnen bereitete sich auf eine kriegerische Auseinandersetzung vor.“***[38]

AUGSBURG BLEIBT POLITISCH NEUTRAL UND ERRICHTET EINE NEUE MITTE

In den Jahren nach der Gründung der Protestantischen Union und der Katholischen Liga versuchte das bikonfessionelle Augsburg, seinen neutralen Kurs beizubehalten. Die Reichsstadt trat weder dem einen noch dem anderen Bündnis bei.[39] Augsburg war zu dieser Zeit eine der bevölkerungsreichsten, wenn nicht sogar die größte deutsche

Stadt. Auch die Stadtkasse war gut gefüllt: Der Rat der Reichsstadt konnte konfessionelle Konflikte durch eine Fülle von Aufträgen an die Augsburger Handwerkerschaft regelrecht eindämmen. Stadtwerkmeister Elias Holl errichtete bis 1609 die neue *Stadtmetzg* über dem Vorderen Lech und die zwei St-Jakobs-Wassertürme, welche die ärmere Jakobervorstadt mit Trinkwasser versorgten. Der *Untere St.-Jakobs-Wasserturm* am Gänsbühl ist erhalten.

In diesem Jahr begannen auch die Planungen für den Abriss des alten gotischen Rathauses und den Neubau des *Renaissancerathauses*: Die Grundsteinlegung erfolgte am 25. August 1615. Das *Reichsstädtische Kaufhaus* entstand ab 1611, der *Perlachturm* wurde ab 1614 umgestaltet und aufgestockt. Neben all diesen Bauwerken errichtete Stadtwerkmeister Elias Holl von 1613 bis 1616 auch das *evangelische Gymnasium bei St. Anna*.[40]

DIE REICHSSTADT AUGSBURG BAUT AUCH IN KONKURRENZ ZU DEN FUGGERN

Natürlich waren die konfessionellen Konflikte in Augsburg nicht verschwunden – im Gegenteil. Doch die sichtbaren Frontlinien verliefen anderswo. Der Augsburger Rat stand in einem innerstädtischen Wettbewerb: Augsburg war *„[...] visuell ‚zur Residenzstadt ihrer wichtigsten Patrizierfamilie', also der Fugger geworden"*.[41] Man vermutet, dass die Reichsstadt auch deshalb das Stadtbild mit Bauten und Brunnen aufwerten wollte, weil *„[...] die Fugger durch mehrere Gebäudestrukturen in der Stadt außergewöhnlich dominant auftraten. Dazu gehörten nicht nur die [...] Fuggerhäuser als monumentalste Profanbauten vor der Zeit des Rathausneubaues und die Fuggerei als urbanistisch ambitioniertestes Objekt in der Stadt, sondern auch die Bauten der Jesuiten und Karmeliter, die nur durch die massive Unterstützung der Fugger in Augsburg ansässig werden konnten."*[42]

Den Fuggern ging es freilich nicht nur um die optische Präsenz, sondern auch um die katholische Dominanz. So holten beispielsweise 1609 vier Enkel Anton Fuggers – Markus, Georg, Hans und

GEGENREFORMATION IN DER KUNST – DIE ULRICHSBASILIKA

Drei mehr als 16 Meter hohe, figurenreiche Altaraufbauten sowie Hans Reichles Kreuzigungsgruppe entstanden nach 1600

Die ehemalige Benediktinerklosterkirche St. Ulrich und Afra macht das Wiedererstarken der katholischen Kirche im Augsburg der Jahre nach 1600 optisch deutlich. Damals wurde die im Bildersturm von 1536 kahl gewordene Kirche (maßgeblich von den Fuggern finanziert) neu ausgestattet. St. Ulrich und Afra wurde zum Zentrum der Heiligenverehrung sowie mit fünf Grabkapellen, einer Gruft und der Orgel bis 1608 zur Grabkirche der Fugger.

Von 1604 bis 1608 wurde St. Ulrich und Afra zu einem Beispiel der Neuinterpretation eines spätmittelalterlichen Kirchenraums im Zuge der Gegenreformation. 1604 entstand der fünfgeschossige, figurenreiche Altaraufbau des Hochaltars, dem 1607 zwei viergeschossige, ebenso reich verzierte Seitenaltäre Hans Deglers folgten. Hans Reichle, der Schöpfer der Michaelsgruppe am Zeughaus, modellierte 1605 die von Wolfgang Neidhart gegossenen überlebensgroßen Figuren der Kreuzigungsgruppe am hoch aufragende Kruzifix.

Nach 1600 erhielt die Kirche St. Ulrich und Afra mit der Kreuzigungsgruppe Hans Reichles und den drei mehr als 16 Meter hohen Altären des Bildhauers Hans Degler ihre künstlerisch herausragende neue Ausstattung.

Die Franziskanerklosterkirche zum Heiligen Grab, die heutige Stadtpfarrkirche St. Maximilian, wurde bis 1613 mit finanzieller Unterstützung der Fugger errichtet.

Hieronymus Fugger – die neue Niederlassung der Franziskaner-Observanten in die Stadt. Dadurch wurde mit der Hilfe der Fugger der dritte Reformorden in Augsburg sesshaft.[43] Bis 1613 entstand, insbesondere unterstützt von Maximilian Fugger-Babenhausen, die Franziskanerklosterkirche zum Heiligen Grab – die heutige Stadtpfarrkirche ***St. Maximilian***. Bis dahin hatte es in der Jakobervorstadt nur eine katholische Kirche, ***St. Markus*** in der nahen ***Fuggerei***, gegeben. Der Baumeister der Klosterkirche war wohl ein Protestant: Esaias Holl, der Bruder von Stadtwerkmeister Elias Holl.[44]

Der Glaubenseifer der Fugger schlug sich damals aber auch weit vor den Toren der Reichsstadt Augsburg nieder. Seit 1611 ist zum Beispiel die von der Familie geförderte Wallfahrt zu einer Mondsichelmadonna in der Kirche ***Mariä Geburt*** in ***Witzighausen*** nahe ***Weißenhorn*** bekannt.[45] Das heutige ***Gnadenbild*** entstand um das Jahr 1630.

1614 wurde Augsburg von einem Konkurs erschüttert, der sich für Eingeweihte wie die Fugger schon lange angekündigt hatte.[46] Die Welser hatten wegen der spanischen und französischen Staatsbankrotte hohe Forderungen abschreiben müssen und zuletzt auch durch Kontrakte im Pfefferhandel hohe Summen verloren. Matthäus Welser, der 1603 der Nachfolger Zacharias Geizkoflers im Amt des Reichspfennigmeisters geworden war, überforderte

ELIAS HOLLS EVANGELISCHES GYMNASIUM BEI ST. ANNA

Der Renaissancebau des Augsburger Stadtwerkmeisters erinnert an die parallelen Bildungssysteme des konfessionellen Zeitalters

Zwischen 1613 und 1616 errichtete der Augsburger Stadtwerkmeister Elias Holl für das evangelische Gymnasium bei St. Anna neben dem ehemaligen Karmelitenkloster St. Anna einen Neubau. Diese Schule hatte sich aus einer seit 1531 bestehenden protestantischen Gelehrtenschule entwickelt. Das evangelische Bildungszentrum der Reichsstadt wurde 1537 durch eine städtische Bibliothek aufgewertet, welche die Bücher der aufgelösten Bettelordensklöster und des Klosters St. Ulrich übernommen hatte. 1562/63 entstand hier der erste freistehende und selbstständige Bibliotheksbau der Neuzeit in Deutschland (1893/94 abgebrochen).

Auch bei der Bildung ergab sich eine konfessionelle Konkurrenzsituation: Seit 1582 unterrichtete das Jesuitengymnasium und -kolleg St. Salvator kostenlos. Ein neues Kolleg bei St. Anna war die sofortige Gegenreaktion – nur ein Beispiel dafür, wie in und um Augsburg um 1600 zwei konfessionell geprägte parallele Bildungslandschaften entstanden.

Der Augsburger Stadtwerkmeister Elias Holl errichtete bis 1616 das neue Schulgebäude des protestantischen Gymnasiums bei St. Anna. Auf seine Renaissancefassade stößt man – nur ein paar Schritte von St. Anna entfernt – im stillen Annahof.

die Mittel der Welser'schen Gesellschaft. Nach fünf Jahren wurde er abgesetzt und wegen seiner Amtsführung vor der kaiserlichen Hofkammer angeklagt. Als Markus Welser am 23. Juni 1614 verstarb, erhielt die Gesellschaft keine Kredite mehr und musste am 1. Juli 1614 Konkurs anmelden. Paul und Matthäus Welser, die noch wenige Jahre zuvor gemeinsam mit Markus Welser die Wallfahrtskirche ***St. Maria von Loreto*** in ***Westheim*** mitfinanziert hatten, kamen in Schuldhaft. Paul Welser verstarb 1620, sein Bruder wurde 1621 aus der Schuldhaft entlassen und unter Hausarrest gestellt.[47]

UNSICHTBARE MAUERN: EVANGELISCHE „KETZER UND VERDAMMTE LEUT"

Um 1610 war es in Augsburg zu Auseinandersetzungen um Bedienstete und Auftragnehmer der jeweils anderen Konfession gekommen. Der evangelische Geistliche Melchior Volcius ***„[...] hatte 1608 in einer Predigt die evangelischen Haushalte dazu aufgerufen, alle unbotmäßigen katholischen Bediensteten zu entlassen [...]"***.[48] Als Grund dafür gab Volcius Predigten der Jesuiten und Kapuziner an, welche die Diener damit aufhetzten, ***„[...] daß die Evangelischen Ketzer und verdammte Leut seyn, denen man nicht gewogen seyn könne"***.[49] Das Beschimpfen von Protestanten als „Ketzer" gehöre, so der Geistliche, ***„[...] für die Handwerker zum Beweis guten Katholisch-Seins [...]"***.[50] Aus diesen Anschuldigungen ergab sich sogar die Frage, inwieweit evangelische Handwerker künftig für katholische Bauherren arbeiten beziehungsweise beim Bau von katholischen Kirchen mitwirken dürften.

Die Katholiken wiederum warnten die Protestanten davor, katholische Bedienstete und Handwerker auszugrenzen. Dies könne die katholischen Nachbarn außerhalb der Stadtgrenzen davon abhalten, bei Protestanten zu kaufen oder evangelische Handwerker zu beschäftigen. Daraus könne der Stadt ein immenser wirtschaftlicher Schaden erwachsen.[51] Eine Mahnung, die aber wiederum bei Bischof Heinrich von Knöringen kein Gehör fand: Der Augsburger Bischof befahl seinen Untertanen, nicht mehr für protestantische Dienstherren zu arbeiten, sondern ins Hochstift zurückzukehren.[52]

1609 stellte eine im katholischen Ingolstadt gedruckte Schrift kategorisch fest, ***„[…] daß allgemein bekannt wäre, daß die Katholiken in Augsburg in allen Dingen von den Evangelischen unterdrückt würden“***.[53] Scheinbar fühlten sich zu dieser Zeit die Angehörigen beider Konfessionen von der jeweils anderen verunglimpft und ausgegrenzt. In der Reichsstadt Augsburg herrschte also ein äußerst gereiztes Binnenklima. Gewaltsame Auseinandersetzungen zwischen den beiden Konfessionen überliefern die Akten jedoch nicht.[54]

DIE GEWALTSAME REKATHOLISIERUNG LAUINGENS: MILITÄRS ALS MISSIONARE

Gewalt war aber in ***Lauingen*** im Spiel, nachdem Pfalzgraf Wolfgang Wilhelm 1613 zum katholischen Glauben konvertiert war. Der neue Herrscher von Pfalz-Neuburg führte zwar zuerst ein Simultaneum ein, doch ***„[…] 1618 schickt er dann 300 Musketiere und 30 Reiter als Missionare. Die protestantischen Prediger werden vertrieben […]“***.[55]

Mitglieder der Stadtregierung der Donaustadt wurden 1619/20 durch konfessionell Zuverlässigere ersetzt. 130 Familien – zwar nur zehn Prozent der Bevölkerung, aber mit ihnen immerhin ein Viertel des Vermögens – wanderten wegen der gewaltsamen Rekatholisierung Lauingens aus.[56]

1618: DER GROSSE KRIEG BEGINNT – UND IST VON AUGSBURG NOCH WEIT ENTFERNT

Als im Sommer 1618 in Böhmen der Dreißigjährige Krieg begann, war das große Sterben vom reichen Augsburg weit entfernt. ***„Diese Spätblüte der Fuggerstadt reichte noch bis in den großen Krieg hinein, der 1618 im Reiche zwischen der katholischen Liga unter dem Kaiser und Herzog Maximilian von Baiern und der protestantischen Union unter dem pfälzischen Kurfürsten Friedrich V. ausbrach.“***[57] Doch dieser Spätblüte folgte schon bald ***„[…] ein Schnitter, der heißt Tod“***.[58]

BISCHOF HEINRICH ERZWANG AUGSBURGS REKATHOLISIERUNG

1618 BIS 1631

Im Sommer 1618 war in Böhmen der Dreißigjährige Krieg ausgebrochen. Aber auch ohne den damals fernen Furor des Krieges erlebte Augsburg in den Folgejahren eine Schreckenszeit. Die Münzverschlechterung und Missernten sorgten für Hungersnöte, 1627/28 kostete die Pest mehr als 12 000 Menschen das Leben. 1625 hatte der Hexenwahn Augsburg erreicht und zu einer Hinrichtung geführt. Ab 1629 erschütterten die Befehle des vom Augsburger Bischof Heinrich von Knöringen beeinflussten Kaisers die Reichsstadt – Augsburg wurde mit Gewalt rekatholisiert. Seit dem 8. August 1629 waren evangelische Gottesdienste verboten, bis 1631 wurden die evangelischen Ratsherren und alle Protestanten im Dienst der Stadt entlassen.

DIE REICHSSTADT UND DIE ZEIT DES RESTITUTIONSEDIKTS

Der Einfluss des Augsburger Bischofs Heinrich von Knöringen verband sich mit der Hybris des vermeintlich siegreichen Kaisers

Nach dem ersten, militärisch für sie erfolgreich verlaufenen Jahren des Dreißigjährigen Krieges gewann die katholische Seite in Süddeutschland politisch die Oberhand. In und um Augsburg wuchs der Einfluss der Jesuiten, für Einflüsterungen Bischof Heinrich von Knöringens hatte der Kaiser ein offenes Ohr. Im Überschwang früher Siege wurde Augsburg bis 1631 rekatholisiert.

LEBEN AUF DEM PULVERFASS – UND DIE ANGST VOR DER BOTSCHAFT DES KOMETEN

Von Augsburg war der nach dem Prager Fenstersturz vom 23. Mai 1618 in Böhmen ausgebrochene Krieg zwar noch weit weg, aber man lebte doch auf einem Pulverfass. *„Das riesige Staatenkonglomerat in der Mitte Europas, das man Heiliges Römisches Reich deutscher Nation nannte, war um 1600 zum gefährlichsten Gefahrengebiet geworden, das sich denken ließ. Hier schieden sich die Konfessionen, berührten sich die Einflußsphären der großen Mächte.“*[1] Da man um die Gefahr wusste, hatte der Rat der Stadt ab 1614 Söldner anwerben lassen. Verboten war dagegen, dass Augsburger für fremde Heere angeworben wurden.[2] Ende 1618 erschreckte ein Komet am Nachthimmel über der Stadt die Menschen. Die Zeitgenossen interpretierten die Himmelserscheinung als Ankündigung von Krieg und Sterben, Pestilenz, Hunger und Teuerung.[3]

Als jedoch Ende November 1620 das Heer der Liga zusammen mit kaiserlichen und spanischen Truppen das böhmische Heer des „Winterkönigs“ Friedrich V. von der Pfalz in der Schlacht am Weißen Berg bei Prag vernichtend geschlagen hatte, schien der Krieg zu Ende zu sein. Herzog Maximilian I. von Bayern erhielt 1623 anstelle

Das Konterfei Heinrich von Knöringens am Ulrichsdenkmal in Dillingen, der zweiten Residenzstadt des Bischofs von Augsburg: Er gilt heute als ein Hauptschuldiger am Ausbruch des Dreißigjährigen Krieges, einer der verheerendsten Katastrophen in der Geschichte Deutschlands.

seines geflohenen protestantischen Verwandten aus der Kurzpfalz die Kurfürstenwürde. Augsburger Protestanten beklagten zwar, dass die *„[...] gantze papistische Clerisei zur wehr gegriffen, zum Kriegswesen gerüstet [...]“*[4] habe, und sie verfluchten insbesondere die *„[...]verdampten und gottlosen Jesuitten[...]“*[5], doch schon 1620 verabschiedete die Reichsstadt ihre angeworbenen Söldner wieder. Mehr als auf diese Soldaten verließ sich der Rat wohl auf das Defensivbündnis, das er am 18. Mai 1619 mit Herzog Maximilian I. geschlossen hatte.[6]

DIE DILLINGER JESUITENKIRCHE UND DIE JESUITEN ZWISCHEN DONAU UND ALLGÄU

Die den Protestanten so verhassten Jesuiten hatten sich in diesen Jahren im Augsburger Umland weiter breitgemacht: Nach der Rekatholisierung von Pfalz-Neuburg entstand bis 1617 die Niederlassung in der Donaustadt *Neuburg*. 1621 ließen sich die Jesuiten in *Mindelheim* und 1627 in *Kaufbeuren* nieder. Eine 1618 in *Füssen* gegründete Niederlassung gaben die Jesuiten schon 1621 wieder auf.[7]

In *Dillingen* war ab 1610 die Jesuitenkirche *Mariä Himmelfahrt* entstanden. Bischof Heinrich von Knöringen hatte diesen Kirchenbau finanziell

maßgeblich gefördert. Der Bischof von Augsburg feierte am 11. Juni 1617 mit 800 Gästen die Weihe des Neubaus. Abgeschlossen war die Ausstattung aber erst mit der Errichtung des Hochaltars im Jahr 1629.[8] An den 1646 verstorbenen Heinrich von Knöringen erinnert in der früheren Jesuitenkirche (heute: Studienkirche) an der Kardinal-von-Waldburg-Straße ein mit seinem Wappen, mit Engeln und Totenschädeln verziertes ***Epitaph***: Die Gedenk- und Totentafel des Bischofs findet man beim Marienaltar, dem ersten Seitenaltar auf der rechten Seite.[9] Heinrich von Knöringen setzte sich zudem für den von 1603 bis 1607 errichteten Neubau des (1910 abgebrochenen) Priesterseminars ein.[10]

Der Bischof von Augsburg residierte seit dem Jahr 1537 in seinem Schloss in der Donaustadt Dillingen.

DIE ZEIT DER KIPPER UND WIPPER, DIE PEST UND EINE „HEXE" IN DER FUGGEREI

Jene Augsburger, die in dem Kometen von 1618 einen Vorboten kommenden Unglücks sahen, konnten sich in den Folgejahren in ihren düsteren Vorahnungen bestätigt fühlen. Nicht zuletzt, weil die Landesherren immer mehr Söldnertruppen zu finanzieren hatten, wurde umlaufendes Münzgeld, dessen Wert im Wesentlichen seinem Silbergehalt entsprach, in der Kipper- und Wipperzeit betrügerisch verschlechtert. Beim Wiegen (Wippen) auf einer Waage wurden schwerere, weil edelmetall-

Bischof Heinrich von Knöringen hatte den Bau der ehemaligen Dillinger Jesuitenkirche, der Studienkirche, gefördert. In dieser Kirche entdeckt man das Grabdenkmal des Kirchenfürsten, der sein Territorium ins Unglück stürzte.

haltigere Münzen durch Aussortieren (Kippen) von minderwertigerem Geld getrennt. Münzen mit höherem Feingehalt wurden eingeschmolzen. Das Silber wurde mit Kupfer, Zinn oder Blei gestreckt, um daraus schlechtere Münzen zu prägen. Derart entwertetes Geld verteuerte Lebensmittel und Brennholz massiv. In Augsburg wurde Brot zum kostbaren Gut, zumal Herzog Maximilian die Ausfuhr von Getreide aus Bayern in die Stadt verbot.[11]

Die vom Hunger Geschwächten wurden nur wenige Jahre später zu leichten Opfern der Pest, die vermutlich von durchziehenden Söldnertruppen eingeschleppt worden war. 1627 starben in Augsburg 2492 Menschen, und 1628 kostete die Pest weiteren 9611 Augsburgern das Leben.[12]

1625, als die Hexenverfolgung andernorts schon dem Ende zuging, kam es in Augsburg zum ersten großen Hexenprozess. Auslöser des Prozesses waren kindliche Fantastereien der elfjährigen Maria Braun, die mit ihren Eltern in einer Wohnung über dem *Ochsentor* der *Fuggerei* lebte.[13] Der Beichtvater der Familie, ein Jesuit, riet dem Vater, ***„[…] das Mädchen zu befragen, ‚ob nit der Böse Feind mit ime hab zu schaffen gehabt'“***.[14] Ihm schilderte das Kind auf dessen Fragen hin mehrfache Geschlechtsakte mit dem Teufel und gab an, von einer Verwandten zur Hexerei verführt worden zu sein. Der Rat ließ das Kind befragen: ***„In der Stadtkanzlei gab der***

Dorothea Braun, die 1625 als „Hexe" hingerichtet wurde, lebte in der Augsburger Fuggerei. Die Wohnung ihrer Familie befand sich im Obergeschoss des Ochsentors beim Sparrenlech.

Henker die angeblichen geschlechtlichen Kontakte der 11-Jährigen mit dem Teufel zu Protokoll, wobei der Schreiber die von dem Kind detailliert und mit obszönen Ausdrücken geschilderte Vergewaltigung mit: ‚Heilige Maria!' kommentierte."[15]

Bei einer späteren Befragung wich Maria Braun von ihrer ursprünglichen Version ab und beschuldigte statt der Verwandten nunmehr ihre eigene Mutter als „Hexe". Die 48-jährige Dorothea Braun bezichtigte sich nach mehrfacher Folter – zermürbt von den Torturen – am Ende selbst der Hexerei. Obwohl sie dieses Geständnis später widerrief, wurde sie am 25. September 1625 enthauptet.[16]

AUGSBURGS BISCHOF – MITSCHULDIG AN DER KATASTROPHE DES GROSSEN KRIEGES

Im Norden Deutschlands hatte 1625 die zweite Phase des Dreißigjährigen Krieges begonnen. Im Dänisch-Niedersächsischen Krieg unterstützte der mit England und den niederländischen Generalstaaten verbündete König Christian von Dänemark die Sache der norddeutschen Stände. Nach den Niederlagen gegen die beiden Heere Tillys und Wallensteins musste der Dänenkönig am 22. Mai 1629 einen Verzichtsfrieden akzeptieren.[17]

Bis zu diesem Friedensschluss war es der Reichsstadt Augsburg gelungen, ihren strikten Neutralitätskurs beizubehalten. Dass die Reichsstadt weder der Protestantischen Union noch der Katholischen Liga beigetreten war, bewahrte sie bis dahin vor politischen und militärischen Verwicklungen. In den ersten Kriegsjahren hatte sich Augsburg sogar noch einen neuen und imposanten Mittelpunkt gegeben. Die Bauarbeiten an dem von Stadtwerkmeister Elias Holl geplanten ***Renaissancerathaus***, für das am 25. August 1615 der Grundstein gelegt worden war, waren erst 1620 abgeschlossen. Der ***Goldene Saal*** und die vier ***Fürstenzimmer*** des Rathauses wurden noch bis 1624 ausgestattet.[18]

Doch die Hybris Kaiser Ferdinands II., der sich wegen seiner militärischen Erfolge im ersten Jahrzehnt des Dreißigjährigen Krieges als Sieger im Glaubensstreit wähnte, und die Unnachgiebigkeit des Bischofs Heinrich V. von Knöringen stürzten Augsburg wenige Jahre später in die Kriegswirren. Denn der Bischof von Augsburg – als katholischer Reformer in seinem Herrschaftsbereich durchaus erfolgreich – gilt als ein ***„[...] besonders engstirniger, unversöhnlicher Vertreter militanter gegenreformatorischer Bestrebungen“***.[19] Als eine treibende Kraft bei ihrer Gründung im Jahr 1609 hatte Heinrich von Knöringen die Katholische Liga bis zum Jahr 1629 ***„[...] mit der astronomischen Summe von 1845000 fl.*** [Gulden] ***[...]“***[20] unterstützt. ***„Bischof Heinrich kann als einer der eigentlichen Schuldigen an der Katastrophe des Dreißigjährigen Krieges gelten. Ähnlich dem habsburgischen Kaiser war er ein Mann, der das religiöse Gewissen weit über Erwägungen der Staatsräson stellte, letztlich zum Unglück für sich und seine Untertanen, sollte doch sein Land am Ende zu den am meisten verwüsteten Gebieten des Reiches zählen.“***[21]

KAISERLICHE DELEGATIONEN UND DER „KÜHL CATHOLISCH“ AUGSBURGER RAT

Im Dezember 1626 hatte Bischof Heinrich in zwei Schreiben an Kaiser Ferdinand II. darüber geklagt, dass die Katholiken in der Reichsstadt Augsburg gegenüber den Protestanten benachteiligt seien. Diesem Vorwurf sollte eine vom Kaiser eingesetzte

Untersuchungskommission vor Ort nachgehen.[22] Am 10. Januar 1628 sowie am 14. Mai 1628 trafen schließlich zwei kaiserliche Delegationen in der Stadt ein.[23] Im Mai und Juni 1628 befragten kaiserliche Kommissare die Stadtpfleger, Mitglieder des Geheimen Rats, Prädikanten und Kirchenpfleger.

Das Resultat der Befragung stand wohl schon vorher fest und kam den Wünschen des Bischofs entgegen, denn: *„Obwohl sich die Augsburger Stadtführung bemühte, das Verhältnis zwischen beiden Konfessionen als ausgeglichen und nicht spannungsgeladen herauszustellen, kam die Untersuchungskommission zu einem anderen Ergebnis.“*[24] Dass der Augsburger Rat durchaus versuchte, die Bikonfessionalität der Reichsstadt zu bewahren, beweisen die diplomatischen Anstrengungen eines Augsburger Ratsconsulenten in Wien. Dessen Bemühungen scheiterten aber am Beichtvater des Kaisers, dem Jesuiten Wilhelm Lamormaini. Dieser hielt *„[...] den katholischen Rat Augsburgs ohnedies für indifferent – für ‚kühl catholisch‘ [...]“*.[25]

DILLINGER JESUITEN EBNEN DEN WEG ZUR REKATHOLISIERUNG VON AUGSBURG

In die reichsstädtischen Rechte griff Kaiser Ferdinand II. am 11. Juni 1628 rücksichtslos ein. Ohne vorherige Befragung des Augsburger Rats folgte der Habsburger den Intentionen Bischof Heinrich von Knöringens und ernannte 13 katholische Familien zu Geschlechtern, also ratsfähigen Patriziern.[26]

Im November 1628 schlug Bischof Heinrich dem Kaiser vor, am 8. August 1629 alle evangelischen Prediger aus der Stadt zu weisen und den kirchen- wie den besitzrechtlichen Stand aus der Zeit vor 1537 – also dem Jahr der Augsburger Ratsreformation – wiederherzustellen. Als Argument diente ihm der Verweis darauf, dass der Augsburger Bischof Kardinal Otto von Waldburg schließlich 1555 als einziger deutscher Bischof den Augsburger Religionsfrieden abgelehnt habe und darum gar keine Vereinbarung zustande gekommen sein könne. Deshalb – so Heinrich von Knöringen – gelte nach wie vor der Vertrag von 1548, der Bischof

Otto durch das Augsburger Interim die geistliche Jurisdiktion in Augsburg zugestanden hatte.[27]

In der Hybris des – vermeintlich – politischen wie militärischen Sieges erließ Kaiser Ferdinand II. am 6. März 1629 das Restitutionsedikt, das die Rückgabe der 1552 nach dem Passauer Vertrag säkularisierten Kirchengüter erzwang. Dem Augsburger Bischof Heinrich ging dies aber nicht weit genug. Er ***„[...] sah Augsburg als ‚Modellfall' im Reich an und zielte auf eine völlige Rekatholisierung der Stadt"***.[28] Anfang 1629 formulierten zwei von Bischof Heinrich selbst beauftragte Dillinger Jesuitenprofessoren ein mit juristischen Argumenten gespicktes Traktat, die „Pacis Compositio". Am 30. Juli 1629 traf das Reskript des Kaisers ein, das der Auffassung des Bischofs folgte und ihm die geistliche Jurisdiktion über Augsburg zusprach.[29]

Seit dem 8. August 1629 durften in Augsburg keine protestantischen Gottesdienste mehr gefeiert werden. Evangelische Prediger ohne Augsburger Bürgerrecht hatten die Reichsstadt zu verlassen. Die evangelischen Predigthäuser von ***St. Georg*** und ***Heilig Kreuz*** wurden im Juni 1630 abgerissen.[30]

Gefördert von Bischof Heinrich von Knöringen ließen sich Karmeliten aus Italien 1630 in Augsburg nieder.[31] Doch das einstige Karmelitenkloster bei ***St. Anna*** wurde nicht der Kongregation der Unbeschuhten Karmeliten zugestanden: Für die evangelische Gemeinde von St. Anna bedeutete es eine schwere Demütigung, dass ***„[...] ihre Kirche und die ehemaligen Klostergebäude im Oktober 1631 an die Jesuiten übergeben werden mussten [...]"***.[32]

VERBOTE UND SCHIKANEN: EVANGELISCHE GEMEINDEN ÜBERLEBEN IM UNTERGRUND

Evangelische Kranke und Pfründner hatten die Spitäler der Reichsstadt zu verlassen, falls sie nicht katholische Gottesdienste besuchten. Stiftungen, Spenden und Almosen mussten an katholische Einrichtungen gehen. Hebammen waren angewiesen, Neugeborene katholisch taufen zu lassen. Evangelische Waisenkinder wurden – sogar von Soldaten eskortiert – in die katholische Messe gezwungen.

Evangelische Handwerker konnten nur noch ausgebildet oder Meister werden, wenn sie gelobten, katholische Predigten zu besuchen. Den Lehrern des ***evangelischen Gymnasiums bei St. Anna*** wurde untersagt, ihre Schüler im Katechismus Luthers oder in anderen protestantischen Inhalten zu unterweisen. Buchhändler durften keine „ketzerischen" Schriften verkaufen.[33] Nicht einmal vor den Toten machte der katholische Furor Halt: ***„Nur diejenigen, die der Haeresie abgeschworen haben, dürfen auf dem Friedhof bestattet werden."***[34]

Da die Augsburger Protestanten seit dem 8. August 1629 keine evangelischen Gottesdienste mehr feiern durften, wichen sie in nahe Orte – wie etwa die Stadt Harburg – aus: Dieses „Auslaufen" wurde in Augsburg jedoch streng bestraft.

Die evangelischen Gemeinden überlebten, von Strafen bedroht, im Untergrund: Messen wurden in Privathäusern und Bibellesungen auf Friedhöfen abgehalten. Das Abendmahl feierte man verbotenerweise außerhalb der Stadt. Überliefert ist, dass eine Augsburger Kaufmannsfamilie deswegen samt Gesinde bis nach ***Ebermergen*** bei ***Donauwörth*** sowie ein andermal bis nach ***Harburg*** fuhr.[35] Die Stadt Harburg und das kleine Dorf an der Wörnitz lagen im Territorium der evangelischen Grafschaft Oettingen-Oettingen. Ende 1630 mussten sogar drei Augsburger Pfründnerinnen die ***St.-Jakobs-Pfründe*** verlassen: Sie hatten sich etliche Nächte außerhalb der Stadt aufgehalten, weil sie ebenfalls in Ebermergen ***„[...] nach Gewohnheit der Augspurgischen Confession das Nachtmal empfangen [...]"*** hatten.[36] Unter solchen Umständen hatte das

Restitutionsedikt weit über Augsburg hinaus *„[...] im gantzen reich onrhue, verderbung landt und leidt und alles unglickh verursacht und dem fass den boden [...] gar ausgestossen"*.[37]

EINGRIFFE DES KAISERS IN RECHTE DER STADT: DER KATHOLISCH GEMACHTE RAT

Der Kaiser griff 1629 erneut tief in die Politik der Reichsstadt ein. Als der Rat zunächst zögerte, das im März erlassene Restititutionsedikt respektive die Rekatholisierung Augsburg auszuführen, sandte der Kaiser einen Kommissar nach Augsburg. Er hatte darauf hinzuwirken, dass bei der Ratswahl am 1. August 1629 kein Protestant gewählt würde. ***„Auf freie Stellen kamen ausschließlich Katholiken; nur aus Mangel an geeigneten Kandidaten mußten für das Stadtgericht noch zwei Beisitzer Augsburger Konfession akzeptiert werden."***[38] Ab 20. August 1629 war es untersagt, Nichtkatholiken das Augsburger Bürgerrecht zu verleihen.[39]

Ein Schreiben Bischof Heinrich von Knöringens vom 5. Januar 1631 bewirkte, dass der Kaiser schon am 20. Januar anordnete, ***„[...] daß alle evangelischen Bediensteten und Ratsherren, sofern sie nicht die katholische Predigt besuchten, zu entlassen wären."***[40] Im August 1631 befahl Kaiser Ferdinand schließlich, auch die letzten evangelischen Rats-

Ein Sandsteinrelief am Augsburger Anwesen Elias-Holl-Platz 2 erinnert an Stadtwerkmeister Elias Holl, der nach 1629 aufgrund der Rekatholisierung der Reichstadt sein Amt sowie einen Großteil seines Vermögens verlor.

Im Oberen Fletz des Augsburger Rathauses stellt dieses Gemälde allegorisch die Baukunst dar. Am rechten Bildrand ist Elias Holl, der Architekt dieses Renaissancebaus, zu erkennen.

herren und Bediensteten zu verabschieden. Bei der Wahl am 22. September 1631 wurden folglich nur noch katholische Ratsherren gewählt.[41]

BEURLAUBT, BETROGEN, ENTLASSEN: DER EVANGELISCHE „MÄRTYRER" ELIAS HOLL

Die rigorose Rekatholisierung betraf auch den weit über Augsburg hinaus gefragten Stadtwerkmeister Elias Holl. Er war bis dahin – neben weiteren stadtbildprägenden Bauten – für den Neubau des *Rathauses* sowie die Erhöhung und die Umgestaltung des *Perlachturms* verantwortlich gewesen. Da sich Holl weiterhin zum evangelischen Glauben bekannte, wurde er am 20. Januar 1630 ***„[…] um wegen daß ich nicht in die päpstische Kirchen gehen, meine wahre Religion verläugnen […] nit bequemen wollte, beurlaubet"***.[42] Am 14. Januar 1631 wurde er aus dem Dienst entlassen und musste seinen Lebensunterhalt als privater Maurermeister verdienen.[43] Im August verlor Elias Holl dann wie alle anderen Protestanten auch noch seine Stelle im Großen Rat. Holl hatte 12 000 Gulden gegen fünf Prozent Zins bei der Reichsstadt angelegt. Als der Baumeister diesen Betrag zurückverlangte, wurde er mit 4000 Gulden abgespeist.[44]

„Die Umstände, unter denen seine Karriere endete, waren dazu angetan, einen Mythos zu be-

ELIAS HOLL UND AUGSBURGS PROTESTANTISCHER FRIEDHOF

Grabdenkmäler prominenter Augsburger Protestanten und Erinnerungen an die Ankunft der Salzburger Exulanten

1533 erwarb die Reichsstadt Augsburg vor dem Roten Tor den Grund, auf dem sie 1534 offiziell den Oberen Gottesacker anlegen ließ. Nach der Einführung der Augsburger Parität wurde der Obere Friedhof 1649 den Protestanten zugewiesen. Der Protestantische Friedhof an der Haunstetter Straße ist wegen seiner zahlreichen alten Grabdenkmäler der schönste Friedhof in der Stadt. Sie erinnern auch an prominente Protestanten – an den Stadtwerkmeister Elias Holl, die Eltern Bert Brechts, die Stifterin Anna Barbara von Stetten, den Bildhauer Fritz Koelle und den letzten Nachkommen der Augsburger Mozarts.

1732 predigte hier Samuel Urlsperger jenen 6116 aus dem Erzbistum Salzburg vertriebenen protestantischen Exulanten, die (zum Teil im tiefen Winter) Monate vor der Stadt ausharrten, ehe sie dort eingelassen wurden. Urlsperger, Prediger von St. Anna, organisierte die Hilfe für diese Flüchtlinge und unterstützte sie bei der Auswanderung.

Auf dem Protestantischen Friedhof sind zahlreiche prominente Augsburger bestattet. Unter anderem entdeckt man dort das Grab Elias Holls.

Die Gedenkstele für Stadtwerkmeister Elias Holl auf dem Elias-Holl-Platz sieht man vor der Ostfassade des bis 1620 von ihm erbauten Rathauses.

gründen.“[45] Holl wurde wegen seiner von Tragik überschatteten letzten Lebensjahre nicht nur als großer Baumeister, sondern auch für seine Standhaftigkeit in Glaubensdingen verehrt: ***„Elias Holl ist zum christusähnlichen Märtyrer erhoben.“***[46]

IM UND UM DAS RATHAUS: DENKMÄLER FÜR STADTWERKMEISTER ELIAS HOLL

Nach diesem aufrechten Protestanten wurde 250 Jahre nach seinem Tod am 6. Januar 1646 der ***Elias-Holl-Platz*** vor der Ostfassade des von ihm erbauten ***Renaissancerathauses*** benannt. Auf dem Platz, auf dem einst der städtische Kerker – das „Eisenhaus“ –

Im Treppenhaus des Augsburger Rathauses findet man das Epitaph Elias Holls sowie seine vom Bildhauer Fritz Koelle geschaffene Büste.

stand, stellte man 1968 zur Erinnerung an den Stadtwerkmeister eine *Denkmalstele* auf. Auch das in die Fassade des Hauses Elias-Holl-Platz 2 eingelassene steinerne *Porträtrelief Elias Holls* (nach einem Stich von Lukas Kilian) am Hunoldsgraben zeigt den Baumeister des benachbarten Rathauses.

Im südlichen Treppenhaus des Rathauses entdeckt man eine *Büste Elias Holls* sowie sein vom *Protestantischen Friedhof* hierher versetztes *Grabdenkmal*. Holl ist im Rathaus auf einem *Gemälde im Oberen Fletz* – einer Allegorie der Architektur – ebenso wie in einem der Baukunst gewidmeten *Deckengemälde* im *Goldenen Saal* abgebildet.[47]

DER KRIEG KOMMT NÄHER: WALLENSTEIN IM FUGGERHAUS IN MEMMINGEN

1630 kam der Dreißigjährige Krieg Augsburg immer näher. Vom 9. Juni bis zum 3. Oktober hatte Wallenstein, der Oberbefehlshaber der kaiserlichen Truppen, in der Reichsstadt *Memmingen* sein Hauptquartier im *Fuggerhaus* bezogen. Eine *Gedenktafel* erinnert daran, dass er dort erfuhr, dass ihm auf dem Regensburger Kurfürstentag das Kommando entzogen worden war.[48] Bereits zuvor, am 6. Juli 1630, war der große Krieg an einem Wendepunkt angelangt: König Gustav II. Adolf war mit einem schwedischen Heer in Pommern gelandet.[49]

Von Anfang Juni bis Anfang Oktober 1630 diente das Fuggerhaus in der Reichsstadt Memmingen dem Oberbefehlshaber des kaiserlichen Heeres, Wallenstein, als Hauptquartier.

ELIAS HOLL ERBAUTE DAS NEUE AUGSBURGER RATHAUS

Holls monumentales Meisterwerk steht für den Höhepunkt und zugleich für das Ende des „goldenen Augsburgs der Renaissance“

Elias Holl hat die Renaissancestadt Augsburg mit seinen Bauten geprägt, aber kein zweiter Bau erreicht die Wirkung des monumentalen Rathauses. 1615 wurde das gotische Rathaus der Reichsstadt abgebrochen, um einem Neubau im Stil Italiens Platz zu machen. Der Stadtwerkmeister stand im Zenit seines Schaffens und der Anerkennung. In seiner Familienchronik hielt er stolz fest: „Meine Herren haben mir wegen diesem Rathhaus-Bau, weilen er Gott Lob so wohl aufgeführt und gerathen, einen schönen vergoldten Becher [...] darinnen 600 Goldgulden waren, verehrt [...].“

Bis 1620 waren die Bauarbeiten abgeschlossen, bis 1624 dauerte die Ausstattung des Inneren, des Goldenen Saals und der Fürstenzimmer. 1630 begann Holl mit dem Bau des Langhauses des Heilig-Geist-Spitals. Er hätte sein letztes großes Werk gern zu Ende gebracht, hielt Holl in seiner Chronik fest. Wegen „[...] der leidigen Reformation und der Abschaffung unserer Diensten [...]“ musste dies sein

Nach Stadtwerkmeister Elias Holl ist der Platz östlich des von ihm geplanten und ausgeführten Augsburger Rathauses benannt.

Für den Rathausbau wurde Elias Holl gefeiert. Wenige Jahre später verlor der Stadtwerkmeister aufgrund der Rekatholisierung von Augsburg sein Amt.

Der Goldene Saal im Rathaus wurde bis 1624 ausgestattet.

Nachfolger bewältigen. Als die Schweden 1632 die Reichsstadt Augsburg einnahmen, erhielt Holl noch einmal sein Amt als Stadtwerkmeister zurück. Doch als die schwedische Besatzung 1635 abzog, wurde Holl endgültig entlassen. Seine Söhne Elias, Hieronymus und Hans zogen mit den Schweden nach Norden. Finanziell wurde Elias Holl, den die Stadt ohnehin um einen Großteil seines Vermögens gebracht hatte, von Einquartierungen und Kontributionen bedrückt. Er starb am 6. Januar 1646.

VOM SCHLACHTENLÄRM ZUM KANNIBALISMUS: KRIEG IN AUGSBURG

1632 BIS 1635

Nach dem Böhmisch-Pfälzischen Krieg (1618 bis 1623) und dem Dänisch-Niedersächsischen Krieg (1625 bis 1629) begann im Jahr 1630 mit dem Schwedischen Krieg die dritte Phase des Dreißigjährigen Krieges, die 1635 endete. Nach einem Jahrzehnt großer Siege der katholischen Partei begann mit dem Eintritt des Schwedenkönigs Gustav II. Adolf in diesen Krieg eine Ära protestantischer Erfolge an Schauplätzen zwischen der Ostsee und den Alpen. 1632 war nach der Schlacht bei Rain das Lechtal erobert: Gustav II. Adolf nahm Augsburg ein. Als aber nach der Schlacht bei Nördlingen Truppen des Kaisers und Bayerns 1634 Augsburg belagerten, ernährten sich die verhungernden Menschen von Hunden, Katzen, Mäusen – und Leichen.

DER GROSSE KRIEG ERREICHT DIE DONAU UND DEN LECH

Mit der Schlacht bei Rain begann der Siegeszug der Schweden, doch nach der Schlacht bei Nördlingen wurde Augsburg belagert

1632 kam der Dreißigjährige Krieg auch an die Donau: Im April hatten die Schweden Donauwörth und Dillingen erobert. Nach der Schlacht bei Rain lagen Ostschwaben und Altbaiern schutzlos vor den schwedischen Truppen, die von den Protestanten Augsburgs als Befreier empfangen wurden. Als jedoch 1634 das Heer des Kaisers und der Bayern die Schweden bei Nördlingen schlug, kam es zu Augsburgs größter Katastrophe.

VERFRÜHTE SIEGESFEIER: DIE SCHWEDEN IN DONAUWÖRTH UND DILLINGEN

Am 19. Oktober 1631 erreichte *Dillingen* die Nachricht, dass die Schweden in Franken eingefallen waren. Die Jesuiten brachten ihr Kirchensilber ins Allgäu, die meisten Franziskanerinnen retteten sich nach *Mindelheim*. Auch die Studenten der katholischen Universität flohen. Am 16. März 1632 feierten die Dillinger Jesuiten jedoch den Sieg, mit dem Graf Tserclaes von Tilly (seit der Entmachtung Wallensteins nicht nur der Oberbefehlshaber der Liga, sondern auch der kaiserlichen Truppen) die Schweden aus der Stadt und dem Hochstift Bamberg verjagt hatte.[1]

Diese Siegesfreude war freilich verfrüht. König Gustav II. Adolf von Schweden und seine Truppen rückten weiter in Richtung Süddeutschland vor. Am 6. April 1632 hatten schwedische Truppen *Donauwörth* von drei Seiten angegriffen, die ganze Nacht über vom Schellenberg und von der Donau aus beschossen und am Tag darauf eingenommen. Gustav II. Adolf zog im *Fuggerhaus* ein, das vorübergehend zu seinem Hauptquartier wurde.[2] Eine steinerne *Gedenktafel* am Ostgiebel des ehemaligen Fugger'schen Pfleghauses erinnert daran, dass sich

Das Tilly-Denkmal in Rain erinnert an den Befehlshaber der bayerischen Truppen, der in der Schlacht am Lech tödlich verwundet wurde.

Eine Gedenktafel am Donauwörther Fuggerhaus belegt, dass der König von Schweden hier 1632 Quartier nahm.

der Schwedenkönig mit seiner Gemahlin Maria Eleonora dort aufhielt. Im Donauwörther Fuggerhaus ***„[...] plante Gustav Adolf den kühnen Lechübergang bei Rain, der Tilly Niederlage und Tod brachte, ihm selbst das Tor zu Bayern öffnete.“***[3] König Gustav II. Adolf hielt sich im Jahr 1632 noch zweimal (von Ende Mai bis Anfang Juni sowie Anfang Oktober) in Donauwörth auf. Bezahlen mussten die Kontributionen und die Versorgung der Soldaten im Wesentlichen die (mehrheitlich protestantischen) Bürger. Die Fugger, das ***Kloster Heilig Kreuz*** sowie der Deutsche Orden

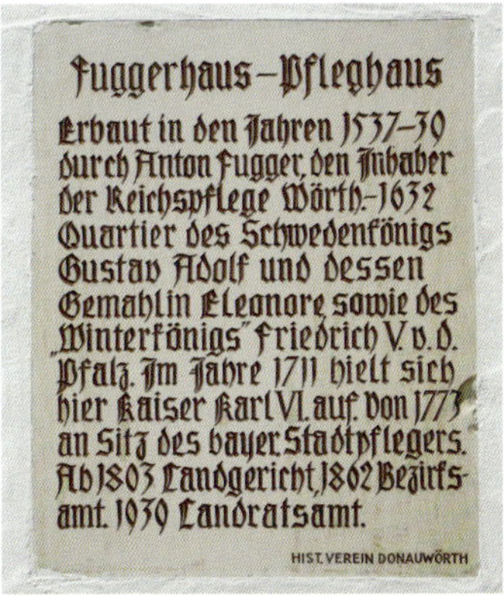

wurden weit schonender behandelt. In Donauwörth sammelten sich auch 1633 große protestantische Heeresverbände. Im August 1634 eroberten Truppen des Kaisers schließlich die Donaustadt zurück, nachdem sie zuvor schon das bayerische *Wemding* eingenommen hatten:[4] ***„Sie raubten und stahlen nicht weniger als ihre Vorgänger."***[5]

Dillingen nahmen die Schweden am 9. April 1632, einem Karfreitag, kampflos ein.[6] Angeblich beabsichtigte Gustav II. Adolf ***„[...] das erzkatholische, protestantenfeindliche Nest dem Erdboden gleichzumachen,*** [er] ***habe aber in plötzlicher, nur durch göttliches Eingreifen erklärlicher Sinnesänderung Schonung der Stadt angeordnet."***[7] Nur die Hofkapelle wurde beraubt. Bis zum 13. August 1634 blieb Dillingen von den Schweden besetzt.[8] Am 16. August 1634 ***„[...] rückten unter kaiserlichem Banner Kroaten ein, die die Stadt aufs schlimmste plünderten."***[9]

DIE SCHLACHT BEI RAIN UND DER TOD DES OBERBEFEHLSHABERS GRAF TILLY

Die Soldaten des Kaisers und der Katholischen Liga waren also nicht besser und nicht schlechter als das „schwedische" Heer. Dieses ***„[...] bestand nicht aus dem oft bemühten Bauern-Häuflein, wie es die zählebige Legende will, sondern zum größten Teil aus teutschen und schottischen Söldnern samt schwedischen Mannschaften und Offizieren."***[10]

Beide Seiten hausten ohne Erbarmen, und zwar nicht nur im feindlichen Gebiet: ***„‚Überall wohnen schließlich Christenmenschen', klagte der kaiserliche Rat Eggenberg, ‚und eines Tages fällt ihnen eine Rotte Dragoner ins Haus, schießt den Vater aus Spaß über den Haufen, schlachtet die Küh', damit der Herr Leutnant die Haut als Leder verkaufen kann; ein paar Panduren schänden Mutter und Töchter und im Wegreiten wirft der Trossbub aus lauter Bosheit noch Feuer in die Scheune'."***[11]

Am 7. April 1632 kam der Krieg über die Donau ins nördliche Lechtal. Die Schlacht bei *Rain* in der Nacht vom 14. zum 15. April begann bei *Oberndorf*, wo der Gebirgsfluss Lech die Grenze zum

Der betende Graf Tilly auf einem Bronzerelief am Sockel des Tilly-Denkmals in Rain.

Herzogtum Baiern bildete. Geschicktes Taktieren im Auwald und künstlicher Nebel halfen den Schweden, eine Kiesbank im Fluss als Brückenkopf zu besetzen. Schwedische Reiterei und finnische Elitesoldaten fielen dem Heer der Liga unter dem bayerischen Kurfürsten Maximilian I. und Oberbefehlshaber Graf Tilly weiter lechaufwärts in die Flanke. Die entscheidenden Kämpfe fanden am Ende südlich von ***Oberpeiching*** statt: Die katholischen Truppen unterlagen. Kurfürst Maximilian I. und der schwer verwundete Tilly zogen sich nach Ingolstadt zurück, wo der Oberbefehlshaber starb.[12]

In Rain erinnert seit 1914 das ***Tilly-Denkmal*** an der Hauptstraße beim ***Rathaus*** an die Schlacht.

Das Denkmal vor dem Rathaus der Stadt Rain erinnert mit einem Bronzerelief am steinernen Sockel auch an den bayerischen Kurfürsten Maximilian I.

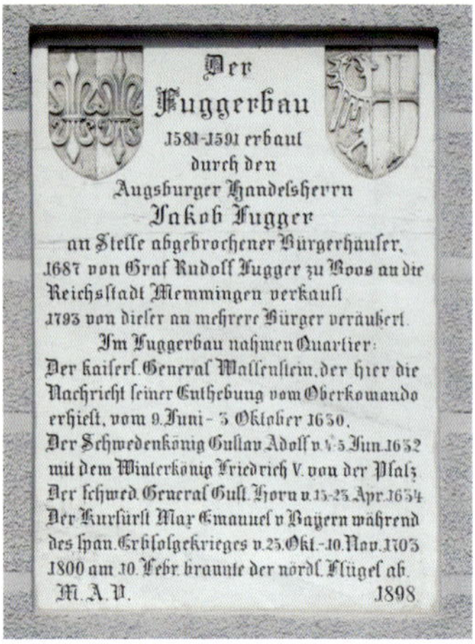

Ein Zinnfigurendiorama im Heimatmuseum von Rain verdeutlicht die Schlacht bei Rain und den Kampf um den Lechübergang. Eine Gedenktafel am Memminger Fuggerhaus erinnert an den Aufenthalt Wallensteins vom 9. Juni bis zum 3. Oktober 1630. Am 4. und 5. Mai 1632 nahm König Gustav II. Adolf dort Quartier.

Eine ***Bronzefigur*** zeigt den 73-jährigen Tilly auf einem Steinsockel. Darin eingelassen sind ein ***hochrechteckiges Bronzerelief*** mit dem betenden Befehlshaber vor einer Stadtsilhouette unter der Himmelskönigin mit dem Kind sowie ***zwei ovale Bronzereliefs*** mit einem ***Porträt des Kurfürsten Maximilian I. von Bayern*** und der ***Stifterinschrift*** der „Marianischen Bürgercongregation" in Augsburg. Im ***Heimatmuseum*** von Rain (Oberes Eck 3) zeigt ein großes ***Diorama der Schlacht am Lech*** Szenen der Kämpfe vom 14./15. April 1632.

DAS LECHTAL WIRD ZUR „HAUPTSTRASSE" DES DREISSIGJÄHRIGEN KRIEGES

Nach der Schlacht bei ***Rain*** lagen das ganze Lechtal und damit Altbaiern, Augsburg und das Allgäu offen und ungeschützt vor den Schweden. Neben Augsburg wurden in Ostschwaben auch ***Mindelheim***, ***Kaufbeuren*** und ***Memmingen*** besetzt.

Eine steinerne ***Gedenktafel*** am Memminger ***Fuggerhaus*** hält fest, dass sich am 4. und 5. Juni 1632 der schwedische König Gustav II. Adolf sowie der „Winterkönig" Friedrich V. von der Pfalz in diesem fuggerischen Stadtpalast aufhielten. Vom 15. bis zum 23. April 1634 nahm auch Gustaf Horn, der Oberbefehlshaber der schwedischen Truppen, im Memminger Fuggerhaus Quartier.

Das Fuggerschloss in Oberndorf am Lech wurde während der Schlacht bei Rain zerstört. Der frühere Ökonomietrakt wurde später zum Schloss umgebaut.

Anfang Mai 1632 eroberten die Schweden das altbaierische *Landsberg*. Truppen des protestantischen Heerführers Bernhard von Weimar kamen bis nach *Oberstdorf* und *Füssen*.[13] Schwedische Einheiten stießen sogar fast in den letzten Winkel des Hochstifts Augsburg vor – damals das Tiroler Lechtal weit hinter Reutte.[14] Das wichtigste Ziel nach der Schlacht bei Rain war freilich die rekatholisierte Reichsstadt Augsburg, wo die schwedischen Truppen am 20. April 1632 einzogen.

Am Weg lagen einige Schlösser der Fugger, die abgebrannt oder besetzt wurden. Das *Fuggerschloss* in *Oberndorf* wurde während der Schlacht bei Rain zerstört. Nach dem Dreißigjährigen Krieg baute man Ökonomietrakte zum neuen Schloss um. Von der westlich der Schmutter gelegenen Festung *Donnsberg* bei *Nordendorf* sind heute nur noch die *Wälle* der 1632 verheerten Burg im Gelände um einen Hof zu erkennen. Auch die *Burgruine Bocksberg* bei *Laugna* erinnert an eine damals zerstörte Festung: Die Fugger hatten sie erst 1613 von den protestantischen Schertlin von Burtenbach erworben. In *Welden* wurde die Burg auf dem Theklaberg verwüstet und deshalb ab 1659 abgetragen. Die Steine der Ruine verwendete man beim Neubau des ehemaligen Unteren Schlosses (Uzstraße 2, ab 1719 Amtshaus, später das Gasthaus Bäckerwirt) und des benachbarten Bräuhauses im Dorf.[15]

Das Fuggerschloss in Markt bei Biberbach wurde zeitweise zum Quartier der schwedischen Königin Maria Eleonora, der Gemahlin von König Gustav II. Adolf.

DIE KÖNIGIN AUF SCHLOSS MARKT – UND DER ERMORDETE BIBERBACHER PFARRER

Wegen seiner Lage an der Heerstraße des Dreißigjährigen Krieges, über dem Ostufer des Lechs, wurde auch das *Benediktinerkloster Thierhaupten* stark beschädigt.[16] Die Mönche blieben dennoch in ihrem Kloster,[17] wo am 17. April 1632 der schwedische König Gustav II. Adolf übernachtet hatte.[18] Die Nonnen des *Benediktinerinnenklosters Holzen*, das hoch über der Schmutter im westlichen Lechtal bei *Allmannshofen* liegt, flohen dagegen vor den anrückenden Schweden: Diese stellten in dem Kloster 500 Pferde ein, plünderten den Getreidekasten und die Keller voller Bier- und Weinfässer. Der Konvent kehrte erst 1647 in das zum Teil zerstörte Kloster Holzen zurück.[19]

Im westlich der Schmutter gelegenen *Fuggerschloss* in *Markt* (heute ein Ortsteil der Marktgemeinde *Biberbach*) hatte sich 1632 Maria Eleonora von Brandenburg, die Gemahlin des Schwedenkönigs Gustav II. Adolf, einquartiert.[20] An keinem anderen Ort bei Augsburg aber wird das Trauma des Dreißigjährigen Krieges sichtbarer als in der Wallfahrtskirche *St. Jakobus und Laurentius* in Biberbach. Im Herbst 1632 ermordeten schwedische Reiter den Biberbacher Pfarrer Ulrich Zusemschneider. Der katholische Geistliche *„[...] wurde von den Schweden, die die Kirche verwüsteten, an*

Eine Malerei in der Wallfahrtskirche in Biberbach zeigt die Ermordung von Pfarrer Ulrich Zusemschneider durch die Schweden.

An den Mord am Biberbacher Pfarrer erinnern auch ein Fresko in der Kirche von Biberbach sowie ein Mahnmal in Achsheim.

einen Pferdeschweif gebunden und mitgeschleppt. Beim Eggelhof wurde er durch mehrere Schwertstiche verletzt und schließlich nördlich von Achsheim an einen Baum gebunden und von einem Soldaten erschossen."[21] Eines der 1693 entstandenen ***Gemälde*** an der ***Emporenbrüstung*** der Wallfahrtskirche zeigt einen Reiter, der den Pfarrer mit seiner Flinte ermordet. Im Hintergrund ist Schloss Markt mit seiner ehemaligen Vorburg zu erkennen.

1753 wurde das ***Fresko*** an der Westwand des südlichen Querschiffs der Wallfahrtskirche Biberbach geschaffen. Auch dort wird die Ermordung

Pfarrer Zusemschneiders dargestellt, allerdings erschießt ihn hier ein vor ihm stehender Soldat mit seiner Pistole. Im Hintergrund ist die Wallfahrtskirche von Biberbach zu sehen. Der lateinische Text der ***Inschriftenkartusche*** am unteren Rand des Freskos führt die (wohl falsche) Jahreszahl 1633 auf. Das Jahr 1632 nennt dagegen die Inschrift auf dem ***Gedenktäfelchen*** am mittleren der drei Kreuze des ***Mahnmals*** in ***Achsheim***. Es steht da, wo Pfarrer Zusemschneider (die Achsheimer Tafel nennt ihn Zusamschneider) getötet wurde.

1632 mussten viele katholische Geistliche vor den Schweden flüchten. Überliefert ist, dass die Soldateska auch die Pfarrer von ***Horgau*** und von ***Schwabmühlhausen*** – auf dem Lechfeld südlich von Augsburg nahe ***Schwabmünchen*** – ermordete. Klöster, Kirchen und Pfarrhäuser wurden geplündert oder demoliert wie etwa (zweimal hintereinander im Frühjahr 1633) in ***Siegertshofen***.[22] Die Franziskanerinnen in ***Welden*** flüchteten sich nach Augsburg, die Zisterzienserinnen des ***Klosters Oberschönenfeld*** zogen sich nach Tirol zurück, die Franziskaner aus ***Klosterlechfeld*** flohen in das vermeintlich sichere ***Landsberg***,[23] das die Schweden aber im Mai 1632 kampflos einnehmen sollten.[24]

MATTSIES: VERHUNGERNDE MENSCHEN FRESSEN GRAS UND EINE KINDERLEICHE

Auch die Chronik des Dorfes ***Mattsies*** im Unterallgäu – wo die Schweden im Oktober 1632 einfielen – überliefert Gräueltaten und Hungersnöte. Was die schwedischen Soldaten nicht raubten, stahlen ihre Frauen und Kinder: Sie ***„[…] drangen unter Geschrei und Gejohl in die Häuser ein und nahmen tatsächlich alles mit fort, was nur zum Mitnehmen war.“***[25] Beschrieben wurde auch die Folter unglücklicher Dorfbewohner mit dem berüchtigten „Schwedentrunk“: ***„Man sperrte ihnen mit Hölzchen den Mund auf und schüttete Mistjauche ein und trat dann mit den Füßen auf ihnen herum, so daß die Jauche wieder beim Munde herausspritzte. Auch banden die Schweden den Leuten beide Hände auf den Rücken und zogen ihnen*** *mit einer durchlöcherten Ahle ein Roßhaar durch die Zunge; dann suchte man ihnen durch Ziehen an dem Roßhaar die größten Schmerzen zu bereiten, und bei jedem Schrei, den der Unglückliche ausstieß, versetzte man ihm vier Schläge mit der Karbatsche auf die Waden.*"[26] Der Hunger war so groß, *„[...] daß die Menschen Gras aßen, ja sogar Fleisch vom Schindanger holten und wie Raubtiere über die Pferde herfielen, welche den Schweden verendeten.*"[27] Eine Frau soll das tote Kind ihrer Schwester gegessen haben. Bis 1634 dauerte das Elend im fuggerischen Rittergut Mattsies an.[28]

MORD, FOLTER UND VERGEWALTIGUNGEN: DAS LANGE LEIDEN DER STADT LANDSBERG

Die Geschichte von ***Landsberg*** spiegelt das Hin und Her der Kriegsjahre und das damit verbundene Leid der Menschen bedrückend wider. Die bayerische Grenzstadt am Lech – rund 45 Kilometer südlich von Augsburg – war eine Hochburg des Katholizismus, besonders, seit der protestantische Augsburger Hans Holl dort bis 1578 das ehemalige ***Jesuitenkolleg*** und nach 1580 den Vorgängerbau der Jesuitenkirche ***Heilig Kreuz*** errichtet hatte. Als 1627 in Landsberg die Pest wütete, versuchten die Jesuiten dort, diese Seuche mit Wein aus der Hirnschale des Pestpatrons Sebastian zu bekämpfen.

Das seit dem 4. Mai von den Schweden besetzte Landsberg wurde schon am 14. Juli 1632 von kaiserlichen Truppen zurückgewonnen, die damals viele reiche Landsberger – ihre eigenen Glaubensgenossen – schamlos ausplünderten. Am 23. Juli war die Stadt erneut kampflos in schwedischer Hand, doch vom 13. bis zum 18. August belagerte wiederum ein kaiserliches Heer unter Graf Ottheinrich Fugger erfolgreich die von den Schweden besetzte Stadt. Schon im Oktober 1632 hatte der protestantische Heerführer Bernhard von Weimar Landsberg zurückerobert. Am 29. Dezember wurde die Stadt aufs Neue von kaiserlichen Truppen eingenommen. Im April 1633 schlugen die Schweden unter General Torstenson zurück: Am 20. April war Landsberg wieder schwedisch.[29] *„Die folgen-*

den vier Tage waren die furchtbarsten Tage in der Stadtgeschichte. Mord und Raub, Folter und Vergewaltigung sind bis heute in Erinnerung geblieben."[30] Um auch noch an den allerletzten Besitz der Landsberger zu kommen, wurde manch einer brutal gemartert: *„[...] als Foltermethoden überliefert* [sind] *das Raiteln, das Zusammenquetschen des Kopfes mit einem Strick, der mit Hilfe eines Steckens zusammengedreht wurde, das Wassereingießen in den Mund, der so genannte ‚Schwedentrunk', und das Aufhängen."*[31]

Ein Fresko im Alten Rathaus der Stadt Landsberg zeigt das Chaos während der Erstürmung der Stadt. Im Hintergrund (rechts oben) stellt die Malerei einige Landsberger Frauen dar, die sich auf der Flucht vor den Vergewaltigern in den Lech stürzen.

An die vorausgegangene Beschießung der Stadt erinnern eine ***Kanonenkugel*** an der Fassade des Hauses Hubert-von-Herkomer-Straße 111/112 sowie die ***Inschrift*** darunter. Ein 1878 gemaltes ***Fresko*** von Eduard Schwoiser im ***Alten Rathaus*** (Hauptplatz 152 a) stellt die Erstürmung der Stadt durch die Schweden dar.

Die Jesuiten haben die Schrecken der Apriltage des Jahres 1633 überliefert: Ein Landsberger wurde angezündet, nachdem man ihn mit Schießpulver bestreut hatte, ein anderer tagelang mit Feuer zu Tode gefoltert. Selbst auf offener Straße wurden Frauen und Mädchen vergewaltigt, einige danach sogar getötet. Etliche Landsbergerinnen gingen durch den Sprung vom Obergeschoss ihres Hauses oder in den Lech in den Freitod, um nicht in die Hände der entmenschlichten Soldateska zu geraten.

Die Schweden zogen zwar wieder ab, fielen aber am 29. September 1633 zum vierten Mal über Landsberg her: Wieder wurde gemordet, geraubt und vergewaltigt. 1634 brach zu allem Überfluss noch die Pest aus: Diese Seuche erlosch hier erst 1635.[32]

DAS EVANGELISCHE AUGSBURG FEIERT DIE SCHWEDISCHEN BESATZER ALS BEFREIER

Noch mehr als die Stadtbewohner war die Landbevölkerung um die Städte der Soldateska schutzlos ausgeliefert. Eine Andechser Chronik hielt zum Jahr 1634 fest: ***„Aus Schwaben, wo die Schweden unter Anführung des Generals Horn schrecklich hauseten, sahen wir täglich Feuersbrünste und hörten von nichts als Tyranneien, von Augenausstechen, Nasenabschneiden, Hände und Füße stümmeln an denen, die nichts mehr geben konnten.“***[33] Ganz anders war die Situation dagegen in der Reichsstadt Augsburg, wo die Schweden allein schon darum am 20. April 1632 kampflos durch das ***Jakobertor*** in die Stadt einzogen, weil sich die evangelischen Bürger geweigert hatten, die Mauern gemeinsam mit den Katholiken zu verteidigen.[34]

Die Protestanten hatten deshalb wenige Tage zuvor die demütigende Entwaffnung hinnehmen müssen: Gedrängt vom bayerischen Kurfürsten Maximilian I. hatte der Rat der Reichsstadt seine

Am 20. April 1632 zogen die Schweden durch das Jakobertor in Augsburg ein. König Gustav II. Adolf feierte vier Tage später einen Gottesdienst in St. Anna: In dieser Kirche erinnert ein Ganzkörperporträt an den in Augsburg gefeierten „Löwen aus Mitternacht“.

evangelischen Bürger gezwungen, ihre Waffen und ihr Schießpulver abzuliefern.[35] Nach diesem antiprotestantischen Akt und zahlreichen Pressionen als Folge der Rekatholisierung seit dem Jahr 1629 verwundert es nicht, dass die zu rund drei Vierteln evangelische Bürgerschaft die schwedischen Besatzer als willkommene Befreier empfing. Das galt sicher auch für die protestantischen Patrizier Augsburgs, die um ihre Rechte und Besitzungen fürchten mussten: So hatte der Augsburger Bischof Heinrich von Knöringen darauf hingearbeitet, ihnen ihre ländlichen Herrschaftsorte im Gebiet um die Reichsstadt entziehen zu lassen.[36]

DER SCHWEDENKÖNIG GUSTAV II. ADOLF IN ST. ANNA UND DEN FUGGERHÄUSERN

Am 24. April 1632 zog Gustav II. Adolf, der „Löwe aus Mitternacht", in Augsburg ein. Dort ritt er zuerst zur Kirche ***St. Anna***, um einen evangelischen Dankgottesdienst zu feiern. Sein zweiter Weg führte in die ***Fuggerhäuser*** am Weinmarkt (Maximilianstraße), wo er sich von der evangelischen Bürgerschaft huldigen ließ. Die sich begeistert und dicht an dicht vor dem Stadtpalast der Fugger und dem ***Herkulesbrunnen*** drängenden Augsburger hielt ein bekannter Stich von Raphael Custos schon 1634 fest. Dieser Huldigungsort dürfte (unabhängig von

Die Fuggerhäuser und der Herkulesbrunnen stehen am ehemaligen Weinmarkt: An diesem für die Reformation so symbolträchtigen Ort huldigten 1632 die begeisterten Augsburger König Gustav II. Adolf.

altem Herkommen) ein bewusst gewähltes, politisch symbolträchtiges Signal gewesen sein: Denn dort hatte Kaiser Karl V. während des Geharnischten Reichstages im Februar 1548 den von ihm besiegten protestantischen Kurfürsten Johann Friedrich von Sachsen gnadenlos erniedrigt. An diesen Akt der Demütigung nach der Niederlage der evangelischen Landesfürsten im Schmalkaldischen Krieg erinnern schließlich nicht nur die Fuggerhäuser und der Weinmarkt vor der Fassade des Stadtpalastes, sondern wohl auch die Herkulesfigur auf dem Brunnenpfeiler: Sie sollte wohl den über die Kurfürsten triumphierenden katholischen Kaiser Karl V. symbolisieren.[37] Vielleicht aber sollte der Huldigungsort (auch?) die so dezidiert katholischen, am Ausbruch des Krieges nicht eben unschuldigen Fugger demütigen. Ohne derartige politische Erwägungen hätte sich nämlich das nur wenige Schritte vom Weinmarkt entfernten Augsburger ***Rathaus*** (wie bei früheren Huldigungen) für die Versammlung der Bürger angeboten.

In St. Anna – Augsburgs evangelischer Hauptkirche – zeigt ein 1940 geschaffenes ***Gemälde*** ein ***Ganzkörperporträt König Gustavs II. Adolf***. Auf dem Bild steht der König mit dem Degen in der Rechten und dem Neuen Testament in der Linken vor der im Hintergrund abgebildeten – von Osten aus gesehenen – Reichsstadt Augsburg. Vor den Bastionen und den Wehrmauern hinter dem Äußeren Stadtgraben sammeln sich wohlgeordnete Regimente schwedischer Dragoner und Pikeniere. Die Vorlage für den Kopf und die Schulterpartie des Königs samt kunstvoll geklöppeltem Spitzenkragen auf dieser Malerei von Max Rosenfeld war vermutlich ein von einem Unbekannten gemaltes Porträt des Königs, das im Schwedischen Nationalmuseum in Stockholm zu besichtigen ist.[38]

DIE UNGELIEBTE REVANCHE: AUGSBURGS „PROTESTANTISCHE RESTITUTION“

Ende April 1632 verließ Gustav II. Adolf das besetzte Augsburg, um Ingolstadt zu belagern: Dorthin hatte sich Kurfürst Maximilian I. nach der

verlorenen Schlacht bei *Rain* zurückgezogen. Ende Mai hielt sich der Schwedenkönig noch ein zweites Mal in Augsburg auf. Zuvor hatte er Graf Oxenstierna zum Kommandanten der Garnison ernannt. Generalstatthalter war Graf von Hohenlohe, der schon am 23. April die katholischen Stadtpfleger absetzte. Die 1631 entlassenen evangelischen Ratsherren erhielten ihre Ämter zurück. Die bis 1631 entlassenen evangelischen Bediensteten der Reichsstadt – unter ihnen Stadtwerkmeister Elias Holl – wurden wieder eingestellt. Jetzt wurde die katholische Minderheit in Augsburg entwaffnet.[39] Auch die Katholiken in der Reichsstadt hatten den Treueid auf Gustav II. Adolf zu schwören.

Der katholische Bildhauer Georg Petel verlor nach dem Einzug der Schweden in Augsburg seinen Ratssitz. Dieser Künstler hatte zuvor den Christus Salvator in St. Moritz sowie die Ecce-Homo-Figur im Augsburger Dom geschaffen. Georg Petel starb 1634 im Alter von 33 Jahren an der in der Stadt grassierenden Pest.

Die Augsburger Protestanten hatten durchaus aus ihrer Vergangenheit gelernt. Doch ihre so bitter erlittenen Erfahrungen wurden von den siegesgewissen Schweden ignoriert: ***„Die Bitte der evangelischen Abgesandten bei der Übergabe, auch Katholiken weiterhin am Stadtregiment teilnehmen zu lassen, wurde vom König abgelehnt […].“***[40] Die Auswirkungen der schwedischen Maßnahmen, quasi eine Umkehrung der katholischen Restitution von 1629/31, trafen auch den seinerzeit wohl bedeutendsten Künstler in der Stadt – Georg Petel.

Der nach einigen Monaten der Zusammenarbeit mit Peter Paul Rubens in Antwerpen nach Augsburg eingewanderte Bildhauer hatte 1625 das Bürger-

GEORG PETELS CHRISTUSKIND UND DAS GROSSE STERBEN

Eine Figur und ein Kruzifix in der Barfüßerkirche erinnern an den „deutschen Michelangelo", der 1634 in Augsburg an der Pest starb

Zwei Werke in der evangelischen Augsburger Barfüßerkirche erinnern an den katholischen Bildhauer Georg Petel. Im Chor sieht man ein Kruzifix, das der in Weilheim geborene Petel – seit 1625 Bürger der Reichsstadt Augsburg – 1631 schuf. Im Jahr darauf entstand das hochbarocke Christuskind an der östlichen Chorwand: Es wurde ursprünglich als Figur für einen Schalldeckel geschnitzt, der die Kanzel bekrönte. Die farbig gefasste Figur trug zunächst ein großes Kreuz, das 1750 aber durch eine bronzene Weltkugel mit einem Kreuz aus Elfenbein ersetzt wurde.

Petels Christuskind wurde von Kunstkennern schon im 17. Jahrhundert hoch geschätzt und der Bildhauer in der Folgezeit als „deutscher Michelangelo" gerühmt. Zu den Hauptwerken des von Ottheinrich Fugger geförderten Künstlers in Augsburg zählen eine Ecce-Homo-Figur im Dom sowie seine letzte große Schöpfung, ein Christus Salvator in St. Moritz. Georg Petel starb 1634 an der Pest.

Georg Petels Christuskind im Chor der Barfüßerkirche in Augsburg gehört zu den herausragenden Schöpfungen des Bildhauers, der auch als „deutscher Michelangelo" bezeichnet wird.

recht sowie das Meisterrecht erworben. Der katholische Militär Ottheinrich Fugger war sein wohl bedeutendster Förderer. Unter anderem schuf Petel die Figur des ***Christus Salvator*** im Chorscheitel der Kirche ***St. Moritz*** sowie – in der Zeit von 1630 bis 1632 – eine ***Ecce-Homo-Figur*** für den ***Dom***. 1631 wurde der Bildhauer in den Großen Rat gewählt. 1632 verlor auch Petel sein Amt. Immerhin wurde er von den Schweden mit einer Büste Gustavs II. Adolf beauftragt, nach der ein Bronzeguss entstand. Doch am Ende brachte der Dreißigjährige Krieg Georg Petel den Tod: Der „deutsche Michelangelo" starb während der Pestwelle von 1634 in der von den Schweden besetzten Stadt Augsburg.[41]

DER BISCHOF FLÜCHTET – KATHOLISCHE KIRCHEN WERDEN WIEDER EVANGELISCH

Bischof Heinrich von Knöringen hatte sich noch vor der Besetzung Augsburgs durch die Schweden nach Tirol geflüchtet. Die katholische Geistlichkeit lehnte es mit Ausnahme der Benediktiner von ***St. Ulrich und Afra*** ab, den eingeforderten Eid auf den schwedischen König zu schwören. Die Kirchen ***St. Anna***, ***Heilig Kreuz*** und ***St. Georg*** wurden den Protestanten zugeteilt:[42] ***„Alle katholischen Kirchen in der Stadt wurden geschlossen, für den Gottesdienst blieb nur St. Ulrich geöffnet."***[43]

Doch immerhin ließen die Schweden noch ein katholisches Kirchenwesen zu. Den katholischen Frauenklöstern in der besetzten Reichsstadt wurden jeweils ein Priester und ein Beichtvater zugewiesen.[44]

EIN SCHWEDISCHER OFFIZIER AUF „BRAUTSCHAU" IM NONNENKLOSTER

Den Dominikanerinnen im Kloster St. Katharina wurde zwar kein Eid abverlangt und ihnen stand weiterhin die Klosterkirche ***St. Katharina*** offen, doch ihre materielle Not war groß. Die ländlichen Höfe des Klosters konnten die Versorgung kaum mehr garantieren. So waren das nahe ***Diedorf***, das dem Kloster gehörte, halb zerstört und das Dorf ***Wörishofen*** im Unterallgäu ausgeplündert. Nichts schien vor den Schweden sicher: Im Oktober 1632 stiegen Soldaten in den Klostergarten, um sich dort mit Obst und Gemüse zu versorgen. In Wörishofen ließ ein Oberst sogar einen Fischweiher auslaufen und abfischen: Derartige Räubereien waren für die Dominikanerinnen deshalb ein herber Schlag, weil ihnen fleischlose Kost vorgeschrieben war.[45]

Die Schweden belästigten auch die Nonnen im Katharinenkloster, die teils den wohlhabendsten Augsburger Patrizierfamilien angehörten. ***„Die schwedischen Söldner hatten es weniger auf die Klosterfrauen als auf ihre reichen Besitztümer abgesehen […]; hier wurden immer wieder die tollsten Versuche gemacht[…].“***[46] Auch im Oktober 1633 belästigten einige Militärs die Nonnen: ***„[…] namentlich hatte es ein gewisser Oberst Förbus auf die Novizin Maximiliana Fugger abgesehen; er erklärte, sie heiraten zu wollen und dergl.“***[47] Die Priorin des Klosters musste den schwedischen Statthalter um Hilfe bitten – die dieser gewährte.[48]

AUGSBURGER LUTHERANER FROHLOCKEN ANGESICHTS DES BRENNENDEN FRIEDBERG

Trotz solcher Vorkommnisse und schwedischer Machtdemonstrationen gegenüber Katholiken – im Jahr 1632 wurde zum Beispiel die gesamte katholische Elite kurzzeitig eingekerkert[49] – zeigte der Krieg den Augsburgern noch einige Zeit nicht seine hässlichste Fratze. Wesentlich härter traf es schon damals die in Sichtweite von Augsburg gelegene bayerische Grenzstadt ***Friedberg***.

Als König Gustav II. Adolf am 25. April 1632 in Richtung Ingolstadt marschierte, zog sein Heer durch die hoch über dem Lechtal bei Augsburg gelegene bayerische Stadt. Dabei wurden Friedberg sowie die Wallfahrtskirche ***St. Afra im Felde*** geplündert. Friedberg wurde zu einer schwedischen Lazarettstadt mit nur 140 Mann Besatzung. Zur Katastrophe kam es, als die Friedberger am 13. Juli 1632 die schwedischen Besatzer betrunken machten, um danach dem bayerischen Militär ein Stadttor zu öffnen. Vier Schweden, die sich über die ***Stadtmauer*** abseilten, berichteten in Augsburg davon. Aus Rache ließ der schwedische General Banner Friedberg am 16. Juli stürmen: Die Angreifer sprengten die Tore, trieben Frauen und Kinder aus der Stadt und töteten alle Männer – bewaffnete wie unbewaffnete.[50] ***„Es wurde sogar derer, die in die Kirche flohen, [...] nicht geschont; sondern alles niedergemacht, so, daß das Menschenblut auf die schaudervollste Art von der Kirchenthüre herausströmte...“***[51] Sämtliche Häuser Friedbergs und auch das *Wittelsbacherschloss* waren zerstört. ***„Sechs Tage soll die Stadt gebrannt haben [...]. Sie glich darauf einer Steinwüste. Alles Leben in ihr war erloschen.“***[52]

Eine zeitgenössische Chronik hält fest, dass sich einige hundert Augsburger Bürger unter die Angreifer gemischt hatten, um zu plündern. ***„Mit den abgenommenen Gütern wurden in Augsburg stattliche Dulden*** [Dulten] ***und Märkte gehalten.“***[53] Berichtet wird aber auch über die ***„[...] Augsburger Lutheraner, die an dem Gemetzel beteiligt gewesen sein sollen oder aber ‚mit großem Frolocken von den Dächern ihrer Häuser und Althanen‘*** [vom nahen Augsburg aus] ***zusahen.“***[54]

Beim Friedberger Gemetzel fielen also Nachbarn über ihre Nachbarn her, und Nachbarn jubelten über Not und Tod ihrer Nachbarn. Dabei standen die Reichsstadt Augsburg und das bayerische Friedberg zuvor im regen wirtschaftlichen Austausch. So

Friedberg und seine Wasserversorgung wurden 1632 durch die Schweden und durch Protestanten aus Augsburg zerstört. Der Wasserturm des bis 1606 von einem Augsburger Spezialisten eingerichteten Wasserwerks blieb jedoch erhalten.

DIE SCHWEDEN IN ALTBAIERN: EINE MADONNA IM BIRNBAUM

Die Pietà in der Wallfahrtskirche Maria Birnbaum nahe Augsburg erinnert daran, wie schwedische Soldaten 1632 in Bayern hausten

Nach der Schlacht bei Rain fielen die Schweden 1632 in Altbaiern ein und eroberten sogar das nahe München. Bei Sielenbach (im heutigen Landkreis Aichach-Friedberg) stand damals Schloss Stuntzberg, wo man Anfang des 17. Jahrhunderts eine geschnitzte Pietà aufgestellt hatte. Die plündernde Soldateska warf das kleine Vesperbild in das Jochmoos bei Sielenbach. Dort fand es ein Dorfhirte, barg es und stellte die Schnitzerei in einem hohlen Birnbaum auf. Ab 1659 soll diese Pietà zu Wunderheilungen geführt haben. Die Wallfahrt zu „Unser Lieben Fraw im Pürnbaum" begann.

Wallfahrten boten den im Krieg verarmten Orten eine überlebensnotwendige Einnahmequelle. Bei Sielenbach entstand von 1661 bis 1668 die Wallfahrtskirche Maria Birnbaum. Ihre zentrale Rotunde wurde nach dem Vorbild des Pantheons in Rom geplant. Das Gnadenbild und ein Stück vom Stamm des namensgebenden Birnbaums birgt der Hochaltar in der originellen Barockkirche.

Um einen Birnbaum mit einem Gnadenbild wurde bis 1668 ein Hauptwerk des Barocks in Bayern erbaut – die Wallfahrtskirche Maria Birnbaum. Auslöser für ihre Entstehung waren schwedische Truppen, die 1632 in Altbaiern raubten.

hatte zum Beispiel der Augsburger „Schraubenmacher" Georg Müller – ein Spezialist für hydrotechnische Maschinen (vermutlich Archimedische Schrauben) – zwischen 1604 und 1606 die Friedberger Trinkwasserversorgung eingerichtet.[55] Auch dieses *„[...] ‚gewaltige technische Werk' [...]"*[56] war beim Einfall der Schweden am 16. Juli 1632 zerstört worden. Friedberg bekam erst 1789 wieder eine technisch vergleichbare Wasserversorgung.[57]

AICHACH BIS 1633 – JE DREIMAL VON DEN SCHWEDEN UND DEN BAYERN GENOMMEN

Im Mai 1632 klagte ein bayerischer Rat am französischen Hof: ***„Die Schweden hausten in katholischen Landen so, daß der Türke nicht barbarischer auftreten könnte."***[58] Nicht nur in ***Rain*** und ***Friedberg***, sondern auch in ***Aichach***, ***Schrobenhausen*** und ***Pfaffenhofen*** wurde geraubt und Feuer gelegt. Mehrere Bewohner dieser Städte wurden selbst dann noch erschlagen, als sie sich ergaben.

Wegen der Rückeroberung Böhmens durch den wiedereingesetzten kaiserlichen Oberbefehlshaber Wallenstein mussten die Schweden Verbände aus Altbaiern abziehen. Die dabei zurückgelassenen schwedischen Besatzungen waren zu schwach, um die bayerischen Landstädte halten zu können. Schon ab Juli 1632 lagen wieder bayerische Soldaten in Aichach. Am 25. Oktober ergab sich die Stadt erneut den Schweden, am 13. November wurde sie von den Bayern zurückerobert. Am 15. April 1633 war Aichach wieder in der Hand der Schweden. Sie kapitulierten am 13. September vor den Bayern. Dreimal war Aichach von den Schweden erobert und von den Bayern zurückgewonnen worden.[59]

1633: MORD AM PFARRER VON WEMDING UND DIE ERSTÜRMTE BURG NIEDERHAUS

Die Bürger der stark befestigten protestantischen Reichsstadt *Nördlingen* litten ab 1630 unter durchziehenden Truppen. 1630 waren es Soldaten des kaiserlichen Generalissismus Wallenstein, 1631 folgten die Truppen des bayerischen Befehlshabers

Graf Tilly und 1632 zogen die Schweden unter König Gustav II. Adolf heran.

1633 litten die Menschen im Ries unter zahllosen Gräueltaten der Marodeure. In ***Wemding*** entdeckt man am südlichen Turm der katholischen Stadtpfarrkirche ***St. Emmeram*** am Marktplatz eine ***Gedenktafel***: Sie hält fest, dass Soldaten am 7. Mai 1633 den Pfarrer der Spitalkirche ***Mariä Geburt*** (Spitalgasse 1, dieses Spital ist wohl Bayerns älteste Stiftung) vom Turm von St. Emmeram stürzten.[60]

Schaurig schön steht die ***Ruine Niederhaus*** mit ihrem 23 Meter hohen Bergfried hoch über dem

1633 stürzten schwedische Soldaten einen Pfarrer vom Südturm der Wemdinger Kirche St. Emmeram.

Eine Gedenktafel am Fuß des Kirchturms erinnert an den während der „Schwedenjahre" in Wemding ermordeten Geistlichen.

Forellenbachtal bei *Hürnheim*. 1633 drangen die Schweden (wohl über einen Gang zum Wasserturm an der Talseite) in die Burg ein: Auf dem Hügelrücken hoch über dem Tal steht noch heute der runde *Turmstumpf*. Niederhaus wurde 1633 zwar gebrandschatzt, doch zur romantischen Ruine ließ man die ehemalige Höhenburg der Grafen von Oettingen erst im 19. Jahrhundert verfallen.[61]

Der Residenzort *Wallerstein* und die Grafschaft Oettingen-Wallerstein fielen am 3. März 1633 an die schwedische Krone. Die katholische Religion blieb gegen Zahlung einer Sondersteuer geduldet.[62]

1634: IN DER SCHLACHT BEI NÖRDLINGEN WENDET SICH DAS KRIEGSGLÜCK BLUTIG

Am 18. August 1634 begann ein 36 000 Mann starkes kaiserliches Heer unter General Gallas und dem späteren (ab 1637) Kaiser Ferdinand III. die Reichsstadt *Nördlingen* einzuschließen. Viele Menschen aus den Dörfern rund um Nördlingen hatten sich hinter die Mauern der stark befestigten Stadt geflüchtet. Doch die Geflohenen litten bald Hunger: ***„Sie lagen in Gassen und Winkeln, ‚jammerten und bettelten, starben zu Dutzenden täglich an Entkräftung und dem Aas und Unrat, das sie vor Hunger verschlangen‘ […].“***[63] An die Beschießung Nördlingens durch die kaiserliche Artillerie erinnert eine *Kanonenkugel* in der Südseite des *Berger Tors*. Durch diesen Torturm im Südwesten der

Die Reichsstadt Nördlingen war stark befestigt. Vor der Schlacht bei Nördlingen wurde sie drei Wochen lang belagert. Die Stadttore der fast kreisrunden Stadtmauer sind noch heute erhalten.

weitgehend erhaltenen Nördlinger ***Stadtmauer*** führte der Weg in Richtung ***Ulm***. Zur Stadtmauer gehören der ***rundum begehbare Wehrgang***, fünf ***Stadttore***, elf ***Wehrtürme*** sowie die ***Alte Bastei***.

Als ein 26 000 Mann starkes schwedisches Heer heranrückte, kam es am 6. September 1634 südöstlich von Nördlingen zur Schlacht. Auf dem Albuch, dem kahlen Höhenrücken zwischen den drei Rieser Dörfern ***Ederheim***, ***Hürnheim*** und ***Schmähingen***, hatten sich kaiserliche, spanische und bayerische Einheiten verschanzt. Nach 15 vergeblichen Angriffen auf Stellungen dieser Verbände

Hinter der Nördlinger Stadtmauer starben 1634 viele der eingeschlossenen Belagerten den Hungertod.

Nahe bei Ederheim im Ries markiert eine Steinpyramide die Anhöhe, auf der im September 1634 die blutige Schlacht bei Nördlingen entschieden wurde.

RUNDUM BEGEHBAR: DIE NÖRDLINGER STADTMAUER

Fünf Stadttore, elf Stadtmauertürme und der Wehrgang erinnern an die Belagerung der Reichsstadt im Dreißigjährigen Krieg

Aus der Luft ist es gut zu erkennen: Fast kreisrund zieht sich die Nördlinger Stadtmauer um den Mittelpunkt der einstigen Reichsstadt im Ries – den „Daniel", den ziemlich genau 90 Meter hohen Turm der evangelischen Pfarrkirche St. Georg. Mauern, Wehrtürme und eine Bastei der bis in das 17. Jahrhundert hinein ausgebauten Befestigungsanlage sind beinahe vollständig erhalten. Während der Belagerung durch kaiserliche, spanische und bayerische Truppen im Spätsommer 1634 bewahrte der Mauerring Nördlingen davor, gestürmt, gebrandschatzt und geplündert zu werden. Die Reichsstadt ergab sich freiwillig: Nach der Schlacht bei Nördlingen war die Lage aussichtslos geworden.

Die Nördlinger Stadtmauer ist rundum begehbar. Eine Tour auf dem Wehrgang dauert 40 bis 60 Minuten. Man kommt dabei an fünf Stadttoren, elf Wehrtürmen im Mauerring sowie an der Alten Bastei vorbei. Am Inneren der Stadtmauer „kleben" Kasarmen – Unterkünfte für die Stadtsoldaten.

Fast vollständig erhalten und rundum begehbar: Die Nördlinger Stadtmauer ist eine der großen Attraktionen im Ries. Diese Wehrmauer ist weitgehend überdacht. An das Innere des Mauerrings wurden Soldatenhäuschen angebaut.

wurden die Schweden vernichtend geschlagen.[64] Auf dem Albuch hält die in eine ***Steinpyramide*** eingelassene ***Gedenktafel*** fest: „Auf dieser Höhe ward am 6. September 1634 die denkwürdige und folgenreiche Schlacht bei Nördlingen entschieden."

Bei der Schlacht auf dem Albuch sollen nach verschiedenen Schätzungen zwischen 8000 und 12 000 Mann getötet oder verletzt worden sein: ***„Der Albuch und das Tal von Hirnheim waren besät von Leichen […]."***[65] Nördlingen und seine kleine schwedische Besatzung von 500 Mann ergaben sich am 7. September 1634 bedingungslos.[66]

Burg Niederhaus wurde 1633 durch Schweden erstürmt, die wohl über einen Gang zum Wasserturm eindrangen.

Im Verlauf der Schlacht bei Nördlingen wurde die Burg in Alerheim zerstört. Reste der Ringmauer sowie Wehrtürme haben sich erhalten.

Süddeutschland und damit die Reichsstadt Augsburg lagen schutzlos vor den Truppen des Kaisers.

Im nahen *Alerheim* hatten die Kaiserlichen die Hauptburg niedergebrannt. Die dortige *Burgruine* auf einem Bergkegel im Riesbecken – früher im Besitz des Hochstifts Eichstätt – besteht aus der erhaltenen *Ringmauer* und *Schalentürmen* aus dem 15. Jahrhundert sowie aus einem *Torbau*, der erst im 16. Jahrhundert entstand.[67] Weitere Bauten des heutigen *Schlosses* sind großteils Rekonstruktionen.

AUGSBURGS GRÖSSTE KATASTROPHE: DIE BELAGERUNG, DER HUNGER UND DIE PEST

Im Oktober 1634 wurde das stark befestigte, von *Bastionen*, der *Stadtmauer* und (an der Ostseite) von *Wassergräben* geschützte Augsburg von kaiserlichen und bayerischen Truppen eingeschlossen und belagert.[68] Damit begann die schlimmste Notzeit in der Stadtgeschichte. Bis in den März 1635 wurde die von Nachschub weitestgehend abgeschnittene Stadt ausgehungert. Um Proviant zu beschaffen, ließ der schwedische Kommandant am 1. Februar das bayerische *Aichach* überfallen und plündern. Doch auch dies half nur wenig: Die verhungernden Augsburger kochten Rinderhäute, jagten Mäuse, Ratten, Hunde und Katzen. ***„Man hört Jammern, Schreien auf den Gassen, nur um ein Stücklein***

Ein Teil der östlichen Augsburger Stadtmauer erinnert an die „Schwedenjahre": Dort führt die Schwedenstiege zur Schwedenmauer am Schwedenweg hinauf. Die skurrile Figur des „Steinernen Manns" in einer Stadtmauernische ist ein Mahnmal der Hungerkatastrophe in der 1634/35 von schwedischen Einheiten verteidigten Stadt Augsburg.

Seit Oktober 1634 wurde Augsburg von den Kaiserlichen und Bayern belagert. Massige Bastionen, starke Wälle sowie der nasse Stadtgraben (wie hier vor der Herwartmauer) schützten die Stadt monatelang. Am Ende wurde Augsburg ausgehungert.

Brot – ‚Ja, der da sterben kundte, der achtet sich für glikhseelig‘“,[69] hielt ein Pfarrer fest.

Die leidenden Menschen hielten sich nicht nur an Tierkadaver. Kannibalismus war für manche die letzte Überlebenschance: ***„[...] die Totengräber berichteten, daß man ihnen Leiber bringe, denen die Brüste und andere Körperteile fehlten – verzehrt in der Verzweiflung des Hungers. Ein Soldat raubt einer Frau ihren Korb und findet zu seinem Schrecken ein Stück Leichenfleisch darin.“***[70] Die Chroniken berichten, dass die Leiber der Lebenden die Gräber der Toten waren. In Kaminen habe man vom Rauch geschwärzte Leichen gefunden, die geräuchert wurden, um das magere Fleisch essen zu können.[71] 1634/35 grassierte in Augsburg schließlich auch noch die Pest.[72] Allein in diesen beiden Jahren starben hier insgesamt 11 903 Menschen.[73]

IM MÄRZ 1635 ERGIBT SICH DAS VON HUNGER UND PEST ZERMÜRBTE AUGSBURG

Am 24. März beschloss der Rat der Reichsstadt Augsburg die Übergabe an die Belagerer. Am 28. März 1635 zogen die schwedischen Truppen, von zahlreichen Augsburger Emigranten begleitet (unter ihnen drei Söhne des Stadtwerkmeisters Elias Holl) durch das *Rote Tor* und vorbei an der *Bastion am Roten Torwall* in Richtung Süden. Von

Norden her marschierten derweil die neuen Besatzer – kaiserliche und bayerische Einheiten – durch das *Wertachbrucker Tor* in die Stadt ein.

DIE VON SCHWEDEN ZERSTÖRTE FUGGEREI, DIE SYPHILIS UND DER TABAKQUALM

Als die schwedischen Truppen aus Augsburg abrückten, ließen sie eine stark zerstörte ***Fuggerei*** zurück. Bei ihrem Einzug hatten sie zwei Kompanien eines Regiments in der Armensiedlung einquartiert. Sämtliche Bewohner der Fuggerei wurden vertrieben – wohl auch deshalb, weil diese Reihenhaussiedlung eine katholisch konnotierte Seelgerätstiftung war. Drei Gebete für die Stifter und ihre Familie zu sprechen, war und ist bis heute Bestandteil der „Miete": Eines dieser Gebete ist das bei den Protestanten (damals) verhasste Ave-Maria. Bis heute sind alle Fuggereibewohner katholisch.

Nach dem Abzug der Schweden stand diese Reihenhaussiedlung zunächst leer und wurde deswegen von Augsburger Bürgern geplündert. Die Fuggerei wurde zwischenzeitlich sogar in einen Meierhof umfunktioniert. Im Jahr 1642 waren nur noch zwei Häuser der Fuggerei voll bewohnbar, die anderen teilweise oder weitgehend zerstört.[74]

Obwohl die Not groß war, waren auch etliche Jahre später noch längst nicht alle der damals 52 Wohnungen der Siedlung bewohnt, ***„[…] „weiln Mangel an Leuten […]"***.[75] Auch dies war eine Auswirkung des Glaubenskrieges: Als der Rat der Reichsstadt, in der vor dem Krieg bis zu 50 000 Menschen lebten, im September 1635 eine Volkszählung durchführte, hatten in Augsburg 12 017 Protestanten und 4415 Katholiken überlebt. Das war gerade einmal ein Drittel der Bevölkerung vor der Belagerung von 1634/35.[76]

An das große Sterben in diesen Hungermonaten erinnert eine Augsburger Stadtsage um den Bäcker Konrad Hackher. Eine aus nicht zusammengehörigen Skulpturenteilen zusammengestückelte ***Steinfigur*** mit eiserner Nase, der ***„Stoinerne Ma"***, stellt ihn dar. Die skurrile Figur steht in einer Nische an der ***Schwedenmauer***, einem Abschnitt der öst-

Im März 1635 zogen sich die Schweden durch das Rote Tor in der südlichen Stadtmauer aus Augsburg zurück. Von Norden her zogen die Truppen des Kaisers und des bayerischen Kurfürsten durch das Wertachbrucker Tor in Augsburg ein.

lichen Stadtmauer am „Schwedenweg". Dorthin geht es vom „Unteren Graben" die ***Schwedenstiege*** hinauf. Die von der schwedischen Garnison 1632 angelegte Schwedenstiege besteht aus einer Brücke über den nassen ***Stadtgraben*** und der gemauerten Treppe zum „Schwedenweg".[77]

In der nahen Fuggerei erinnert das sogenannte ***Holzhaus*** indirekt an den großen Krieg: Hier hat man Syphiliskranke aus den Fuggerherrschaften mit Guajakholzsud und Quecksilberdämpfen behandelt. Im Holzhaus praktizierte bis um 1565 der Stadtarzt Dr. Adolph II. Occo, der auch für die anderen Kranken in der Fuggerei zuständig war. Sein Sohn, Adolph III. Occo, führte 1565 in Augsburg den Tabak ein: ***„Durch die Heere des 30-jährigen Kriegs wurde das Rauchen*** [als] ***‚die christliche Unsitte' trotz mannigfaltiger klerikaler Verbote*** [von Augsburg aus] ***außerordentlich verbreitet."***[78] Deshalb wurde die Stadt nach dem Krieg zum Zentrum des Tabakhandels im deutschsprachigen Raum.

NACH DEM ABZUG DER SCHWEDEN WERDEN AUGSBURGS KIRCHEN WIEDER KATHOLISCH

Am 4. April 1635 mussten die Schlüssel aller evangelischen Kirchen übergeben werden,[79] am 6. April zogen dort wieder katholische Geistliche ein. Am 1. Mai 1635 setzte Kaiser Ferdinand II. General

Graf Ottheinrich Fugger als Statthalter in der Reichsstadt Augsburg ein.[80] Fugger war der ***„[...] Reorganisator des Augsburger Katholizismus.“***[81]

Nur die ***Barfüßerkirche*** stand den Protestanten jetzt noch zur Verfügung – das jedoch lediglich für den Zeitraum von sechs Wochen.[82] Zwar war ihnen bei den Übergabeverhandlungen im württembergischen Leonberg mit dem „Leonberger Akkord“ zugestanden worden, eine evangelische Kirche bauen zu dürfen. Doch dieses Entgegenkommen war ein Hohn und das Papier nicht wert, auf dem es stand: Jedermann wusste, dass ein Kirchenneubau in der völlig verarmten Stadt nur eine ferne Perspektive sein konnte. Darüber hinaus galten neuerlich die Verhältnisse des Restitutionsedikts von 1629.[83]

STATTHALTER OTTHEINRICH FUGGER UND DIE UNTERDRÜCKUNG DER PROTESTANTEN

Graf Ottheinrich Fugger ***„[...] agierte in dem Bewusstsein, im Auftrag des Kaisers die abtrünnige Reichsstadt wieder zum Gehorsam zurückzuführen [...]“***.[84] Die Augsburger Protestanten verloren erneut alle Ratssitze und Ämter. Die evangelische Bevölkerung hatte Belastungen und Kosten aus den Kontributionen und Einquartierungen allein zu tragen. Das ***evangelische Gymnasium bei St. Anna*** und das dortige Kolleg wurden katholischen Verwaltern unterstellt. Die ***St.-Anna-Kirche*** wurde an die Jesuiten zurückgegeben. Von Pfingsten 1635 bis Pfingsten 1649 fanden alle evangelischen Gottesdienste im Hof des Annakollegs statt: ***„Die Abhaltung der Gottesdienste für die evangelische Gesamtgemeinde der Stadt unter freiem Himmel wurde zum Symbol der Unterdrückung.“***[85]

Die Unterdrückung der Protestanten (und die Bevorzugung der Katholiken) bestimmte auch den Alltag. Insassen evangelischer Spitäler und Pfründhäuser wurden gezwungen, diese Einrichtungen zu verlassen. Die evangelischen Waisen- und Findelkinder wurden in katholischer Religion unterrichtet. Seit 1635 waren die zuvor wohl nicht seltenen Mischehen verboten: Dies führte dazu, dass Ehepartner nur zum Schein konvertierten. Damit ver-

HUNGER, KANNIBALISMUS UND GRAUEN: DER „STOINERNE MA“

Eine seltsame steinerne Figur an der Augsburger Schwedenmauer ist ein Mahnmal der Katastrophe des Dreißigjährigen Krieges

Der Dreißigjährige Krieg brachte Augsburg im Winter 1634/35 die größte Katastrophe der Stadtgeschichte. Nachdem das protestantische Heer im September 1634 in der Schlacht bei Nördlingen eine vernichtende Niederlage erlitten hatte, wurde Augsburg bis März 1635 von kaiserlichen und bayerischen Truppen belagert und ausgehungert. Die Augsburger kauten weichgekochte Rinderhäute, brieten Mäuse, Ratten, Hunde und Katzen und machten selbst vor Leichenteilen nicht halt.

An diese unsägliche Hungersnot erinnert die Stadtsage um den Bäcker Konrad Hackher: Er soll den Belagerern von der Stadtmauer aus mit einem aus Sägemehl gebackenen Laib zugewunken haben, um vorzutäuschen, dass Augsburg noch mit Brot versorgt sei. Die Belagerer schossen auf ihn – eine Kanonenkugel riss ihm den Arm ab, mit dem er das „Brot“ schwenkte. Die Figur des „Stoinernen Ma“ nahe der Schwedenstiege an der östlichen Stadtmauer stellt den tödlich verwundeten Bäcker dar.

Eine Stadtsage um den „Stoinernen Ma“ handelt von der dramatischen Hungersnot in den Kriegsjahren 1634 und 1635. Die skurrile Figur mit der eisernen Nase wurde wohl (lang nach dem Krieg) aus verschiedenen Teilen zusammengefügt.

bundene Verdikte wurden unerbittlich durchgesetzt: Eine bloß nach außen hin katholisch gewordene Ehefrau wurde verhaftet und aus der Stadt verwiesen. Als sich die evangelische Witwe eines Katholiken in zweiter Ehe mit einem Protestanten verheiratete, nahm man ihr die drei Kinder aus der ersten Ehe weg und zwang diese in ein katholisches Waisenhaus.[86] Zwar schwiegen die Waffen und der Hunger war überwunden, doch die Jahre bis zum Ende des Krieges waren ein (wohl nie völlig überwundenes) ***„[...] traumatisches Erlebnis [...]“***[87], das bis zum Friedensschluss das Gefühl einer ***„[...] immerwährenden Bedrohung der evangelischen Existenz in der Stadt [...]“***[88] verursachen musste.

AUGSBURGS NACHBARSTÄDTE FRIEDBERG UND AICHACH WERDEN 1634 ZERSTÖRT

Auch in Augsburgs 1634 niedergebrannter Nachbarstadt ***Friedberg*** grassierte 1635 die Pest. Dennoch begann dort der Wiederaufbau, an dem auch Baumeister aus Augsburg beteiligt waren. Nicht nur öffentliche Bauten und Wohnhäuser, sondern auch die Kirchen in und außerhalb der Stadt waren zerstört. Bei den Baumaßnahmen behalf sich Friedberg, das sich keine neuen Ziegel leisten konnte und deshalb die Steine der eingestürzten ***Stadtmauer*** in den Gräben sammeln ließ, mit der Arbeit von „Trümmerfrauen“: Arme Bürgerinnen und Witwen säuberten Mauersteine und Dachziegel.[89]

Um Proviant zu beschaffen, ließ der schwedische Kommandant von Augsburg am 1. Februar 1635 das bayerische Aichach überfallen und plündern. Die beiden Aichacher Stadttore waren schon im Jahr 1634 zerstört worden.

Obwohl die nahe Stadt *Aichach* bis 1633 schon dreimal erobert und zurückerobert worden war, lernten ihre Bürger das Grauen des Krieges in der vollen Härte erst binnen weniger Tage im Juni 1634 kennen. Aichach hatte sich am 14. Juni neuerlich den Schweden ergeben müssen. Die Belagerer hatten die Stadt beschossen und beide Stadttore zerstört. Das *Obere Tor* war bis auf sein Unterteil zerfallen, dem *Unteren Tor* fehlte die Bedachung. In die Aichacher Stadtmauer hatten die Angreifer eine breite Bresche geschossen.

Danach zogen die Schweden weiter, woraufhin bayerische Soldaten umgehend die Stadt besetzten. Doch schon am 21. Juni 1634 standen erneut die Schweden vor der Stadt: Am 24. Juni erstürmten sie Aichach, ein Teil der bewaffneten Bürger wurde erschlagen, der Stadtkommandant vor einem Stadttor aufgehängt. Aichach wurde mit allen damit verbundenen Gräueln geplündert und danach – wahrscheinlich am 30. Juni 1634 – in Schutt und Asche gelegt. Nur das (erst im Spanischen Erbfolgekrieg 1704 zerstörte) Schloss und die benachbarte Pfarrkirche *Mariä Himmelfahrt* blieben von dem Brand verschont.

Im Augsburger Hungerwinter von 1635 wagte der schwedische Kommandant einen Ausfall, um Lebensmittel zu beschaffen. Am 1. Februar ließ er das erneut von den Bayern gehaltene Aichach überfallen und die schwache Besatzung niederhauen. Noch einmal wurde geraubt, was zu rauben war. Zum sechsten Mal hatten die Schweden Aichach zu diesem Zeitpunkt erobert. Und noch immer sollte es nicht das letzte Mal gewesen sein.[90]

„SCHWEDENJAHRE" IM ALLGÄU UND IN ULM – UND EIN VERSCHENKTES KLOSTER

Auch das Allgäu, die Reichsstadt *Ulm* und der Ulmer Winkel waren in diesen Jahren von den Kriegsereignissen betroffen. 1633 kapitulierte das von den Schweden besetzte *Memmingen*, dessen Mauern damals erstmals überwunden wurden, vor den kaiserlichen Truppen. 1634 gelang es den Schweden noch einmal, die katholischen Truppen

Die Stadttore von Memmingen und Ulm erinnern daran, dass diese beiden Reichsstädte stark befestigte Plätze waren. Ulm (rechts: der Metzgerturm) hielt 1631 und 1634 zwei Belagerungen durch kaiserliche Truppen stand.

aus dem Allgäu zu vertreiben. Doch 1636 mussten die Schweden Memmingen erneut aufgeben.[91]

Ulm war 1631 von den Kaiserlichen erfolglos belagert worden. Am 13. Februar 1632 hatte die Reichsstadt mit Gustav II. Adolf ein Schutzbündnis geschlossen. Marodierende Schweden fingen 1632 aber bald an, Dörfer, Klöster und Schlösser bei Ulm zu plündern. Katholische Besitzungen wurden zum privaten Raubgut: So verschenkte der schwedische Kanzler Oxenstierna zum Beispiel das *Kloster Roggenburg* an seinen Ulmer Statthalter.

Nach der Schlacht bei *Nördlingen* flüchteten sich 1634 die geschlagenen Schweden, von katholischen Verbänden verfolgt, durch das Gebiet um Ulm. Die stark befestigte Donaustadt wurde erneut belagert. Mehr als 8000 Flüchtlinge hatten im übervölkerten Ulm Schutz gesucht. Prompt brach in der Stadt nach überstandener Belagerung die Pest aus.[92] ***„Nach den Chroniken und Kirchenbüchern starben etwa 4000 Bürger und 5000 Landleute, die sich als Flüchtlinge in Ulm aufhielten, an einem Tag oft mehr als 100 Menschen.“***[93]

Die Chronik eines Schuhmachers aus dem Dorf *Neenstetten* bei Ulm berichtet ***„[...] von den zahllosen Fluchten in andere Dörfer oder in die Wälder, wo sie ‚gejagt' wurden wie das Wild.“***[94] Nach Ulm war der Chronist 30-mal geflohen. Auf der Flucht und durch die Pest starben drei seiner Kinder und andere Verwandte. Im Sommer 1635 war die Ernte vernichtet, Gehölz überwucherte die Äcker.[95]

WARUM FRIEDBERGS JESUITEN NACH KISSING AUSWICHEN

Ein Schlösschen in Kissing erinnert daran, dass die Jesuiten ihr Friedberger Kolleg weiter weg von Augsburg legten

1632 hatten die Schweden Friedberg geplündert und niedergebrannt, Frauen und Kinder vertrieben und alle Männer getötet, derer man habhaft wurde. Lutheraner aus Augsburg hatten sich unter die Soldaten gemischt und wie diese geraubt und wohl auch gemordet. In Augsburg bejubelten Protestanten den Untergang der katholischen Nachbarstadt.

Für das Verhältnis der nahen Nachbarn dürften diese traumatischen Tage eine tiefe Zäsur bedeutet haben. So hatten die Friedberger Jesuiten 1652 zwar zunächst ihre Kirche wiederaufbauen lassen (Rest des Dachreiters am Haus Jesuitengasse 7). Vielleicht auch wegen der tief sitzenden Furcht vor dem nach 1648 weiter mehrheitlich protestantischen Augsburg veräußerten die Jesuiten jedoch 1666 ihren Besitz in Friedberg und verlegten das Jesuitenkolleg in das (ehemalige) Schloss Kissing, das sie 1603 erworben hatten. 1713/14 ließen sich die Jesuiten von Hans Georg Mozart ein Schlösschen auf Gut Mergenthau bei Kissing erbauen.

Nur wenige Jahre nach dem Ende des Dreißigjährigen Krieges verließen die Jesuiten die 1632 zerstörte Stadt Friedberg und verlegten ihr Kolleg in das Hofmarkschloss in Kissing.

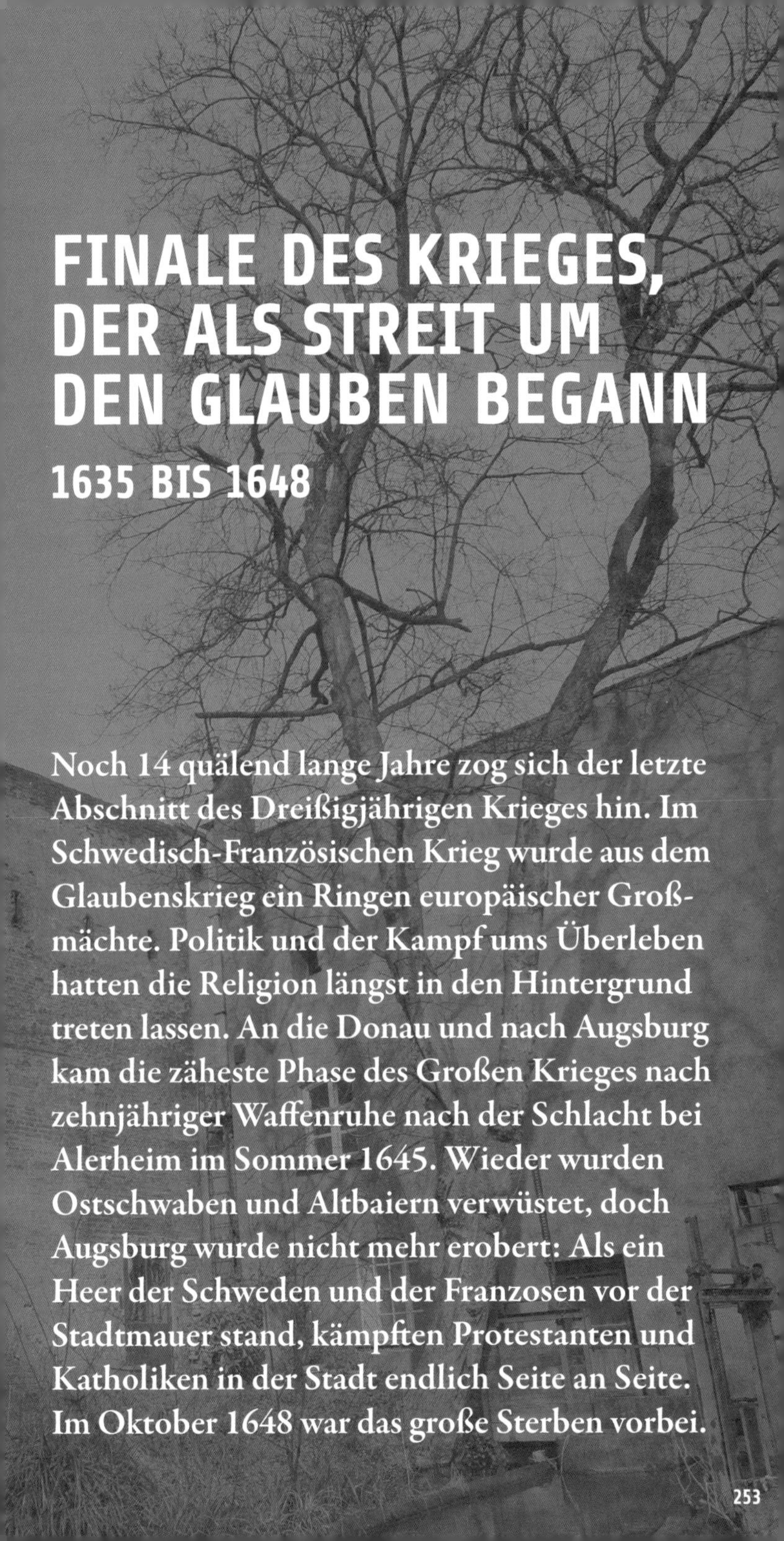

FINALE DES KRIEGES, DER ALS STREIT UM DEN GLAUBEN BEGANN

1635 BIS 1648

Noch 14 quälend lange Jahre zog sich der letzte Abschnitt des Dreißigjährigen Krieges hin. Im Schwedisch-Französischen Krieg wurde aus dem Glaubenskrieg ein Ringen europäischer Großmächte. Politik und der Kampf ums Überleben hatten die Religion längst in den Hintergrund treten lassen. An die Donau und nach Augsburg kam die zäheste Phase des Großen Krieges nach zehnjähriger Waffenruhe nach der Schlacht bei Alerheim im Sommer 1645. Wieder wurden Ostschwaben und Altbaiern verwüstet, doch Augsburg wurde nicht mehr erobert: Als ein Heer der Schweden und der Franzosen vor der Stadtmauer stand, kämpften Protestanten und Katholiken in der Stadt endlich Seite an Seite. Im Oktober 1648 war das große Sterben vorbei.

EIN FRIEDEN – UND WIEDER KRIEG BIS ZUR ERSCHÖPFUNG

Von 1635 an machten die protestantischen Schweden und die katholischen Franzosen im Machtkampf gemeinsame Sache

In Augsburg schwiegen seit 1635 die Waffen. Der kaiserliche Statthalter Ottheinrich Fugger erwies sich aber als erbitterter Feind der Protestanten. 1645 kam der Krieg zurück: Sogar in Augsburg war der Kanonendonner der Schlacht bei Alerheim zu hören. Bis zum Ende des Dreißigjährigen Krieges blieb die Stadt vor weiterer Zerstörung verschont – auch, weil die Bürger nun gemeinsam auf der Stadtmauer gegen ihre Feinde kämpften.

DER LETZTE UND GRAUSAMSTE TEIL DES DREISSIGJÄHRIGEN KRIEGES BEGANN 1635

Nach der Eroberung der Stadt Regensburg am 26. August 1634 sowie der Schlacht bei *Nördlingen* am 5. und 6. September 1634 war die Vormacht der Schweden im Süden Deutschlands gebrochen. Die schwedischen Verbände zogen sich allmählich nach Norden zurück. In dem im Glaubenskrieg ausgebluteten und tief erschöpften Heiligen Römischen Reich Deutscher Nation hatte sich Kriegsmüdigkeit breitgemacht. Am 30. Mai 1635 schlossen der Kaiser und Kurfürst Johann Georg von Sachsen den Frieden von Prag, den auch die meisten Reichsstände – katholische wie evangelische – annahmen. Kaiser Ferdinand III. war nun Oberbefehlshaber der Reichsarmee, der auch das sächsische und das bayerische Heer angehörten. Deutsche Landesherren, die sich dem Prager Frieden widersetzten und den Kaiser als Reichsoberhaupt ablehnten, wurden gezwungen, die Vereinbarungen zu akzeptieren.[1] ***„Der Bekenntnisstand wurde auf 1627, also auf die Zeit vor dem Restitutionsedikt, fixiert […].“***[2]

Doch der Prager Frieden richtete sich gegen Schweden und wurde so zum Auslöser der letzten und zähesten Phase des Dreißigjährigen Krieges.

Unter der Georgskapelle in St. Ulrich und Afra wurde 1644 der einstige kaiserliche Statthalter der Reichsstadt Augsburg, Graf Ottheinrich Fugger, beigesetzt. Der Fugger hatte sich schamlos an seiner Heimatstadt bereichert und die Protestanten Augsburgs tyrannisch unterdrückt.

Schon am 27. Juli 1635 vereinten sich die Heere der protestantischen Schweden und des katholischen Frankreich: Der vierte Akt der großen Katastrophe, der Schwedisch-Französische Krieg, hatte begonnen. Er sollte noch 14 Jahre andauern.[3] Aus dem erbitterten Glaubenskrieg war längst ein permanentes, nur durch Machtpolitik motiviertes militärisches Ringen geworden.

DER STATTHALTER OTTHEINRICH FUGGER TYRANNISIERT SEINE GEBURTSSTADT

Bis 1646 blieb Augsburg zwar von kriegerischen Ereignissen verschont. Doch seit der Kaiser im April des Jahres 1635 Ottheinrich Fugger als Statthalter berufen hatte, saß ein Feind in der Stadt, unter dessen Willkür und Tyrannei nicht nur die ihm verhassten Protestanten, sondern auch katholische Mitbürger und sogar Verwandte wie seine Vettern Marquard Fugger und Hans Fugger sowie sein Neffe Hans Eusebius Fugger litten.[4]

Augsburg war die Geburts- und Heimatstadt von Ottheinrich Fugger, dort war er am 12. Januar 1592 geboren worden. 1617 hatte Ottheinrich Fugger, Herr zu Mickhausen, Grönenbach und Mattsies sowie von Freydegg in Niederösterreich, die Militärlaufbahn gewählt. Der Jesuitenschüler stand zunächst in spanischen, dann in kaiserlichen und schließlich in bayerischen Diensten, nahm an mehreren Feldzügen teil und stieg in den Rang eines Generals auf. Kurfürst Maximilian I. von Bayern machte ihn zu seinem Hofmarschall und Oberstkämmerer. Die Statthalterschaft in Augsburg war der Höhepunkt in Ottheinrich Fuggers Karriere.[5]

Am 3. Juni 1635 ließ er vor den ***Fuggerhäusern*** am Weinmarkt die katholischen und evangelischen Bürger der Reichsstadt Augsburg mit Schwurhand (und kontrolliert von Militär) den Treueid auf den Kaiser nachsprechen. Obwohl der Prager Frieden das Restitutionsedikt von 1629 ausdrücklich außer Kraft gesetzt hatte, versuchte Ottheinrich Fugger, mit Billigung des Kaisers und des Kurfürsten von Bayern die Rekatholisierung Augsburgs zu erzwingen.[6] Erneut erwies sich der Augsburger Bischof Heinrich von Knöringen als unbelehrbar: ***„Jetzt drang er von seiner Residenz in Dillingen aus auf die Wiedereinführung der ‚catholischen Religion'.“***[7]

Unerbittlich kujonierte Ottheinrich Fugger die Protestanten mit Strafgeldern, Einquartierungen oder der Verweigerung von Passierscheinen. Steuern für die evangelische Bürgerschaft lagen erheblich höher als die der Katholiken. Selbst den Briefwechsel evangelischer Kaufleute ließ er kontrollieren.[8] Fugger ließ sogar in die Häuser evangelischer Bürger eindringen, um belastende Papiere zu suchen.[9]

Jenen kaiserlichen Soldaten, die in Augsburg plünderten und stahlen, war ihr Statthalter kein gutes Vorbild – denn schließlich wurde Ottheinrich Fugger sogar als ***„[...] ein ‚Schmarotzer am Krieg' [...]“***[10] bezeichnet. Doch erst nach und nach gelang es Fuggers Gegnern, ihn zu entmachten: Im April 1636 wurde seine Statthalterschaft abgeschafft,[11] und ***„[...] es waren gewiß nicht nur die Protestanten, die dies erreichten.“***[12] Kommandant der Stadtgarde blieb Ottheinrich Fugger allerdings bis zu seinem Tod am 12. Oktober 1644.

An Graf Ottheinrich Fugger erinnert die ***Georgskapelle*** in der Augsburger Basilika ***St. Ulrich und Afra***, wo er in der Gruft seines Vaters Christoph Fugger bestattet wurde. An den Stifter und Kunst-

Auch vom Schlossberg in Alerheim wurde im August 1645 geschossen. Der Kanonendonner der Schlacht im Ries war noch im knapp 70 Kilometer entfernten Augsburg zu hören.

förderer Ottheinrich Fugger erinnern in Augsburg das *Gemälde von Peter Paul Rubens* mit dem Motiv der *Himmelfahrt Mariens* in der katholischen Kirche *Heilig Kreuz* sowie die Figur des *Christus Salvator* des Bildhauers Georg Petel im Chor der Kirche *St. Moritz*.

Ottheinrich Fugger unterstützte in Augsburg insbesondere die Kapuziner.[13] Fugger veranlasste auch, dass das Wunderbarliche Gut am 10. Mai 1635 von München in einer feierlichen Prozession in die Augsburger Heilig-Kreuz-Kirche zurückgeführt wurde.[14] Eine *Gedenktafel* in der Kirche erinnert an das einst bedeutende Wallfahrtsziel im Domviertel. In sehr unterschiedlichem baulichen Zustand sind die *Schlösser* in *Grönenbach*, *Mattsies* (im heutigen Landkreis Unterallgäu) und *Mickhausen* (im Landkreis Augsburg) erhalten. (Das Schloss in Freydegg in Niederösterreich besteht nur noch zum Teil.)

DER KRIEG KOMMT INS RIES ZURÜCK: DIE BLUTIGE SCHLACHT BEI ALERHEIM

Am 3. August des Jahres 1645 kehrte der Dreißigjährige Krieg ins Ries zurück. Zwischen dem *Schlossberg* in *Alerheim* und *Grosselfingen* prallten 30 000 Mann eines kaiserlich-bayerischen Heeres unter Franz von Mercy sowie französisch-hessische Truppen unter Prinz Louis von Condé aufeinander.

Die kurze, blutige Schlacht kostete 8000 Soldaten das Leben. Die Franzosen gingen aus dem Gemetzel als Sieger hervor.[15] ***„Man konnte den Kanonendonner der Schlacht noch im siebzig Kilometer entfernten Augsburg hören. Das Ereignis verhieß für die Stadt und ihre Bürger nichts Gutes.“***[16] Nachdem sie auch noch die nahe Stadt *Nördlingen* eingenommen hatten, zogen sich die französischen Truppen aber erst einmal aus Schwaben zurück.[17]

Mit der „Hanseles Hohl" verbindet sich eine Sage um den letzten Überlebenden des Dorfes Fronhofen im Dreißigjährigen Krieg. „Hansele" soll sich in der Höhle vor den Schweden versteckt gehalten haben.

KRIEGSELEND IM RIES UND BEI ULM: DER „HÖHLENMENSCH" UND DIE WÖLFE

Welches Leid dieser Krieg der wehrlosen Dorfbevölkerung brachte, belegt die *„Hanseles Hohl“*, eine Höhle an der Nordseite des Michelsberges bei *Fronhofen* nahe *Bissingen*. In dieser Höhle soll sich der „Hansele“, der letzte Überlebende des Dorfes im Kesseltal, vor den Schweden versteckt gehalten haben. Eine Informationstafel am Höhleneingang erzählt seine Geschichte. Auch wenn sie wohl eine Ortssage ist, belegt sie doch, wie tief sich das Trauma des Dreißigjährigen Krieges ins kollektive Gedächtnis eingegraben hat.

Gesichert überliefert ist dagegen das Elend der Kriegsjahre für *Ulm* und sein Umland. Von dort berichtet die Chronik des Schuhmachers Johannes Heberle aus dem ulmischen Dorf *Neenstetten*,

„[...] im Winter 1640 seien Wölfe aufgetaucht und hätten Schafe, Ziegen und Hunde geholt."[18] Den wirtschaftlichen Niedergang der vormals so reichen Stadt Ulm besiegelte die Kriegsnot endgültig.

SCHWEDEN UND BAYERN IN DONAUWÖRTH: EIN ANGRIFF MIT DREI DONAUSCHIFFEN

Donauwörth war zwar seit dem August 1635 von Kampfhandlungen verschont geblieben, allerdings waren seine Bürger stets von Einquartierungen, Truppendurchzügen und marodierenden Soldaten bedroht. Mit ihren Pferden wagten sich die Donauwörther kaum vor die Stadttore, weil ihnen die Rösser von kaiserlichen Reitern, die in der Nähe einquartiert waren, weggenommen wurden. Wie unsicher die Lage in der Gegend war, belegen zwei Verbrechen im März 1638: Dragoner des kaiserlichen Heeres überfielen und ermordeten einen kaiserlichen Zeugwart und nur fünf Tage später – unweit von Donauwörth in ***Riedlingen*** – einen kaiserlichen Proviantmeister. Vor der verwilderten und verrohten Soldateska war niemand sicher.[19]

Nach der Schlacht bei ***Alerheim*** hatten sich die geschlagenen Bayern im August des Jahres 1645 nach Donauwörth zurückgezogen. Marodierende Soldaten hatten erneut die Stadt und das nahe Dorf ***Zirgesheim*** geplündert. Danach lag eine bayerische Besatzungstruppe in der Donaustadt.[20]

Aber schon im Spätsommer 1646 marschierten Verbände der Franzosen über ***Lauingen*** sowie Einheiten der Schweden über ***Nördlingen*** und Donauwörth erneut in Ostschwaben ein.[21] Um den Fluchtweg zu sichern, ließ der bayerische Kommandeur am 10. September 1646 die Donaubrücke anzünden. Als auch ein schwedischer General die Brücke in Brand steckte, versuchten die Donauwörther, sie wieder zu löschen: Deswegen wurden die Bürger mit der Besetzung und Plünderung der Stadt bestraft. Später rückten in Donauwörth 70 bayerische Reiter ein, die bereits am 16. September von den Schweden vertrieben wurden. Diesmal hatten die Schweden die Stadt von Lauingen aus mit drei Schiffen auf der Donau angegriffen. Noch bis zum

30. April 1647 blieb Donauwörth danach in der Hand der schwedischen Besatzer. Reparaturen an der Donaubrücke und an Wehrbauten sowie Einquartierungen ließen die Stadt weiter verarmen.[22]

AUSGERAUBTE OPFERSTÖCKE: SCHWEDEN UND FRANZOSEN BESETZEN DILLINGEN

In *Dillingen* war einer der maßgeblichen Kriegstreiber – Heinrich von Knöringen, der Bischof von Augsburg – am 25. Juni 1646 verstorben. Anfang August hatten sich die Heere Frankreichs und Schwedens bei Fritzlar in Hessen vereint: Sie zogen nun in Richtung Süddeutschland. In Dillingen ordnete deshalb ein kurbayerischer Kommissar an, die Donaubrücke in Brand zu setzen und alle Kähne und Boote abzutransportieren oder zu zerschlagen.

Im Herbst wurde Dillingen von feindlichen Truppen umkreist. Im Oktober stiegen Schweden nachts über die Stadtmauer und plünderten die Pfarrkirche *St. Peter*, in anderen Kirchen wurde der Opferstock aufgebrochen. Ende 1646 war Dillingen besetzt, in den zwei folgenden Jahren lagen abwechselnd die Franzosen oder die Schweden in der Stadt. Im letzten Kriegsjahr war Dillingen zeitweise das französische Hauptquartier in der Region. Mehrmals wurde die Donaustadt geplündert.[23]

DIE SCHWEDEN UND FRANZOSEN VOR AUGSBURG – EIN GEMEINSAMER FEIND

Durch das Lechtal und über das bayerische *Rain* waren die Franzosen und Schweden in Richtung Augsburg gezogen. Mitte September 1646 stand ein schwedisch-französisches Heer unter den Befehlshabern Wrangel und Turenne vor Augsburg: Ihre Artillerie beschoss die Jakobervorstadt und die Frauenvorstadt. Am 7. und 11. Oktober versuchten die Angreifer vergeblich, die *Stadtmauer* um das *Wertachbrucker Tor* zu stürmen.

Die Augsburger hatten begriffen, dass der Feind vor der Stadt stand, wenn auch der konfessionelle Konflikt im Inneren weiter schwelte. Doch auf den Mauern kämpften nun, verstärkt durch einen Trupp bayerischer Reiter, Katholiken neben Protestanten. Als am Nachmittag des 12. Oktober ein kaiserlich-bayerisches Heer am Lech bei ***Hochzoll*** eintraf, zogen sich Schweden und Franzosen in Richtung Westen zurück. Die Dörfer ***Göggingen***, ***Pfersee*** und ***Oberhausen*** brannten sie nieder.[24] Und auch die Häuser in den Dörfern ***Stadtbergen***, ***Kriegshaber***, ***Steppach***, ***Neusäß***, ***Täfertingen*** und ***Hirblingen*** wurden während des Rückzugs angezündet.

Die Gegend westlich und nördlich von Augsburg hatten Schweden und Franzosen schon zuvor unsicher gemacht. Marodeure überfielen am 7. September das ***Kloster Oberschönenfeld***. Die Nonnen, die sich zuvor in den Augsburger Hof des Klosters (***Schönefelder Hof***, Johannisgasse 4) geflüchtet hatten, durchlebten im Oktober die Beschießung der Stadt. Das ***Kloster Thierhaupten*** wurde in diesen Wochen mehrmals ausgeplündert. Die Nonnen des ***Klosters Holzen*** lebten in diesen Jahren im Exil.[25]

ERST ALS BAYERN BRENNT, SCHLIESST DER KURFÜRST EINEN WAFFENSTILLSTAND

Schon seit 1644 wurde in Münster und Osnabrück über einen Friedensschluss verhandelt. Doch noch im September 1646 hatten Schweden und Franzosen die Donau überschritten und waren aufs Neue in Altbaiern eingefallen, das sie systematisch ver-

Im Oktober 1646 fielen Schweden und Franzosen auch in Friedberg ein. Die Stadt und das Wittelsbacherschloss wurden erobert und danach in Brand gesteckt.

wüsteten: *„[...] der größere Teil von Aichach und über hundert Dörfer gingen in Flammen auf.*“[26]

Während der Belagerung von Augsburg – am 10. Oktober – verheerten die Angreifer das angrenzende Land. Auch die letzten Häuser des Dorfes *Lechhausen* wurden niedergebrannt. In *Kissing, Stätzling, Derching, Wulfertshausen, Ottmaring, Rederzhausen* und *Hügelshart* gingen Fouragiere auf Beutejagd.[27] *„Friedberg, das sich gerade etwas erholt hatte, wurde also mit dem Schloß erneut erobert, in Brand gesteckt und gänzlich verheert.*“[28]

Jetzt, da Bayern verwüstet wurde, lenkte Kurfürst Maximilian I. ein: Am 14. März 1647 schloss er mit Schweden, Frankreich und Hessen-Kassel in *Ulm* einen Waffenstillstand. Bezeichnend für diese so zähe Phase des Krieges ist, dass sich Maximilian mit den Verträgen von Pilsen und München vom 7. und 23. September neuerlich dem Habsburgerkaiser anschloss: Schon am 13. September kündigte der Kurfürst Frankreich den Waffenstillstand auf.[29]

Wegen des schwedisch-französisch-bayerischen Waffenstillstands war das von den Bayern gehaltene *Memmingen* noch einmal an die Schweden gekommen.[30] Doch von September bis November 1647 wurde Memmingen erneut von bayerischen Regimentern belagert. Neun Wochen dauerte dieser mit ständigen Kanonaden verbundene Angriff, dann zogen die Schweden nach zehntägigen Verhandlungen ab.[31] Ohne Erfolg kämpften die Bayern gegen die schwedische Besatzung von *Nördlingen*. Den Franzosen gelang es, *Lauingen* zu halten.[32]

BEI ZUSMARSHAUSEN: DIE LETZTE GROSSE SCHLACHT IM DREISSIGJÄHRIGEN KRIEG

„Zur letzten größeren Schlacht kam es am 17. Mai 1648 bei Zusmarshausen [...]“[33], nur knapp 25 Kilometer westlich von Augsburg. Diese „Schlacht“ war eher eine Reihe von Rückzugsgefechten des kaiserlich-bayerischen Heeres unter dem Oberbefehl von Feldmarschall Graf Peter Holzappel (genannt „Melander“) gegen die schwedisch-französische Armee, die von *Lauingen* her über die Donau heranrückte. Im Rothtal kam es zu drei Gefechten:

EIN GEMÄLDE VON RUBENS UND DIE FUGGER IM KRIEG

Rubens und der Schöpfer des „Simplicissimus" hinterließen die prominentesten Denkmäler der Soldaten aus dem Hause Fugger

Für den Historiker Bernd Roeck war Ottheinrich Fugger zwar einerseits „[…] ein Schmarotzer am Krieg […]", andererseits aber auch ein akademisch gebildeter Adeliger und ein Kunstliebhaber. Als solcher stiftete er 1627 das Gemälde der Himmelfahrt Mariens von Peter Paul Rubens, das heute im Seitenschiff der katholischen Heilig-Kreuz-Kirche in Augsburg zu sehen ist.

Auch andere Mitglieder des Hauses Fugger dienten im Dreißigjährigen Krieg als Soldaten auf Seiten des Kaisers in Wien und des Kurfürsten von Bayern. Jakob Fugger-Babenhausen, ein Vetter Ottheinrichs, fiel 1632 vor Nürnberg. Im Kampf um Regensburg starb 1634 Marcus Octavian Fugger: An ihn erinnert ein Epitaph in der Klosterkirche Karthaus-Prüll. Ein literarisches Denkmal schuf Hans Jacob Christoffel von Grimmelshausen für den bayerischen Obristwachtmeister Franz Fugger: Grimmelshausen erwähnt ihn in seinem Schelmenroman „Der seltsame Springinsfeld".

An Graf Ottheinrich Fugger, seit April 1635 der kaiserliche Statthalter und Stadtkommandant von Augsburg, erinnert ein 1627 von ihm gestiftetes Gemälde von Peter Paul Rubens in der katholischen Kirche Heilig Kreuz.

das erste am Rother Berg bei ***Zusmarshausen***, das zweite lediglich drei Kilometer weiter östlich beim Weiler ***Herpfenried*** und das dritte – weitere knapp vier Kilometer Richtung Augsburg – in ***Horgau***. In den Kämpfen bei Horgau fiel Feldmarschall Holzappel. Am Ostufer der Schmutter gelang es den kaiserlich-bayerischen Einheiten, bei ***Schlipsheim***, ***Hainhofen*** und ***Ottmarshausen*** eine neue Schlachtordnung aufzubauen. Im Schutz der Nacht zogen sich die kaiserlich-bayerischen Truppen unter die Mauern von Augsburg zurück.[34]

Nach ihrem Sieg im Rothtal und an der Schmutter zog die schwedisch-französische Armee nicht vor das stark befestigte Augsburg, sondern bei ***Rain*** über den Lech. Der kaiserlich-bayerische Kriegsrat hatte die dortige Verteidigungslinie am 26. Mai 1648 aufgegeben: Schweden und Franzosen fielen nun erneut plündernd und brennend in Bayern ein. Am 5. Oktober wurden die Angreifer von kaiserlich-bayerischen Truppen in die Flucht geschlagen. Am 11. und 12. Oktober 1648 standen die Schweden und Franzosen westlich des Lechs und bei ***Schwabmünchen***.[35] Diese Armee bewegte sich auf Augsburg zu: ***„Als eben wieder ein schwedisch-französisches Heer bei Göggingen vor der verarmten Lechstadt erschienen war, wurde am 24. Oktober*** [1648] ***der Westfälische Friede unterzeichnet.“***[36] Der Dreißigjährige Krieg war zu Ende.

Erst 1648 zogen die Schweden aus Wallerstein ab. Doch zuvor zerstörten sie das einst riesige, terrassenförmig auf dem Burgfelsen errichtete Alte Schloss hoch über dem Residenzort im Ries. Erhalten ist der im 16. Jahrhundert erbaute Mauergürtel.

AUGSBURG WAR EINE DER VOM KRIEG AM SCHWERSTEN GETROFFENEN STÄDTE

„Augsburg war am Ende des Dreißigjährigen Krieges trotz der Erholungspause zwischen 1635 und 1645 eine der am schwersten getroffenen Städte des Reiches. Noch 1678 zählte man wiederum nur 15 495 Personen in seinen Mauern [...].“[37] Die Stadt bewegte sich seither auf deutlich bescheidenerem Niveau: *„Augsburg, nun keine europäische Stadt mehr, fand im Reichssystem eine von außen kaum noch gestörte, ruhige Existenz.“*[38]

Andere traf es härter: *Memmingen* zählte vor dem Krieg 6000 Menschen, gestorben waren drei Viertel. In *Kempten* hatten von 6000 Einwohnern bereits 1635 nicht einmal mehr tausend überlebt.[39] Einige der ausgebluteten Städte belastete der Krieg noch weit über den Friedensschluss hinaus: Am 10. Oktober 1649 verließen die Schweden *Donauwörth*, *Nördlingen* gar erst 1650. Bis zu diesem Jahr hielten die Franzosen auch *Lauingen* besetzt.[40] In der bischöflichen Residenzstadt *Dillingen* zogen die letzten Besatzer am 22. April 1650 ab, als die Schweden das Hochstift Augsburg räumten.[41] In *Wallerstein* zerstörten die Schweden noch 1648 das *Alte Schloss*. Der *Wallersteiner Felsen* und die Schlossruine wurden als Steinbruch genutzt.[42]

Wie der Krieg die Landbevölkerung getroffen hatte, verdeutlicht das Beispiel der Dörfer *Dattenhausen* und *Ziertheim*: 1621 wurden dort 519 Kommunikanten gezählt. 1650 waren es 18.[43]

Eine Informationstafel bei Horgau beschreibt die Stationen und den Verlauf der Schlacht bei Zusmarshausen vom 17. Mai 1648 (links). In Kempten erinnert heute eine Gedenktafel neben dem Rathaus an den schwedischen General Gustaf Horn, der während der Schlacht bei Nördlingen 1634 in Kriegsgefangenschaft geraten war.

DIE AUGSBURGER PARITÄT UND DIE „SAU AUS EISLEBEN“

1648 BIS UM 1800

Am 24. Oktober 1648 hatte der Westfälische Friede den Dreißigjährigen Krieg beendet. Er brachte die Gleichberechtigung der drei großen Konfessionen – der Katholiken, Protestanten und Calvinisten. In der Reichsstadt Augsburg regelte die Parität die religiöse und rechtliche Gleichstellung: Bis 1806 war ein Stadtpfleger katholisch, der andere evangelisch. Seit 1650 feiern die Protestanten zur Erinnerung an den Friedensschluss von 1648 das Augsburger Hohe Friedensfest. Der Frieden auf dem Papier war aber noch nicht in den Hirnen und Herzen angekommen. Das zeigen verunglimpfende Kunstwerke im Territorium des einstigen Hochstifts Augsburg: In katholischen Hochburgen brach sich der Hass auf die Andersgläubigen Bahn.

EIN ZERSTÖRTES LAND UND VERSTÖRTE SEELEN

Der Frieden brachte die Gleichberechtigung der Konfessionen, doch der Hass zwischen den Glaubensrichtungen schwelte weiter

In Augsburg sicherte die Parität die Gleichberechtigung der Konfessionen: 1649 wurden die evangelischen Kirchen an ihre Gemeinden zurückgegeben. Ein neuer, paritätisch besetzter Rat wurde gewählt. Dass Katholiken und Protestanten vom wirklichen Frieden noch weit entfernt waren, belegen zum Beispiel die diffamierenden Malereien in der von den Augsburger Bischöfen und Jesuiten geprägten Residenzstadt Dillingen. Dort erinnert die „Sau aus Eisleben" an die noch einige Generationen lang schwelenden Konflikte zwischen den Katholiken und Protestanten.

IN AUGSBURG UND IN SEINEM UMLAND HATTE DER KRIEG ENTSETZLICH GEWÜTET

Die Nachricht vom Friedensschluss in Münster und Osnabrück traf am 1. November 1648 kurz vor Mitternacht in der Reichsstadt Augsburg ein.[1] Doch mit dem Kriegsende war das Elend in und um Augsburg, an der Grenze zu Altbaiern entlang des verheerten Lechtals, im nahen Donautal oder im Ries nicht vergessen: *„Ostschwaben gehörte in den Jahren des Dreißigjährigen Krieges mit zu den stark betroffenen und am schwersten heimgesuchten Gebieten im Süden Deutschlands […]."*[2]

Insbesondere die Marodeure aller Heere hatten das Land vor den Alpen geplündert und gebrandschatzt. Mit Pest und Hungersnot hatte der Tod vor allem von 1632 bis 1635 auch außerhalb Augsburgs eine reiche Ernte gehalten. *Nördlingen* hatte zum Beispiel die Hälfte seiner Einwohner verloren. In den von keiner Stadtmauer geschützten Dörfern an der Donau und in Mittelschwaben waren bis zu knapp zwei Drittel der Einwohner verstorben. Vor allem Einwanderer aus Altbaiern, aus dem Alpen-

Kaum eine Landschaft in Deutschland war nach dem Dreißigjährigen Krieg so zerstört und verwüstet wie die um Augsburg. Auch Burg Bocksberg hatten die Schweden in eine Ruine verwandelt.

raum und aus dem Badischen glichen die Verluste an Menschenleben teilweise aus. Der Aderlass an Arbeitskräften wurde bereits während des Krieges dadurch abgemildert, dass Handwerker aus den Dörfern in Sichtweite der Reichsstadt nach Augsburg einwanderten. 1643 stimmte der Augsburger Rat der Aufnahme des aus *Pfersee* stammenden *„[...] David Motzet, ledigen Maurersgesöllen [...]“*[3], des ersten Augsburger Mozarts, zu. In einigen entvölkerten Städten und Dörfern Mittelschwabens und im Ries – in der Markgrafschaft Burgau und in der Grafschaft Oettingen – durften sich nach dem Krieg jüdische Gemeinden niederlassen. Juden siedelten sich zum Beispiel 1671 auch in *Harburg* an: Daran erinnert die 1754 errichtete (zweite) Harburger *Synagoge* am Ufer der Wörnitz.[4]

EINE KÖNIGIN GIBT GELD FÜR DIE AUGSBURGER HEILIG-KREUZ-KIRCHE

Bis April 1649 waren in Augsburg alle evangelischen Kirchen zurückgegeben worden. An der Stelle der 1630 abgerissenen evangelischen Heilig-Kreuz-Kirche bei der gleichnamigen katholischen Kirche entstand ab 1652 ein Neubau.[5] Die neue *Heilig-Kreuz-Kirche* finanzierte Pfarrer Thomas

Hopfer mithilfe seiner Kollektenreise durch das protestantische Deutschland und nach Skandinavien in den Jahren 1650 und 1651. Christina von Schweden, die Tochter Gustavs II. Adolf, und König Friedrich III. von Dänemark steuerten zum Neubau bei. 1653 konnte die barocke Kirche geweiht werden. Die schwedische Königin, die 5000 Reichstaler für den Kirchenneubau gegeben hatte, konvertierte 1654/55 zum katholischen Glauben.[6]

Der Bau der evangelischen Heilig-Kreuz-Kirche ist umso bemerkenswerter, als angesichts der vorherrschenden Not andernorts nur Reparaturen, Umbauten oder Ausgaben für die Innenausstattung machbar waren. Die evangelische Kirche ***St. Ulrich*** konnte zum Beispiel erst 1709/10 umfassend umgestaltet und ausgestattet werden. Nach dem Vorbild der evangelischen Heilig-Kreuz-Kirche prägt ein ***Volutengiebel*** mit ***Uhrwerk*** und ***Zwiebeltürmchen*** die Schaufassade am Augsburger Ulrichsplatz.

Nur wenige Jahre nach dem Ende des Dreißigjährigen Krieges wurde in der bikonfessionellen Reichsstadt Augsburg die evangelische Kirche Heilig Kreuz errichtet. Ihr Vorgängerbau war 1630 abgerissen worden.

DIE AUGSBURGER PARITÄT: STÄDTISCHE ÄMTER NACH KONFESSIONEN VERGEBEN

Die beiden ***Heilig-Kreuz-Kirchen*** und ***Ulrichskirchen*** sind als ***Doppelkirchen*** ein unübersehbares Zeichen der Augsburger Bikonfessionalität. Der Westfälische Friedensschluss gab die religiöse und politische Gleichheit der Konfessionen vor. ***„Als***

DIE AUGSBURGER HEILIG-KREUZ-KIRCHEN

Eine der beiden Augsburger Doppelkirchen – die evangelische Heilig-Kreuz-Kirche und ihre katholische Nachbarin

Die katholische Kirche Heilig Kreuz, ehemals eine Augustinerchorherrenkirche, wurde noch vor 1200 errichtet. Die von Kaiser Maximilian I. und den Fuggern geförderte Kirche erhielt 1492 ihr gotisches Langhaus und bis 1508 den neuen Chor. Der 1514 erhöhte Kirchturm wurde bis 1719 barockisiert.

Die benachbarte evangelische Kirche errichtete man anstelle des 1630 abgerissenen Vorgängerbaus, der aus der seit 1549 erweiterten Ottmarskapelle entstanden war. Wegen des schmalen Baugrunds hat die evangelische Kirche einen trapezförmigen Grundriss. Um 1730 wurde der barocke Altarraum geschaffen. Der katholische Augsburger Akademiedirektor Johann Georg Bergmüller gestaltete die Fresken im Chor und die Dekorationsmalerei um die Uhr an der Westwand. Die große Sakristei in der evangelischen Heilig-Kreuz-Kirche ist öffentlich zugänglich. Dort hängen zwei Werke eines unbekannten Malers: Diese beiden Porträts stellen Martin Luther und Philipp Melanchthon dar.

Die evangelische Heilig-Kreuz-Kirche wurde im Stil des Barocks errichtet und 1653 geweiht. Im Hintergrund ist der barocke Kirchturm der im Kern gotischen katholischen Nachbarkirche zu erkennen.

Ab dem Jahr 1709 wurde in Augsburg die evangelische Ulrichskirche umfassend umgebaut. Die Fassade ziert nach dem Vorbild der Kirche Heilig Kreuz ein Zwiebeltürmchen.

besondere Kuriositäten dürfen die paritätischen Reichsstädte Augsburg, Dinkelsbühl, Biberach und Ravensburg […] gelten […]."[7] Für Augsburg hieß dies: Bis zum Ende des Alten Reiches im Jahr 1806 wurden alle Ämter gleichberechtigt an Katholiken und Protestanten vergeben. An der Stadtspitze standen je ein katholischer und ein evangelischer Stadtpfleger, und ***„[…] hier wurden die Ämter streng nach dem Prinzip der Gleichheit der Konfessionen verteilt – vom Geheimen Rat*** [dort jedoch mit drei katholischen und zwei evangelischen Räten] ***bis zu den Torwächtern.***"[8] Die Doppelbesetzung oder abwechselnde Besetzung städtischer Ämter vermied zwar Konflikte, zementierte aber zugleich die Schranke zwischen den Konfessionen.

Abgrenzung im Alltag ergab sich auch durch die nur bedingt konfessionsneutralen Bildungseinrichtungen in der Reichsstadt.[9] Selbst die „Augsburger Tracht" ließ die Konfession ihrer Träger erkennen.[10]

BIS 1984 FEIERN NUR DIE PROTESTANTEN DAS AUGSBURGER HOHE FRIEDENSFEST

Unumkehrbar war das Ende des Dreißigjährigen Krieges durch den Nürnberger Friedens-Exekutionsrezeß geworden, der im Juni 1650 die Räumung besetzter Gebiete und die Demobilisierung von weit mehr als 100 000 Soldaten (mit allen damit verbun-

AUGSBURGER DOPPELKIRCHE: DIE BEIDEN ULRICHSKIRCHEN

Die evangelische Pfarrkirche St. Ulrich ist direkt an die einstige Benediktinerklosterkirche St. Ulrich und Afra angebaut

Auch die katholische Basilika St. Ulrich und Afra und die evangelische Kirche St. Ulrich bilden eine Doppelkirche. Anders als bei den Heilig-Kreuz-Kirchen ist hier das evangelische Gotteshaus sogar direkt an die Nordfassade der weitaus größeren Basilika angebaut. Die frühere Benediktinerklosterkirche St. Ulrich und Afra wurde wohl über der spätantiken Grabkirche der heiligen Afra erbaut. Die Basilika, nach dem Dom die größte Kirche Augsburgs, ist Schwabens letzte große Schöpfung spätgotischer Kirchenarchitektur. Die Grabkapelle des Bistumsheiligen Ulrich (im Stil des Rokokos) und den römischen Sarkophag, in dem die Gebeine Afras ruhen sollen, findet man in der Unterkirche.

Ab 1526 diente eine Vorhalle, die „Ulrichsgred“, als Predigthaus. Daraus entstand die evangelische Kirche St. Ulrich. 1709/10 wurde sie umfassend ausgebaut und die Fassade nach dem Vorbild der evangelischen Heilig-Kreuz-Kirche gestaltet. Eine flachbogige Tonnendecke überwölbt das Innere.

Die evangelische Ulrichskirche wurde im rechten Winkel zur Nordfassade der weit größeren Basilika angebaut. Die katholische Kirche St. Ulrich und Afra ist der zweitgrößte Sakralbau Augsburgs und ein Meisterwerk der spätgotischen Kirchenarchitektur.

denen finanziellen Forderungen) regelte.[11] In Augsburg führte dieses Ereignis dazu, dass evangelische Bürger umgehend ein Fest vorbereiteten, mit dem man sowohl den Westfälischen Frieden als auch die nun unumstößliche Gleichberechtigung feierte. Die Katholiken feierten allerdings nicht mit: Der Papst in Rom hatte den Westfälischen Friedensschluss aus juristischen Gründen nicht akzeptieren wollen.

In 174 evangelischen Orten des Alten Reiches, zum Beispiel auch in *Nördlingen*, in der Grafschaft Oettingen und in *Memmingen*, wurden Friedensfeste begangen. Doch nur in Augsburg hat sich das jährlich am 8. August begangene Fest – seit dem 13. Dezember 1949 ein gesetzlicher Feiertag nur in dieser Stadt – erhalten. Das Datum des Festtags erinnert an das kaiserliche Restitionsedikt, aufgrund dessen am 8. August 1629 sämtliche evangelische Prediger Augsburgs entlassen wurden.[12] Es belegt die Tiefe der Gräben zwischen den Konfessionen, dass es bis 1984 dauerte, bis die katholische Kirche das Augsburger Hohe Friedensfest mitfeierte.

An die Zeit der Hexenverfolgung erinnert der im Jahr 1959 aufgestellte Augsburger Hexenbrunnen.
Im 16. Jahrhundert entstand der Torbau des Amtssitzes der bischöflichen Straßvogtei in Schwabmünchen: Die beiden Hexentürmchen sind ein Wahrzeichen dieser kleinen Stadt.

ERST NACH DEM FRIEDENSSCHLUSS VERFÄLLT AUGSBURG DEM HEXENGLAUBEN

Es ist paradox: Als der Frieden gesichert und die Gleichberechtigung der Konfessionen geregelt waren, verfielen in Augsburg Katholiken wie Protestanten dem Hexenwahn. Während des Dreißigjährigen Krieges war eine einzige Augsburgerin, die

Fuggereibewohnerin Dorothea Braun, nach einem Hexenprozess 1625 hingerichtet worden. Im Umland, vor allem von den Gerichten des Hochstifts Augsburg in ***Dillingen*** an der Donau sowie in ***Marktoberdorf*** im Ostallgäu, wurden „Hexen“ dagegen seit der Mitte des 16. Jahrhunderts verfolgt. Auf dem Lechfeld südlich von Augsburg erinnern die beiden ***Hexentürmchen*** in ***Schwabmünchen*** noch an Hexenprozesse und Hinrichtungen.[13] In Augsburg wurde 1959 die aus Holz gefertigte ***Figur*** am ***Hexenbrunnen*** als Mahnmal des Hexenwahns an der ***Stadtmauer*** beim Lueginsland aufgestellt.

In der Reichsstadt Augsburg wurden zwischen 1650 und 1694 insgesamt 13 Frauen sowie ein 18-Jähriger enthauptet. Eine Greisin verstarb 1699 im Gefängnis.[14] Vor der letzten Hinrichtung im Jahr 1694 leitete Dr. Markus Christoph Welser das Verhör – ein Angehöriger der Augsburger Patrizierfamilie, der hundert Jahre davor immerhin ein hochgebildeter Humanist wie der Historiker und Verleger Markus Welser angehört hatte.[15] Selbst noch in den Jahren von 1725 und 1730 wurden in Augsburg Dutzende Kinder der Hexerei beschuldigt.[16]

DIE SALZBURGER EXULANTEN: DAS ELEND VOR DEN TOREN DER REICHSSTADT

Als Mahnmal der religiösen Intoleranz erinnert die ***Gedenktafel für Samuel Urlsperger*** in ***St. Anna*** an das harte Schicksal der Salzburger Exulanten. Im Winter 1731 ließ der Salzburger Fürsterzbischof die letzten „Ketzer“ aus dem Erzbistum Salzburg vertreiben. An Silvester traf die erste Gruppe vor dem ***Roten Tor*** in Augsburg ein – die erste von elf Zügen mit insgesamt 6116 Emigranten, die bis zum 11. August 1732 vor der Augsburger Stadtmauer anstrandeten. Samuel Urlsperger, der Pfarrer von St. Anna, kümmerte sich hingebungsvoll um die verzweifelten Menschen, denen die Stadttore zunächst verschlossen blieben.

Erst am 14. Juni 1732 konnten die Exulanten einen Gottesdienst in St. Anna feiern. Urlsperger hatte seinen Glaubensgenossen (vereinzelt auch von Katholiken unterstützt) nicht nur ihr Los zu erleichtern versucht und in Augsburg sowie im Umland Spenden für sie gesammelt. Er organisierte auch ihre Auswanderung nach Ostpreußen oder in die englische Kolonie Georgia in Nordamerika. Die Georgia Salzburger Society stiftete deshalb eine Inschriftentafel (zu sehen unter der Kanzel von St. Anna) „In Memory of Samuel Urlsperger“.[17]

IM WETTBEWERB DER KONFESSIONEN ZUR SÜDDEUTSCHEN KUNSTHAUPTSTADT

In diesem Klima der religiösen Intoleranz wurde Augsburg zur Kunsthauptstadt Süddeutschlands. Vielleicht war es sogar dem Wettbewerb zwischen den Angehörigen beider Konfessionen geschuldet, dass Augsburg im Zeitalter des Rokokos zum wichtigen Verlagsstandort, zur „Bilderfabrik Europas“ und zu einem europäischen Zentrum des Kunsthandwerks aufstieg. 1730 – in jenem Jahr, in dem die Kinderhexenprozesse geendet hatten – arbeiteten hier 23 Kunstverleger sowie 61 Kupferstecher. 30 000 Einwohner zählte Augsburg im Jahr 1735: Die 275 Meisterbetriebe des Gold- und Silberschmiedehandwerks (mehr, als es Bäcker gab) belieferten im Jahr 1740 zahllose Kirchen und etliche europäische Höfe mit dem „Augsburger Silber“.

Die Maler der Reichsstädtischen Kunstakademie mit ihren paritätisch besetzten Direktorenstellen – katholisch die eine, evangelisch die andere – waren weit über Augsburg hinaus gefragt: Meister wie die beiden Katholiken Johann Georg Bergmüller und Matthäus Günther schufen Werke für Kirchen und Schlösser nicht nur im Umland, sondern auch in Altbaiern und Tirol. Bergmüller malte 1752 die *Fresken* in der *fürstbischöflichen Residenz* in Augsburg. Der Umbau der bis dahin mittelalterlichen Residenz am *Fronhof* zum Stadtpalast im Stil des Rokokos hatte 1740 begonnen. Matthäus Günther schuf 1765 die *Fresken* im *Kleinen Goldenen Saal*. Ging es um die Kunst, war die Glaubensrichtung zweitrangig: Im Jahr 1748 fertigte der Katholik Bergmüller die *Fresken* der evangelischen Kirche *St. Anna* in Augsburg. Den *Stuck* in der Annakirche schufen zwei katholische Wessobrunner,

Zwischen der einstigen Jesuitenkirche und dem früheren Jesuitenkolleg erstreckt sich entlang der Dillinger Kardinal-von-Waldburg-Straße die Fassade der ehemaligen, von den Jesuiten geleiteten katholischen Universität.

Franz Xaver Feichtmayr d. Ä. und Simpert Feichtmayr. Bereits 1730 hatte Bergmüller die *Fresken* in der evangelischen Kirche *Heilig Kreuz* gemalt.

IN DER DILLINGER STUDIENKIRCHE TRITT PETRUS CANISIUS LUTHER INS GESICHT

Sucht man im Augsburg der Parität nach Kunstwerken, die im Sinn aggressiver Gegenreformation gestaltet wurden, sucht man vergeblich. Die heitere Leichtigkeit von Rokokofresken konnte aber dort zur bösartigen Karikatur geraten, wo das Miteinander der Konfessionen nicht gegeben war. Das galt vor allem für das rund 50 Kilometer nordwestlich der Reichsstadt gelegene *Dillingen* an der Donau, nach Augsburg der zweite Bischofssitz. Die nah beim bischöflichen *Schloss* gelegene (ehemalige) katholische *Universität* war 1549 als „collegium litterarum" gegründet worden. ***„Die Gründung sollte vor allem der Ausbildung eines rechtgläubigen, qualifizierten Pfarrernachwuchs**[es] **dienen und daneben dem katholischen Adel Süddeutschlands eine vor reformatorischen Einflüßen geschützte Erziehungsstätte bieten."*** [18]

Diese Bildungseinrichtung war 1551 von Papst Julius III. und 1553 von Kaiser Karl V. in den Rang einer Universität erhoben worden. Am 17. August 1564 wurde sie den Jesuiten übertragen. Die

Auf einem Fresko in der Dillinger Studienkirche tritt der Jesuit Petrus Canisius mit dem Fuß Martin Luther ins Gesicht. Auch Johannes Calvin (links neben Luther mit einer Schlange in seiner Rechten) wird in die Hölle gestürzt. Dieses Fresko versinnbildlicht die Erfolge der Jesuitenmission in Europa.

Donaustadt entwickelte sich zum Zentrum der Gegenreformation im Hochstift Augsburg. An das Universitätsgebäude angrenzend war seit 1610 die ***Studienkirche Mariä Himmelfahrt*** (an der Kardinal-von-Waldburg-Straße) entstanden, die Bischof Heinrich von Knöringen am 11. Juni 1617 geweiht hatte. Zwischen 1750 und 1765 wurde das Innere der Jesuitenkirche im Stil des Rokokos umgestaltet. Mit den ***Deckenfresken*** wurde der Augsburger Maler Christoph Thomas Scheffler beauftragt, der von 1722 bis 1728 Laienbruder bei den Jesuiten in Dillingen gewesen war.

Bis Oktober 1751 malte Scheffler die Deckenfresken in den Jochen des Langhauses: Sie stellen die Jesuitenmission in den damals bekannten Erdteilen Europa, Asien, Afrika und Amerika dar. Das Fresko im vorderen linken Joch zeigt Petrus Canisius: Der Jesuit verteidigt mit der Schreibfeder die Marienverehrung gegen Martin Luther und Johannes Calvin, die ***„[...] zu seinen Füßen[...]“***[19] (so ein Kunstführer euphemistisch) abgebildet sind.

„Zu seinen Füßen“ bedeutet freilich, dass Petrus Canisius dem Reformator mit dem Fuß ins Gesicht tritt. Luther droht deshalb ebenso der Höllensturz wie dem an seiner Seite dargestellten und durch eine Natter in der Hand gekennzeichneten Irrlehrer Calvin. Unter dieser Szene bekehrt ein Jesuit mit dem Buch der „Leges Marianae“ in der Hand offen-

Ein Eckfresko im Goldenen Saal in Dillingen steht für die theologische Fakultät der ehemaligen Universität. Dieses Motiv stellt den Höllensturz der Irrlehrer Johannes Calvin und Ulrich Zwingli dar.

bar fünf durch Halskrausen und Beffchen gekennzeichnete, augenscheinlich bußfertige Protestanten.

DIE „SAU AUS EISLEBEN" ZERREISST IM GOLDENEN SAAL DAS KANONISCHE RECHT

1688/89 war das neu errichtete Hörsaalgebäude der Dillinger *Universität* entstanden. Im Obergeschoss wurde ein Kongregationssaal eingerichtet, den man von 1761 bis 1764 im Stil des Rokokos ausstattete. Der *Goldene Saal* der Marianischen Kongregation diente auch als Aula der Universität. Das dortige *Deckenfresko* malte 1762 der Lauinger Meister Johann Anwander. Die vier *Eckfresken* im Goldenen Saal versinnbildlichen die Fakultäten der Universität – die theologische, die juristische, die philosophische (der auch die Naturwissenschaften zugeordnet waren) und die medizinische.

In der südwestlichen Ecke des Goldenen Saals hält die Personifikation der Theologie ein Buch mit der Inschrift „Tu Cunctas Haereses sola interemisti" (Du allein hast alle Irrlehren beseitigt). Ein Putto schleudert je einen Blitz auf die Irrlehrer Calvin und Zwingli, die von Schlangen umgeben und von Fledermäusen umschwirrt zur Hölle fahren.[20]

Das Motiv in der nordwestlichen Ecke versinnbildlicht die Rechtswissenschaft. Kelch, Hostie und Tiara stehen für das kirchliche Recht, die Kaiser-

DER GOLDENE SAAL IM BAU DER DILLINGER UNIVERSITÄT

Fresken im Saal der Großen Marianischen Kongregation zeigen, wie sehr Augsburgs Bischöfe und die Jesuiten Dillingen prägten

Annähernd 30 Meter lang und zwölf Meter breit ist der Goldene Saal im zweiten Obergeschoss des Dillinger Universitätsgebäudes. Der einstige Saal der Großen Marianischen Kongregation ist eine herausragende Schöpfung der Freskenmalerei im Stil des Rokokos. Doch hier entdeckt man eine der wohl bösartigsten Verunglimpfungen Luthers, den (in einem Eckfresko halb hinter Blütengirlanden versteckt) die „Sau aus Eisleben" verkörpert.
In der Residenzstadt des Bischofs griffen die Dillinger Jesuiten 1762 bedenkenlos auf ein Motiv zurück, mit dem jahrhundertelang Juden diffamiert wurden. Das Deckenfresko Johann Anwanders zeigt die Madonna auf dem Thron der Weisheit, vor ihr Augsburger Bischöfe, Vertreter der Universität und der Stadt. Die Fresken an den Längsseiten des Saals spiegeln das von Bischöfen und Jesuiten geprägte Stadtbild wider: Sie zeigen an der Südseite das fürstbischöfliche Schloss, nördlich die Universität, das Jesuitenkolleg sowie die Studienkirche.

Das Deckenfresko im Goldenen Saal stellt die Gottesmutter Maria dar. Vor der Madonna knien Augsburger Bischöfe sowie die Repräsentanten der Universität und der Stadt Dillingen.

Ein Eckfresko im Goldenen Saal der einstigen Dillinger Universität stellt die juristische Fakultät dar und diffamiert Luther.

Die „Sau aus Eisleben“ zerreißt das Kirchenrecht. Der Hintergrund: 1520 hatte Luther Bücher zum kanonischen Recht verbrannt.

krone und der Reichsapfel für das weltliche Recht. In der untersten Ecke des Freskos, teilweise von vergoldeten Stuckgirlanden verdeckt, zerreißt ein Schwein ein offenes Buch. Auf der linken Seite des Buches steht „Ius canon.“ (Kirchenrecht), auf der rechten Seite „Sus Isleb.“ (***„Sau aus Eisleben“***).[21]

„Dies ist eine ganz bösartige Reminiszenz aus der Zeit der erbitterten Auseinandersetzungen zwischen Reformatoren und Gegenreformatoren.“[22] Die „Sau aus Eisleben“ steht für den in Eisleben geborenen und auch dort gestorbenen Luther. Das zerrissene Buch erinnert an den 10. Dezember des

Jahres 1520, als der Reformator neben einer Bannandrohungsbulle und anderen Schriften auch etliche Bücher zum kanonischen Recht verbrannte. Damit protestierte Luther gegen die zuvor erfolgte Verbrennung seiner eigenen Schriften. Nur wenig später veröffentlichte er die Streitschrift „Warum des Papstes und seiner Jünger Bücher von D. Martin Luther verbrannt sind", mit der er das Kirchenrecht ablehnte, wiewohl er manches Gute daran fand.[23]

DER HÖLLENSTURZ ZWEIER PROTESTANTEN IN DER FISCHACHER KIRCHE ST. MICHAEL

1753 tauchte die 1751 in ***Dillingen*** in Fresken der ***Studienkirche*** und später (1762) im benachbarten ***Goldenen Saal*** verwendete gegenreformatorische Bildersprache im Territorium des Hochstifts Augsburg auf. In ***Fischach***, einem Dorf westlich von Augsburg, hatte das Hochstift Pfarrer Franz Xaver Schultes aus Dillingen die Pfarrei übertragen: Er ging umgehend an die Umgestaltung der Kirche ***St. Michael***. Mit der Gestaltung der ***Fresken*** im Langhaus des Fischacher Gotteshauses beauftragte Schultes Franz Martin Kuen.[24] Dieser Maler aus der Fuggerstadt ***Weißenhorn*** schuf auch die Fresken etlicher fuggerischer Patronatskirchen (etwa der Wallfahrtskirche ***Maria Kappel*** in ***Schmiechen***).

Das Vorbild für sein ***Fresko „Verherrlichung des allerheiligsten Altarsakraments durch die vier Erdteile"*** im Chor der Fischacher Pfarrkirche hatte Kuen in der römischen Kirche San Gregorio Magno

Die Protestanten im Deckenfresko des Chors der Dorfkirche St. Michael in Fischach kennzeichnete der Maler Franz Martin Kuen durch ihre Kleidung.

DIE FRESKEN DER KIRCHE ST. MICHAEL IN FISCHACH

Der Höllensturz der Protestanten versinnbildlicht den evangelischen Glauben als Sünde, die es zu bekämpfen gilt

Gotik prägt den Turm der 1499 geweihten Kirche St. Michael in der Marktgemeinde Fischach (Landkreis Augsburg). 1730 wurde ein neuer Chor errichtet. Für das 1753 erbaute neue Langhaus schuf der Maler Franz Martin Kuen aus Weißenhorn fantasievoll gestaltete Deckenfresken. Mit einer bewegten und farbenfrohen Szenerie gestaltete Kuen das Motiv des Engelssturzes im zentralen Deckenfresko des Langhauses. Im Chorfresko ließ Kuen Allegorien der vier damals bekannten Erdteile dem Christentum huldigen, während zwei Protestanten (nach anderen Quellen Irrlehrer) zur Hölle stürzen.

Solche Wand- und Deckenmalereien dienten noch bis ins 18. Jahrhundert als „Armenbibel", sozusagen ein Bilderbuch für eine Dorfbevölkerung, die zumeist nicht lesen konnte. Im „Theatrum sacrum" (dem „heiligen Theater") der Fischacher Kirche verkörpern die zur Hölle stürzenden Protestanten als Pendant zum Motiv des Engelssturzes im Langhaus das Böse, das es zu bekämpfen gilt.

Bewegte Szenerie im Deckenfresko des Langhauses der Kirche St. Michael: Die Abbildung zeigt einen Ausschnitt aus dem Motiv des „Engelssturzes". Solche Malereien dienten als „Lehrbuch" für die meist nicht lesekundige Dorfbevölkerung.

gefunden. Kuen ersetzte – vermutlich eine Vorgabe von Pfarrer Schultes – den in die Hölle stürzenden Dämon seiner Vorlage durch zwei Protestanten, die er durch ihre Bekleidung und ihre gleichfalls in die Tiefe fallenden Schriften charakterisierte.[25]

Dieses Fresko in der Fischacher Kirche stellt den Höllensturz zweier Protestanten dar.

Im Höllensturz des Kleinen Goldenen Saals der Jesuiten ist ein Teufel abgebildet. Protestanten zu verunglimpfen, war im bikonfessionellen Augsburg nicht opportun.

DER HÖLLENSTURZ DES TEUFELS IM KLEINEN GOLDENEN SAAL IN AUGSBURG

Diffamierende Darstellungen von Andersgläubigen in der Kunst, wie sie noch heute in ***Dillingen*** und ***Fischach*** zu sehen sind, waren in der Konsensgesell-

Die Grabinschrift einer Augsburger Patrizierin von 1775 im Chor der Pfarrkirche St. Stephan in Hainhofen lässt vermuten, dass sich die Einstellung gebildeter Katholiken gegenüber evangelischen Gläubigen in der Mitte des 18. Jahrhunderts allmählich zu verändern begann.

schaft der Reichsstadt Augsburg nicht möglich. Ein Beleg dafür findet sich in den ***Fresken*** im ***Kleinen Goldenen Saal***, die Matthäus Günther 1765 schuf. Im nordwestlichen Eckfresko über der Empore im Saal der Jesuitenkongregation St. Salvator ist ebenfalls ein ***Höllensturz*** abgebildet. Im gemischt-konfessionellen Augsburg hatten die Jesuiten vor dem Bau des ***Jesuitenkollegs*** aber vertraglich zusichern müssen, den Religionsfrieden zu wahren.[26] Folglich stürzt der Erzengel Michael in Augsburg das Böse in der Gestalt des konfessionsneutral abgebildeten Luzifers mit Fledermausflügeln, von einer Schlange umschlungen und in die Seite gebissen, mit einem Blitzstrahl in die Tiefe.

„SIE GLAUBTE KATHOLISCH, HANDELTE ABER EVANGELISCH“

Ohnehin scheint sich im 18. Jahrhundert die Einstellung der Katholiken gegenüber Protestanten zumindest in den gebildeteren Kreisen gewandelt zu haben. Darauf verweist das ***Epitaph der Maria Franziska von Rehlingen*** in der Kirche ***St. Stephan*** in ***Hainhofen*** (Stadt ***Neusäß***). In der Grabinschrift der 1775 verstorbenen Patrizierin in der einstigen Herrschaftskirche der Augsburger Familie findet sich der für die damalige Zeit erstaunliche Satz „Sie glaubte Katholisch, handelte aber Evangelisch.“

NACHWORT

Dieses Buch handelt nicht nur von der Vergangenheit – es geht vielmehr um die Gegenwart und vor allem um die Zukunft

Dieses Buch könnte nun einfach zu Ende sein, sein Thema ist abgehandelt: Im 16. Jahrhundert lösten die Ideen des Reformators Martin Luther heftige gesellschaftliche Spaltungen aus, die letztendlich im 17. Jahrhundert zur Katastrophe des Dreißigjährigen Krieges führten. Dieser fand zwar 1648 mit dem Westfälischen Frieden ein Ende – die Konflikte schwelten jedoch weiter: Noch mehr als 100 Jahre später konnte die „Sau aus Eisleben" entstehen. Buch zu Ende, Thema abgeschlossen? Glaube, Hoffnung und Hass fanden mitnichten im 18. Jahrhundert ein Ende. Dieses Buch ist zwar zu Ende, die Geschichte des Streits und der bewaffneten Konflikte um Glaubensfragen ist es keinesfalls.

Es geht in diesem Buch nur vordergründig um Vergangenheit. Viel mehr geht es darum, gegen das Vergessen und Verdrängen anzukämpfen. Es geht darum, Dinge zu erfahren und die in diesem Buch porträtierten Denkmäler wahrzunehmen, die erzählen, was sich Menschen – nicht zuletzt aus Glaubensgründen – angetan haben. Augsburg und sein Umland sind in dieser Beziehung deshalb so sehr von Interesse, weil die dortigen Ereignisse und Konflikte – vom Aufenthalt Luthers im Jahr 1518 bis zum Ende des Dreißigjährigen Krieges – Folgen für weite Teile Europas nach sich zogen.

Was damals geschah, wirkt auf heutige Leser und Leserinnen immer noch aktuell: Ist Antiglobalisierung die Reformation der heutigen Zeit? Ersetzen zeitgenössische Mohammed-Karikaturen die „Sau aus Eisleben"? Ist Gender die neue Religion? Und tritt der islamistische Terror an die Stelle der blutigen Auseinandersetzungen zwischen Katholiken und Protestanten? Das ist womöglich überspitzt formuliert, zeigt aber, dass die Ursachen für Hass und Gewalt nach wie vor bestehen.

In diesen Zeiten beherrscht der Terror fundamentalistischer und extremistischer Moslems die

Medien: Er provoziert blindwütige Gewalt im Namen des „richtigen“ Glaubens, Krieg auf dem Rücken schutzloser Zivilbevölkerung, demonstrative Grausamkeit, das Aushungern ganzer Städte und gezielte Zerstörung ziviler Infrastruktur. Allein in den Wochen, in denen dieses Buch entstand, erreichten uns Meldungen, die durchaus an Berichte über die Soldateska im Dreißigjährigen Krieg erinnern: „IS-Terroristen filmten Mord an Priester in der Kirche“ lautete zum Beispiel eine Schlagzeile, als Geiselnehmer in eine katholische Kirche in der Normandie eindrangen und einem 85-jährigen Priester dort die Kehle durchschnitten.

Dennoch sollte man nicht arrogant vermuten, dass der Islam nun einfach nachholt, was das ältere Christentum bereits durchlebt hat. Bis heute leiden Menschen unter rassistischen, sexistischen, antisemitischen, antiziganistischen Gräueltaten – und die Liste der Anti- wäre noch weiter fortzuführen, wäre hier Platz dafür –, die ihnen andere Menschen antun: Dabei stammen die Täter und Täterinnen aus nahezu allen Religionsgemeinschaften, Gesellschaftsschichten, Nationen, Ethnien und Erdteilen.

Uns allen sei die Geschichte eine Lehre. Auch wenn es abgedroschen klingt: Gewalt bietet keine nachhaltigen Lösungen für Konflikte. Frieden bedeutet Toleranz, Offenheit gegenüber anderen Kulturen und Lebensentwürfen. Hass führt zu geistiger und materieller Armut. Wir sollten Verschiedenheit als Chance für mehr Bereicherung begreifen.

Ignatius von Loyola, der nach der Genesung von einer schweren Kriegsverletzung den Jesuitenorden mitbegründet hatte, hat seine Idee von diesem Mehr, diesem Reichtum in dem schlichten, aber großen Wort Magis (lat.: mehr) zum Ausdruck gebracht. Man muss dieses Magis nicht wie er religiös motiviert verfolgen. Aber auch Nichtgläubige sollten es wie er aus Liebe, nicht aus Hass heraus anstreben. Glaube und Hoffnung sollen zu Liebe, nicht zu Hass führen: „Für jetzt bleiben Glaube, Hoffnung, Liebe, diese drei; doch am größten unter ihnen ist die Liebe.“ (1Kor 13)

Candida Sisto

QUELLEN

Literaturhinweise, Webseiten und
Informationen zu den Sehenswürdigkeiten (Auswahl)

GLAUBENSEIFER, WUNDERGLAUBE UND HÖLLENANGST – 14. JAHRHUNDERT BIS 1518

1) vgl. Kinzig, Wolfram: Kirche in Deutschland. Verhältnis zum Staat im historischen Überblick, Bundeszentrale für politische Bildung 04.08.2009, URL: http://www.bpb.de/izpb/25170/verhaeltnis-zum-staat-im-historischen-ueberblick (letzter Zugriff: 25.11.2016)

2) ebenda

3) vgl. Layer, Adolf: Scholastik und Mystik, in: Handbuch der bayerischen Geschichte, Band III. Franken, Schwaben, Oberpfalz, 2. Teilband, München 1971, S. 1126

4) Rabe, Horst: Reich und Glaubensspaltung. Deutschland 1500–1600, München 1989, S. 55

5) zit. bei Zorn, Wolfgang: Augsburg. Geschichte einer deutschen Stadt, Augsburg 1972, S. 136

6) vgl. Blendinger, Friedrich und Zorn, Wolfgang: Augsburg. Geschichte in Bilddokumenten, München 1976, S. 151

7) Kießling, Rolf: „dann iedermann wollt gen himl": Laienfrömmigkeit und Humanismus, Kirchengemeinden und Prädikaturen, in: Reformation und Reichsstadt: Luther in Augsburg, Augsburg 1996, S. 16

8) vgl. ebenda

9) vgl. Ecker-Offenhäußer, Ute: Pest (Schwarzer Tod), in: Augsburger Stadtlexikon, Augsburg 1998, S. 706 und
Blendinger, Friedrich und Zorn, Wolfgang: Augsburg. Geschichte in Bilddokumenten, München 1976, S. 148

10) Layer, Adolf: Scholastik und Mystik, in: Handbuch der bayerischen Geschichte, Band III. Franken, Schwaben, Oberpfalz, 2. Teilband, München 1971, S. 1125

11) vgl. Blendinger, Friedrich und Zorn, Wolfgang: Augsburg. Geschichte in Bilddokumenten, München 1976, S. 157 f. und
vgl. Ingrid Würth, Geißlerzüge, Historisches Lexikon Bayerns/Bayerische Staatsbibliothek 19.08.2015, URL: http://www.historisches-lexikon-bayerns.de/Lexikon/Geißlerzüge (letzter Zugriff: 25.11.2016)

12) vgl. Layer, Adolf: Scholastik und Mystik, in: Handbuch der bayerischen Geschichte, Band III. Franken, Schwaben, Oberpfalz, 2. Teilband, München 1971, S. 1125

13) vgl. Kießling, Rolf: „dann iedermann wollt gen himl": Laienfrömmigkeit und Humanismus, Kirchengemeinden und Prädikaturen, in: Reformation und Reichsstadt: Luther in Augsburg, Augsburg 1996, S. 17 und
Blendinger, Friedrich und Zorn, Wolfgang: Augsburg. Geschichte in Bilddokumenten, München 1976, S. 159 und

Schäfer, Joachim: Johannes von Capestrano, Ökumenisches Heiligenlexikon 2014, URL: https://www.heiligenlexikon.de/Stadler/Johannes_von_Capestrano.html (letzter Zugriff: 25.11.2016)

14) vgl. Kinzler, Sonja: Hexenprozesse in Nördlingen, historicum.net. Geschichtswissenschaften im Internet e.V./Zentrum für Elektronisches Publizieren, Bayerische Staatsbibliothek 05.05.2006 (aus: Lexikon zur Geschichte der Hexenverfolgung, hg. von Gersmann, Gudrun, Moeller, Katrin und Schmidt, Jürgen-Michael), URL: https://www.historicum.net/purl/jezql/ (letzter Zugriff: 25.11.2016)

15) vgl. Kießling, Rolf: „dann iedermann wollt gen himl": Laienfrömmigkeit und Humanismus, Kirchengemeinden und Prädikaturen, in: Reformation und Reichsstadt: Luther in Augsburg, Augsburg 1996, S. 18 und
Schawe, Martin: Staatsgalerie Augsburg. Altdeutsche Malerei in der Katharinenkirche, München o.J., S. 28

16) ebenda

17) vgl. Dobschütz, Detlef von: Die Geschichte der Kirchengemeinde Heilig-Kreuz und ihrer Kirche, in: Die evangelische Heilig-Kreuz-Kirche in Augsburg. Eine Lutherstätte, Augsburg 1981, S. 9

18) Kießling, Rolf: Gemeindebildung im Pluralismus der Reformation, in: St. Anna in Augsburg. Eine Kirche und ihre Gemeinde, Augsburg 2013, S. 182

19) vgl. Pulz, Waltraud: Nüchternes Kalkül – Verzehrende Leidenschaft. Nahrungsabstinenz im 16. Jahrhundert, Köln, Weimar, Wien 2007, S. 29

20) vgl. ebenda, S. 18 ff.

21) Kießling, Rolf: „dann iedermann wollt gen himl": Laienfrömmigkeit und Humanismus, Kirchengemeinden und Prädikaturen, in: Reformation und Reichsstadt: Luther in Augsburg, Augsburg 1996, S. 18

22) ebenda

23) vgl. Kießling, Rolf: Kleine Geschichte Schwabens, Regensburg 2009, S. 59

24) Geremek, Bronislaw: Geschichte der Armut. Elend und Barmherzigkeit in Europa, München 1991, S. 57

25) ebenda, S. 61

26) vgl. ebenda, S. 54 und S. 59

27) zit. bei Herre, Franz: Die Fugger in ihrer Zeit, Augsburg 1985, S. 79

28) vgl. Kluger, Martin: Die Fuggerei. Ein Führer durch die älteste Sozialsiedlung der Welt, Augsburg 2009, S. 62

29) vgl. Mayer, Markus Antonius: Der Kauf nach dem Augsburger Stadtrecht von 1276 im Vergleich zum gemeinen römischen Recht, Augsburger Schriften zur Rechtsgeschichte, Bd. 20, Münster 2009, S. 83

30) vgl. Ehrenberg, Richard: Das Zeitalter der Fugger. Geldkapital und Creditverkehr im 16. Jahrhundert, Bd. 1. Die Geldmächte des 16. Jahrhunderts, Jena 1922, S. 31 ff. und
Schulte, Aloys: Die Fugger in Rom 1495–1523., Leipzig 1904, S. 251

Informationen zu den Sehenswürdigkeiten

Fuggerkapelle in St. Anna Augsburg (S. 24) | Bushart, Bruno: Die Fuggerkapelle bei St. Anna in Augsburg, München 1994 und
Scheller, Benjamin: Memoria an der Zeitenwende. Die Stiftungen Jakob Fuggers des Reichen vor und während der Reformation (ca. 1505–1555), Berlin 2004, S. 47 ff. und
Hagen, Bernt von und Wegener-Hüssen, Angelika: Denkmäler in Bayern. Stadt Augsburg, München 1994, S. 62 ff.

Welsergrablege in Mariä Heimsuchung Amberg (S. 25) | Paula, Georg: Kreis Unterallgäu, in: Georg Dehio. Handbuch der deutschen Kunstdenkmäler. Bayern III: Schwaben, München 1989, S. 20 f. und
Kluger. Martin: Das (beinahe) vergessene Denkmal der Welser. In der Kirche in Amberg erinnern vier Epitaphe an Bartholomäus V. Welser und seine Familie, unveröffentlichtes Manuskript, Augsburg 2014

LUTHER UND CAJETAN: KEIN WIDERRUF IM PALAST DER FUGGER – OKTOBER 1518

1) vgl. Pesch, Otto Hermann: Die „Gemeinsame Erklärung zur Rechtfertigungslehre“ vom 31.10.1999. Probleme und Aufgaben, Theologische Fakultät der Universität Heidelberg 01.11.2012 (Vortrag beim 13. Heidelberger Ökumenischen Forum am 21.07.2007), URL: http://www.uni-heidelberg.de/md/fakultaeten/theologie/oek/forum/13.2.pdf (letzter Zugriff: 25.11.2016)

2) Pesch, Otto Hermann: Hinführung zu Luther, Mainz 2004, S. 118

3) zit. bei Stollberg-Rilinger, Barbara: Einführung in die Frühe Neuzeit. Politische Ereignisse und Entwicklungen. Reformation. Ereignisgeschichtlicher Verlauf im Reich bis 1530. 1517. Quelle: 95 Thesen gegen den Missbrauch des Ablasshandels (Auszüge), Lehrstuhl Frühe Neuzeit des Historischen Seminars der Westfälischen Wilhelms-Universität Münster 2003, URL: https://www.uni-muenster.de/FNZ-Online/politstrukturen/reformation/quellen/ablass.htm
(letzter Zugriff: 25.11.2016)

4) vgl. Kießling, Rolf: Kleine Geschichte Schwabens, Regensburg 2009, S. 71

5) Pesch, Otto Hermann: Hinführung zu Luther, Mainz 2004, S. 120

6) vgl. ebenda

7) zit. ebenda, S. 125 f.

8) vgl. Kießling, Rolf: Gemeindebildung im Pluralismus der Reformation, in: St. Anna in Augsburg. Eine Kirche und ihre Gemeinde, Augsburg 2013, S. 182 und
Layer, Adolf: Die Ausbreitung der Reformation, in: Handbuch der bayerischen Geschichte, Band III. Franken, Schwaben, Oberpfalz, 2. Teilband, München 1971, S. 918

9) Kießling, Rolf: Gemeindebildung im Pluralismus der Reformation, in: St. Anna in Augsburg. Eine Kirche und ihre Gemeinde, Augsburg 2013, S. 181

10) vgl. Layer, Adolf: Die Ausbreitung der Reformation, in: Handbuch der bayerischen Geschichte, Band III. Franken, Schwaben, Oberpfalz, 2. Teilband, München 1971, S. 918

11) vgl. Roeck, Bernd: Als wollt die Welt schier brechen. Eine Stadt im Zeitalter des Dreißigjährigen Krieges, München 1991, S. 14

12) vgl. Kießling, Rolf: Gemeindebildung im Pluralismus der Reformation, in: St. Anna in Augsburg. Eine Kirche und ihre Gemeinde, Augsburg 2013, S. 182

13) Pesch, Otto Hermann: Hinführung zu Luther, Mainz 2004, S. 128

Informationen zu den Sehenswürdigkeiten

Augsburger Fuggerhäuser (S. 31) | Bushart, Bruno: Stadt Augsburg, in: Georg Dehio. Handbuch der deutschen Kunstdenkmäler. Bayern III: Schwaben, München 1989, S. 128 und

Hagen, Bernt von und Wegener-Hüssen, Angelika: Denkmäler in Bayern. Stadt Augsburg, München 1994, S. 174 ff. und
Kluger, Martin: Die Fugger in Augsburg, Augsburg 2013, S. 160 ff.

Denkmal Jakob Fuggers in der Augsburger Fuggerei (S. 32) | Kluger, Martin: Die Fuggerei. Ein Führer durch die älteste Sozialsiedlung der Welt, Augsburg 2009, S. 20

Museum Lutherstiege Augsburg (S. 36) | Kluger, Martin: Luther in Augsburg. Wege in der Reformationsstadt, Augsburg 2016, S. 14 f.

Augsburger Dom (S. 39) | Bushart, Bruno: Stadt Augsburg, in: Georg Dehio. Handbuch der deutschen Kunstdenkmäler. Bayern III: Schwaben, München 1989, S. 44 ff. und
Hagen, Bernt von und Wegener-Hüssen, Angelika: Denkmäler in Bayern. Stadt Augsburg, München 1994, S. 140 ff. und
Schnell Werner: Der Dom zu Augsburg, Passau 2005

AUFRUHR, BAUERNKRIEG UND BILDERSTURM – 1524 UND 1525

1) vgl. Schwarz, Reinhard: Luther und die Reformationin Augsburg, in: Reformation und Reichsstadt: Luther in Augsburg, Augsburg 1996, S. 13

2) Luther, Martin: An den christlichen Adel deutscher Nation. Von des christlichen Standes Besserung. Projekt Gutenberg-DE ®/Hille & Partner o.J., URL: http://gutenberg.spiegel.de/buch/martin-luther-sonstige-texte-270/1 (letzter Zugriff: 25.11.2016)

3) Luther, Martin: Von der Freiheit eines Christenmenschen, Projekt Gutenberg-DE ®/Hille & Partner 24.05.2001, URL: http://gutenberg.spiegel.de/buch/martin-luther-sonstige-texte-270/6 (letzter Zugriff: 25.11.2016)

4) vgl. Scholl, Frauke: Rom der Päpste. Renaissance in der Ewigen Stadt, G/Geschichte 02.06.2015, URL: http://www.g-geschichte.de/plus/rom-der-paepste/ (letzter Zugriff: 25.11.2016)

5) Geffcken, Peter: Lang II, in: Augsburger Stadtlexikon, Augsburg 1998, S. 597

6) zit. bei Steiger, Hugo: Geschichte der Stadt Augsburg, München/Berlin 1941, S. 95

7) vgl. Geremek, Bronislaw: Geschichte der Armut. Elend und Barmherzigkeit in Europa, München 1991, S. 137

8) vgl. Hollenstein, André: Bauern zwischen Bauernkrieg und Dreissigjährigem Krieg, München 1996, S. 42

9) vgl. Layer, Adolf: Die Bauernunruhen und der Bauernkrieg, in: Handbuch der bayerischen Geschichte, Band III. Franken, Schwaben, Oberpfalz, 2. Teilband, München 1971, S. 916

10) Hollenstein, André: Bauern zwischen Bauernkrieg und Dreissigjährigem Krieg, München 1996, S. 42

11) vgl. Kießling, Rolf: Kleine Geschichte Schwabens, Regensburg 2009, S. 79

12) zit. bei Hollenstein, André: Bauern zwischen Bauernkrieg und Dreissigjährigem Krieg, München 1996, S. 42

13) vgl. ebenda

14) vgl. Kießling, Rolf: Kleine Geschichte Schwabens, Regensburg 2009, S. 81

15) zit. ebenda

16) vgl. Meyer, Werner und Schädler, Alfred: Stadt Dillingen an der Donau. Die Kunstdenkmäler von Schwaben VI., München 1964, S. 32

17) Layer, Adolf: Die Bauernunruhen und der Bauernkrieg, in: Handbuch der bayerischen Geschichte, Band III. Franken, Schwaben, Oberpfalz, 2. Teilband, München 1971, S. 916 f.

18) vgl. Pötzl, Walter: Kriegsereignisse der Frühen Neuzeit, Augsburg 2003, S. 281

19) vgl. Holl, Joseph; Geschichte der Stadt Weißenhorn, Weißenhorn 1983, S. 99 ff.

20) vgl. Kießling, Rolf: Kleine Geschichte Schwabens, Regensburg 2009, S. 82

21) vgl. Pötzl, Walter: Kriegsereignisse der Frühen Neuzeit, Augsburg 2003, S. 281 f.

22) vgl. Blendinger, Friedrich und Zorn, Wolfgang: Augsburg. Geschichte in Bilddokumenten, München 1976, S. 170

23) vgl. o.N.: Ehem. Gemeinde Ried, Heimatverein Reischenau e.V. o.J., URL: https://heimatmuseum-reischenau.byseum.de/de/kulturpfad/ortsteile/11ried (letzter Zugriff: 25.11.2016)

24) Holzberger, Gottfried: Die evangelische Kirche während des 16. und 17. Jahrhunderts, in: Kirchengeschichte und Volksfrömmigkeit, Augsburg 1994, S. 105

25) vgl. Blendinger, Friedrich und Zorn, Wolfgang: Augsburg. Geschichte in Bilddokumenten, München 1976, S. 170

26) vgl. Burkhardt, Johannes: Luther und die Augsburger Handelsgesellschaften, in: Reformation und Reichsstadt: Luther in Augsburg, Augsburg 1996, S. 52

27) ebenda, S. 50

28) zit. ebenda

29) Luther, Martin: Widder die stürmenden bawren, Contumax GmbH & Co. KG o.J. (Onlineversion folgender Quelle: Martin Luther: Werke. 120 Bände, Band 18, Weimar 1888 ff., S. 357–361),
URL: http://www.zeno.org/nid/2000534736X (letzter Zugriff: 25.11.2016)

30) ebenda

31) zit. bei Holzberger, Gottfried: Die evangelische Kirche während des 16. und 17. Jahrhunderts, in: Kirchengeschichte und Volksfrömmigkeit, Augsburg 1994, S. 105

32) ebenda

33) Kaußler, Robert: Bauernkrieg 1525, Jubiläumsausschuß 1050 Jahre Auhausen/400 Jahre Protestantische Union 23.01.2016 (zur Verfügung gestellt von H. Schorr, Westheim), URL: http://www.kloster-auhausen.de/k_kloster_bauer.html (letzter Zugriff: 25.11.2016)

34) zit. ebenda

35) vgl. Layer, Adolf: Die Bauernunruhen und der Bauernkrieg, in: Handbuch der bayerischen Geschichte, Band III. Franken, Schwaben, Oberpfalz, 2. Teilband, München 1971, S. 917

36) vgl. Kaußler, Robert: Bauernkrieg 1525, Jubiläumsausschuß 1050 Jahre Auhausen/400 Jahre Protestantische Union 23.01.2016 (zur Verfügung gestellt von H. Schorr, Westheim), URL: http://www.kloster-auhausen.de/k_kloster_bauer.html (letzter Zugriff: 25.11.2016)

37) vgl. Pötzl, Walter: Ein dichtes Netz von Wallfahrtsorten und Gnadenstätten, in: Kirchengeschichte und Volksfrömmigkeit, Augsburg 1994, S. 160 f.

38) vgl. Vogt, Wilhelm: Schilling, Johann, Deutsche Biographie o.J. (Historische Kommission bei der Bayerischen Akademie der Wissenschaften/Bayerische Staatsbibliothek, Onlineversion folgender Quelle: Allgemeine Deutsche Biographie 31, 1890, S. 259–261), URL: www.deutsche-biographie.de/pnd136974406.html?anchor=adb (letzter Zugriff: 25.11.2016)

39) ebenda

40) ebenda

41) vgl. ebenda und
Safley, Thomas Max:Zentrum und Peripherie: Die Gemeinden Zu den Barfüßern und bei St. Georg, in: Im Ringen um die Reformation. Kirchen und Prädikanten, Rat und Gemeinden in Augsburg, Epfendorf/Necker 2011, S. 47

42) vgl. Paula, Georg: Kreis Augsburg, in: Georg Dehio. Handbuch der deutschen Kunstdenkmäler. Bayern III: Schwaben, München 1989, S. 672

43) vgl. Vogt, Wilhelm: Schilling, Johann, Deutsche Biographie o.J. (Historische Kommission bei der Bayerischen Akademie der Wissenschaften/Bayerische Staatsbibliothek, Onlineversion folgender Quelle: Allgemeine Deutsche Biographie 31, 1890, S. 259–261), URL: www.deutsche-biographie.de/pnd136974406.html?anchor=adb (letzter Zugriff: 25.11.2016)

Informationen zu den Sehenswürdigkeiten

ehemalige Benediktinerklosterkirche Auhausen (S. 53) | Paula, Georg: Kreis Donau-Ries, in: Georg Dehio. Handbuch der deutschen Kunstdenkmäler. Bayern III: Schwaben, München 1989, S. 145 ff.

FÜNF AUGSBURGER „SEKTEN" UND DIE CONFESSIO AUGUSTANA – AB 1521 BIS 1533

1) Stollberg-Rilinger, Barbara: Einführung in die Frühe Neuzeit. Politische Ereignisse und Entwicklungen. Reformation. Die evangelische Bewegung in Stadt- und Landgemeinden, Lehrstuhl Frühe Neuzeit des Historischen Seminars der Westfälischen Wilhelms-Universität Münster 2003,
URL: https://www.uni-muenster.de/FNZ-Online/politstrukturen/reformation/unterpunkte/stadt.htm (letzter Zugriff: 25.11.2016)

2) vgl. Wagner, Jürgen u.a.: St. Jakob, in: Augsburger Stadtlexikon, Augsburg 1998, S. 534

3) vgl. Blendinger, Friedrich und Zorn, Wolfgang: Augsburg. Geschichte in Bilddokumenten, München 1976, S. 169

4) vgl. ebenda

5) Kießling, Rolf: Gemeindebildung im Pluralismus der Reformation, in: St. Anna in Augsburg. Eine Kirche und ihre Gemeinde, Augsburg 2013, S. 183

6) vgl. ebenda, S. 183 ff.

7) vgl. ebenda, S. 184

8) vgl. Steiger, Hugo: Geschichte der Stadt Augsburg, München/Berlin 1941, S. 104

9) Zschoch, Hellmut: „Augsburg zerfällt in sechs Richtungen!" Frühkonfessioneller Pluralismus in den Jahren 1524 bis 1530, in: Reformation und Reichsstadt: Luther in Augsburg, Augsburg 1996, S. 78

10) vgl. Liebhart, Wilhelm: St. Ulrich und Afra, in: Augsburger Stadtlexikon, Augsburg 1998, S. 887

11) vgl. Dobschütz, Detlef von: Die Geschichte der Kirchengemeinde Heilig-Kreuz und ihrer Kirche, in: Die evangelische Heilig-Kreuz-Kirche in Augsburg. Eine Lutherstätte, Augsburg 1981, S. 9 f.

12) vgl. Wagner, Jürgen u.a.: St. Georg, in: Augsburger Stadtlexikon, Augsburg 1998, S. 434

13) Zschoch, Hellmut: „Augsburg zerfällt in sechs Richtungen!" Frühkonfessioneller Pluralismus in den Jahren 1524 bis 1530, in: Reformation und Reichsstadt: Luther in Augsburg, Augsburg 1996, S. 78

14) vgl. Kießling, Rolf: Gemeindebildung im Pluralismus der Reformation, in: St. Anna in Augsburg. Eine Kirche und ihre Gemeinde, Augsburg 2013, S. 186

15) Weigelt, Horst: Von Schlesien nach Amerika. Die Geschichte des Schwenckfeldertums, Köln, Weimar, Wien 2007, S. 77

16) vgl. Zschoch, Hellmut: „Augsburg zerfällt in sechs Richtungen!" Frühkonfessioneller Pluralismus in den Jahren 1524 bis 1530, in: Reformation und Reichsstadt: Luther in Augsburg, Augsburg 1996, S. 81

17) zit. ebenda, S. 79

18) zit. ebenda

19) vgl. Kießling, Rolf: Eckpunkte der Augsburger Reformationsgeschichte, in: Im Ringen um die Reformation. Kirchen und Prädikanten, Rat und Gemeinden in Augsburg, Epfendorf/Neckar 2011, S. 30 und
Layer, Adolf: Die Ausbreitung der Reformation, in: Handbuch der bayerischen Geschichte, Band III. Franken, Schwaben, Oberpfalz, 2. Teilband, München 1971, S. 921

20) vgl. Köbler, Gerhard: Historisches Lexikon der deutschen Länder. Die deutschen Territorien vom Mittelalter bis zur Gegenwart, München 2007, S. 490 f. und
Röttger, Jakob St. Jakob zu Oettingen, Passau 2008, S. 3

21) vgl. Kießling, Rolf: Gemeindebildung im Pluralismus der Reformation, in: St. Anna in Augsburg. Eine Kirche und ihre Gemeinde, Augsburg 2013, S. 185

22) zit. bei Rohrmann, Eckhard: Mythen und Realitäten des Anders-Seins. Gesellschaftliche Konstruktionen seit der frühen Neuzeit, Wiesbaden 2011, S. 50

23) vgl. Stern, Alfred: Schertlin von Burtenbach, Sebastian, Deutsche Biographie o.J. (Historische Kommission bei der Bayerischen Akademie der Wissenschaften/ Bayerische Staatsbibliothek, Onlineversion folgender Quelle: Allgemeine Deutsche Biographie 31, 1890, S. 132–137), URL: https://www.deutsche-biographie.de/gnd118754734.html#adbcontent (letzter Zugriff: 25.11.2016)

24) zit. bei o.N.: Der Sacco di Roma, Westenfelder, Frank/Kriegsreisende.de o.J., URL: http://www.kriegsreisende.de/neuzeit/sacco-roma.htm (letzter Zugriff: 25.11.2016)

25) ebenda

26) vgl. ebenda

27) Layer, Adolf: Die Ausbreitung der Reformation, in: Handbuch der bayerischen Geschichte, Band III. Franken, Schwaben, Oberpfalz, 2. Teilband, München 1971, S. 922

28) vgl. Blendinger, Friedrich und Zorn, Wolfgang: Augsburg. Geschichte in Bilddokumenten, München 1976, S. 170 und
Steiger, Hugo: Geschichte der Stadt Augsburg, München/Berlin 1941, S. 108

29) Layer, Adolf: Die Ausbreitung der Reformation, in: Handbuch der bayerischen Geschichte, Band III. Franken, Schwaben, Oberpfalz, 2. Teilband, München 1971, S. 922

30) vgl. Krauß, Wolfgang: Wenn einer käme und spräche: Der Friede Gottes sei mit dir. Zur Aktualität der Weißenhorner Täuferhinrichtung von 1528, in: Weißenhorner Profile 1160–2010. Beiträge und Untersuchungen zur Stadtgeschichte, Weißenhorn 2010, S. 126 und
Kießling, Rolf: Eckpunkte der Augsburger Reformationsgeschichte, in: Im Ringen um die Reformation. Kirchen und Prädikanten, Rat und Gemeinden in Augsburg, Epfendorf/Neckar 2011, S. 33

31) ebenda, S. 127

32) vgl. Steiger, Hugo: Geschichte der Stadt Augsburg, München/Berlin 1941, S. 111

33) Krauß, Wolfgang: Wenn einer käme und spräche: Der Friede Gottes sei mit dir. Zur Aktualität der Weißenhorner Täuferhinrichtung von 1528, in: Weißenhorner Profile 1160–2010. Beiträge und Untersuchungen zur Stadtgeschichte, Weißenhorn 2010, S. 131

34) vgl. ebenda

35) zit. ebenda

36) vgl. Häberlein, Mark: Die Fugger. Geschichte einer Augsburger Familie (1367–1650), Stuttgart 2006, S. 173

37) zit. ebenda

38) vgl. Sieh-Burens, Katharina: Regel, in: Augsburger Stadtlexikon, Augsburg 1998, S. 740 und
Weigelt, Horst: Von Schlesien nach Amerika. Die Geschichte des Schwenckfeldertums, Köln, Weimar, Wien 2007, S. 77

39) zit. bei Zelzer, Maria: Geschichte der Stadt Donauwörth. Von den Anfängen bis 1618, Bd. 1, Donauwörth 1979, S. 184

40) zit. ebenda, S. 185

41) vgl. Kießling, Rolf: Eckpunkte der Augsburger Reformationsgeschichte, in: Im Ringen um die Reformation. Kirchen und Prädikanten, Rat und Gemeinden in Augsburg, Epfendorf/Neckar 2011, S. 33 und
Blendinger, Friedrich und Zorn, Wolfgang: Augsburg. Geschichte in Bilddokumenten, München 1976, S. 171 und
Steiger, Hugo: Geschichte der Stadt Augsburg, München/Berlin 1941, S. 115 ff.

42) vgl. Freudenberg, Matthias und Plasger Georg (Hg.): Reformierte Bekenntnisschriften. Eine Auswahl von den Anfängen bis zur Gegenwart, Göttingen 2005, S. 26 ff.

43) Zschoch, Hellmut: „Augsburg zerfällt in sechs Richtungen!" Frühkonfessioneller Pluralismus in den Jahren 1524 bis 1530, in: Reformation und Reichsstadt: Luther in Augsburg, Augsburg 1996, S. 82

44) vgl. Häußler, Franz: Gedenktafeln erzählen Augsburger Geschichte, Augsburg 2014, S. 88

45) vgl. Leimer, Fritz und Lembeck, Klaus: Geschichte, Stadt Harburg (Schwaben) 25.11.2016, URL: http://www.stadt-harburg-schwaben.de/index.php?id=0,26 (letzter Zugriff: 25.11.2016) und
Kudorfer, Dieter: Oettingen, Grafschaft/Fürstentum, Historisches Lexikon Bayerns/Bayerische Staatsbibliothek 24.04.2012, URL: http://www.historisches-lexikon-bayerns.de/Lexikon/Oettingen,_Grafschaft/Fürstentum (letzter Zugriff: 25.11.2016)

46) zit. bei Krebs, Hans: Schade, dass Luther nicht wollte, Augsburger Allgemeine 07.11.2013, URL: http://www.augsburger-allgemeine.de/augsburg/Schade-dass-Luther-nicht-wollte-id27658477.html (letzter Zugriff: 25.11.2016)

47) vgl. Rieckenberg, Hans Jürgen: Josel (Joseph) von Rosheim, Deutsche Biographie o.J. (Historische Kommission bei der Bayerischen Akademie der Wissenschaften/Bayerische Staatsbibliothek, Onlineversion folgender Quelle: Neue Deutsche Biographie 10, 1974, S. 609–610),
URL: https://www.deutsche-biographie.de/gnd118713094.html#ndbcontent (letzter Zugriff: 25.11.2016) und
Jancke, Gabriele: Josel von Rosheim, Freie Universität Berlin o.J. (Auszug aus: Selbstzeugnisse im deutschsprachigen Raum. Autobiographien, Tagebücher und andere autobiographische Schriften. 1400-1620. Eine Quellenkunde. Unter Mitarbeit von Jarzebowski, Marc, Krönert, Klaus und Aßmann, Yvonne, 18.08.2008, Gesamttext als PDF verfügbar unter http://www.geschkult.fu-berlin.de/e/jancke-quellenkunde/gesamt/Gesamttext_Quellenkunde.pdf),
URL: http://www.geschkult.fu-berlin.de/e/jancke-quellenkunde/verzeichnis/j/rosheim/index.html (letzter Zugriff: 25.11.2016)

48) vgl. Blendinger, Friedrich und Zorn, Wolfgang: Augsburg. Geschichte in Bilddokumenten, München 1976, S. 172

49) Feld, Helmut: Der Ikonoklasmus des Westens, Leiden 1990, S. 173

50) vgl. ebenda, S. 173 ff. und
Litz, Gudrun: Die Problematik der reformatorischen Bilderfrage in den schwäbischen Reichsstädten, in: Macht und Ohnmacht der Bilder. Reformatorischer Bildersturm im Kontext der europäischen Geschichte, München 2002, S. 106 ff.

51) vgl. ebenda, S. 109

52) vgl. Litz, Gudrun: Die reformatorische Bilderfrage in den schwäbischen Reichsstädten, Tübingen 2007, S. 109, Fußnote 85 und
Häberlein Mark: Brüder, Freunde und Betrüger: Soziale Beziehungen, Normen und Konflikte in der Augsburger Kaufmannschaft um die Mitte des 16. Jahrhunderts, Berlin 1998, S. 77 und
Schilling, Heinz: „Ruhe im Sturm" – der historische Hintergrund der Augsburger Jahreszeiten-Bilder, in: „Kurzweil viel ohn' Maß und Ziel". Alltag und Festtag auf den Augsburger Monatsbildern der Renaissance, München 1994, S. 28 und
Steiger, Hugo: Geschichte der Stadt Augsburg, München/Berlin 1941, S. 105

53) vgl. Dreher, Derick: Die Maximilians-Darstellungen in der Basilika St. Ulrich und Afra. Historismus in der Augsburger Malerei des Frühbarock, in: Jahrbuch des Vereins für Augsburger Bistumsgeschichte e.V., 31. Jg., S. 94 f.

54) Kellenbenz, Hermann: Anton Fugger 1493 – 1560, Weißenhorn 1993, S. 30

55) vgl. Steiger, Hugo: Geschichte der Stadt Augsburg, München/Berlin 1941, S. 120 und
Blendinger, Friedrich und Zorn, Wolfgang: Augsburg. Geschichte in Bilddokumenten, München 1976, S. 172

56) vgl. Kellenbenz, Hermann: Anton Fugger 1493 – 1560, Weißenhorn 1993, S. 40 und
Kießling, Rolf: Eine „Doppelgemeinde": St. Moritz und St. Anna, in: Im Ringen um die Reformation. Kirchen und Prädikanten, Rat und Gemeinden in Augsburg, Epfendorf/Neckar 2011, S. 136 f.

57) vgl. Kellenbenz, Hermann: Anton Fugger 1493 – 1560, Weißenhorn 1993, S. 39 f. und
Litz, Gudrun: Die reformatorische Bilderfrage in den schwäbischen Reichsstädten, Tübingen 2007, S. 109, Fußnote 85

58) vgl. Schilling, Heinz: „Ruhe im Sturm" – der historische Hintergrund der Augsburger Jahreszeiten-Bilder, in: „Kurzweil viel ohn' Maß und Ziel". Alltag

und Festtag auf den Augsburger Monatsbildern der Reniassance, München 1994, S. 27 und
Bonorand, Conradin: Vadian und Graubünden. Aspekte der Personen- und Kommunikationsgeschichte im Zeitalter des Humanismus und der Reformation, Chur 1991, S. 107

59) vgl. Koos, Marianne: Bildnisse des Begehrens. Das lyrische Männerporträt in der venezianischen Malerei des frühen 16. Jahrhunderts – Giorgone, Tizian und ihr Umkreis, Emsdetten – Berlin 2006, S. 138 ff.

60) zit. bei Schilling, Heinz: „Ruhe im Sturm" – der historische Hintergrund der Augsburger Jahreszeiten-Bilder, in: „Kurzweil viel ohn' Maß und Ziel". Alltag und Festtag auf den Augsburger Monatsbildern der Renaissance, München 1994, S. 28

Informationen zu den Sehenswürdigkeiten

St. Anna Augsburg (S. 62) | Bushart, Bruno: Stadt Augsburg, in: Georg Dehio. Handbuch der deutschen Kunstdenkmäler. Bayern III: Schwaben, München 1989, S. 61 ff. und
Hagen, Bernt von und Wegener-Hüssen, Angelika: Denkmäler in Bayern. Stadt Augsburg, München 1994, S. 62 ff. und
Kießling, Rolf: St. Anna in Augsburg – eine Kirche und ihre Gemeinde, Augsburg 2013 und
Streble, Martina und Wißner, Bernd: Sankt Anna Augsburg, Augsburg 2013 und
Schiller, Wilhelm: Die St. Annakirche in Augsburg. Ein Beitrag zur Augsburger Kirchengeschichte, Augsburg 1938

Fürstbischöfliche Residenz Augsburg (S. 74) | Bushart, Bruno: Stadt Augsburg, in: Georg Dehio. Handbuch der deutschen Kunstdenkmäler. Bayern III: Schwaben, München 1989, S. 119 f. und
Hagen, Bernt von und Wegener-Hüssen, Angelika: Denkmäler in Bayern. Stadt Augsburg, München 1994, S. 166 ff. und
Fried, Pankraz und Frank, Rainer: Die fürstbischöfliche Residenz zu Augsburg, Lindenberg 2003

Ulmer Münster (S. 78) | Wetzig, Ingrid: Stadtkreis Ulm, in: Georg Dehio. Handbuch der deutschen Kunstdenkmäler. Baden-Württemberg II: Regierungsbezirke Freiburg und Tübingen, München 1997, S. 749

RATSREFORMATION UND DIE NIEDERLAGE IM RELIGIONSKRIEG – 1534 BIS JULI 1547

1) zit. bei: Janssen, Johannes: Geschichte des deutschen Volkes seit dem Ausgang des Mittelalters, Bd. 3, Paderborn 2015, S. 104

2) vgl. Blendinger, Friedrich und Zorn, Wolfgang: Augsburg. Geschichte in Bilddokumenten, München 1976, S. 172

3) vgl. Kießling, Rolf: Gemeindebildung im Pluralismus der Reformation, in: St. Anna in Augsburg. Eine Kirche und ihre Gemeinde, Augsburg 2013, S. 197 ff. und
Wüst, Wolfgang: Das Fürstbistum Augsburg. Ein geistlicher Staat im Heiligen Römischen Reich Deutscher Nation, Augsburg 1997, S. 117 und
Blendinger, Friedrich und Zorn, Wolfgang: Augsburg. Geschichte in Bilddokumenten, München 1976, S. 172 f.

4) vgl. Meyer, Werner und Schädler, Alfred: Stadt Dillingen an der Donau. Die Kunstdenkmäler von Schwaben VI., München 1964, S. 464

5) vgl. Blendinger, Friedrich und Zorn, Wolfgang: Augsburg. Geschichte in Bilddokumenten, München 1976, S. 172 und
Grünsteudel, Günther und Liebhart, Wilhelm: Barfüßer, Augsburger Stadtlexikon, Augsburg 1998, S. 271

6) Kießling, Rolf: Die unvollendete Reformation. Schmalkaldischer Krieg und Interim als Stationen auf dem Weg zur Bikonfessionalität, in: Reformation und Reichsstadt – Luther in Augsburg, Augsburg 1996, S. 117

7) vgl. ebenda und
Meyer, Werner und Schädler, Alfred: Stadt Dillingen an der Donau. Die Kunstdenkmäler von Schwaben VI., München 1964, S. 464 und
Wüst, Wolfgang: Wüst, Wolfgang: Das Fürstbistum Augsburg. Ein geistlicher Staat im Heiligen Römischen Reich Deutscher Nation, Augsburg 1997, Augsburg 1997, S. 116 f.

8) vgl. Kießling, Rolf: Die unvollendete Reformation. Schmalkaldischer Krieg und Interim als Stationen auf dem Weg zur Bikonfessionalität, in: Reformation und Reichsstadt – Luther in Augsburg, Augsburg 1996, S. 117

9) zit. bei Schawe, Martin: Staatsgalerie Augsburg. Altdeutsche Malerei in der Katharinenkirche, München o.J., S. 12

10) vgl. Goetz, Hans-Jürgen: Bildersturm im Täufertum, in: Macht und Ohnmacht der Bilder: reformatorischer Bildersturm im Kontext der europäischen Geschichte, München 2002, S. 251

11) vgl. Layer, Adolf: Die Ausbreitung der Reformation, in: Handbuch der bayerischen Geschichte, Band III. Franken, Schwaben, Oberpfalz, 2. Teilband, München 1971, S. 923

12) vgl. Roeck, Bernd: Der Brunnen der Macht, in: Der Augustusbrunnen in Augsburg, München 2003, S. 31 und
Kluger, Martin: Augsburgs historische Wasserwirtschaft. Der Weg zum UNESCO-Welterbe, Augsburg 2015, S. 331 und S. 339

13) Stern, Alfred: Schertlin von Burtenbach, Sebastian, Deutsche Biographie o.J. (Historische Kommission bei der Bayerischen Akademie der Wissenschaften/ Bayerische Staatsbibliothek, Onlineversion folgender Quelle: Allgemeine Deutsche Biographie 31, 1890, S. 132–137), URL: https://www.deutsche-biographie.de/gnd118754734.html#adbcontent (letzter Zugriff: 25.11.2016)

14) vgl. Riemer, Norbert W.: Ortsfamilienbuch Burtenbach, Markt Burtenbach 2014, S. 544

15) vgl. Stern, Alfred: Schertlin von Burtenbach, Sebastian, Deutsche Biographie o.J. (Historische Kommission bei der Bayerischen Akademie der Wissenschaften/ Bayerische Staatsbibliothek, Onlineversion folgender Quelle: Allgemeine Deutsche Biographie 31, 1890, S. 132–137), URL: https://www.deutsche-biographie.de/gnd118754734.html#adbcontent (letzter Zugriff: 25.11.2016)

16) zit. bei Pesch, Otto Hermann: Hinführung zu Luther, Mainz 2004, S. 265

17) zit. ebenda

18) zit. bei Brahms, Renke: „…ob Kriegsleute in seligem Stande sein können" – Soldat sein heute zwischen Gewissensentscheidung und Gehorsamsprinzip, Institut für Kirche und Gesellschaft der Evangelischen Kirche von Westfalen 31.03.2014, URL: http://www.kircheundgesellschaft.de/fileadmin/Dateien/Fachbereich_I/Dokumente/Brahms_Soldat_sein_heute_31-3-2014.pdf
(letzter Zugriff: 25.11.2016)

19) Dorgeloh, Stephan: Sprache und Mündigkeit: Luthers Beitrag zur Politikfähigkeit der Deutschen, in: Staat in Deutschland und evangelische Kirche, Nürnberg 2015, S. 57

20) vgl. Kießling, Rolf: Kleine Geschichte Schwabens, Regensburg 2009, S. 85

21) vgl. Layer, Adolf: Die Ausbreitung der Reformation, in: Handbuch der bayerischen Geschichte, Band III. Franken, Schwaben, Oberpfalz, 2. Teilband, München 1971, S. 922 und
Wüst, Wolfgang: Das Fürstbistum Augsburg. Ein geistlicher Staat im Heiligen Römischen Reich Deutscher Nation, Augsburg 1997, Augsburg 1997, S. 116 und
Zelzer, Maria: Geschichte der Stadt Donauwörth. Von den Anfängen bis 1618, Bd. 1, Donauwörth 1979, S. 206

22) vgl. Layer, Adolf: Die Ausbreitung der Reformation, in: Handbuch der bayerischen Geschichte, Band III. Franken, Schwaben, Oberpfalz, 2. Teilband, München 1971, S. 922 und
Wüst, Wolfgang: Das Fürstbistum Augsburg. Ein geistlicher Staat im Heiligen Römischen Reich Deutscher Nation, Augsburg 1997, Augsburg 1997, S. 301

23) vgl. Blendinger, Friedrich und Zorn, Wolfgang: Augsburg. Geschichte in Bilddokumenten, München 1976, S. 172 f.

24) vgl, Rabe, Horst: Reich und Glaubensspaltung. Deutschland 1500–1600, München 1989, S. 259 und
Bauer, Karl: Regensburg, Kunst-, Kultur- und Alltagsgeschichte, Regensburg 1997, S. 272

25) vgl. Blendinger, Friedrich und Zorn, Wolfgang: Augsburg. Geschichte in Bilddokumenten, München 1976, S. 174

26) vgl. Sieh-Burens, Katharina: Augsburger Stadtlexikon, Augsburg 1998, S. 506

27) vgl. Layer, Adolf: Die Ausbreitung der Reformation, in: Handbuch der bayerischen Geschichte, Band III. Franken, Schwaben, Oberpfalz, 2. Teilband, München 1971, S. 922

28) vgl. Mezger, G.: Herbrot, Jakob, Deutsche Biographie o.J. (Historische Kommission bei der Bayerischen Akademie der Wissenschaften/Bayerische Staatsbibliothek, Onlineversion folgender Quelle: Allgemeine Deutsche Biographie 12, 1880, S. 45–48) URL: https://www.deutsche-biographie.de/gnd130302287.html#adbcontent (letzter Zugriff: 25.11.2016)

29) Häberlein, Mark: Brüder, Freunde und Betrüger: Soziale Beziehungen, Normen und Konflikte in der Augsburger Kaufmannschaft um die Mitte des 16. Jahrhunderts, Berlin 1998, S. 236

30) aus dem Lateinischen übersetzt bei Hagen, Bernt von und Wegener-Hüssen, Angelika: Denkmäler in Bayern. Stadt Augsburg, München 1994, S. 358 vgl. Hagen, Bernt von und Wegener-Hüssen, Angelika: Denkmäler in Bayern. Stadt Augsburg, München 1994, S. 358

31) Rohrmann, Eckhard: Mythen und Realitäten des Anders-Seins. Gesellschaftliche Konstruktionen seit der frühen Neuzeit, Wiesbaden 2010, S. 19

32) vgl. ebenda, S. 20

33) Krebs, Hans: Schade, dass Luther nicht wollte, Augsburger Allgemeine 07.11.2013, URL: http://www.augsburger-allgemeine.de/augsburg/Schade-dass-Luther-nicht-wollte-id27658477.html (letzter Zugriff: 25.11.2016)

34) ebenda

35) vgl. Dülmen, Andrea von: Deutsche Geschichte in Daten. Von den Anfängen bis 1770, München 1979, S. 181 f.

36) vgl. Blendinger, Friedrich und Zorn, Wolfgang: Augsburg. Geschichte in Bilddokumenten, München 1976, S. 174 f.

37) Pötzl, Walter: Kriegsereignisse in der Frühen Neuzeit, in: Herrschaft und Politik. Vom frühen Mittelalter bis zur Gebietsreform, Augsburg 2003, S. 285

38) vgl. Layer, Adolf: Schmalkaldischer Krieg und Augsburger Religionsfriede, in: Handbuch der bayerischen Geschichte, Band III. Franken, Schwaben, Oberpfalz, 2. Teilband, München 1971, S. 925

39) vgl. Kießling, Rolf: Die unvollendete Reformation. Schmalkaldischer Krieg und Interim als Stationen auf dem Weg zur Bikonfessionalität, in: Reformation und Reichsstadt – Luther in Augsburg, Augsburg 1996, S. 120

40) Stern, Alfred: Schertlin von Burtenbach, Sebastian, Deutsche Biographie o.J. (Historische Kommission bei der Bayerischen Akademie der Wissenschaften/ Bayerische Staatsbibliothek, Onlineversion folgender Quelle: Allgemeine Deutsche Biographie 31, 1890, S. 132–137), URL: https://www.deutsche-biographie.de/gnd118754734.html#adbcontent (letzter Zugriff: 25.11.2016)

41) vgl. Schaab, Meinrad: Handbuch der Baden-Württembergischen Geschichte. Vom Spätmittelalter bis zum Ende des Alten Reiches, Bd. 1, Teil 2, Stuttgart 2000, S. 195

42) vgl. Zorn, Wolfgang: Augsburg. Geschichte einer deutschen Stadt, Augsburg 1972, S. 188 und
Blendinger, Friedrich und Zorn, Wolfgang: Augsburg. Geschichte in Bilddokumenten, München 1976, S. 175

43) vgl. Steiger, Hugo: Geschichte der Stadt Augsburg, München/Berlin 1941, S. 125

44) Holzberger, Gottfried: Die evangelische Kirche während des 16. und 17. Jahrhunderts, in: Kirchengeschichte und Volksfrömmigkeit, Augsburg 1994, S. 106

45) vgl. ebenda und
Zorn, Wolfgang: Augsburg. Geschichte einer deutschen Stadt, Augsburg 1972, S. 188

46) vgl. Kießling, Rolf: Die unvollendete Reformation. Schmalkaldischer Krieg und Interim als Stationen auf dem Weg zur Bikonfessionalität, in: Reformation und Reichsstadt – Luther in Augsburg, Augsburg 1996, S. 120

47) vgl. Meyer, Werner und Schädler, Alfred: Stadt Dillingen an der Donau. Die Kunstdenkmäler von Schwaben VI., München 1964, S. 32 und S. 445

48) vgl. Zelzer, Maria: Geschichte der Stadt Donauwörth. Von den Anfängen bis 1618, Bd. 1, Donauwörth 1979, S. 210 ff. und S. 396

49) vgl. Zorn, Wolfgang: Augsburg. Geschichte einer deutschen Stadt, Augsburg 1972, S. 188 und
Kießling, Rolf: Die unvollendete Reformation. Schmalkaldischer Krieg und Interim als Stationen auf dem Weg zur Bikonfessionalität, in: Reformation und Reichsstadt – Luther in Augsburg, Augsburg 1996, S. 119 f.

50) vgl. Holzberger, Gottfried: Die evangelische Kirche während des 16. und 17. Jahrhunderts, in: Kirchengeschichte und Volksfrömmigkeit, Augsburg 1994, S. 106

51) vgl. ebenda und
Zorn, Wolfgang: Augsburg. Geschichte einer deutschen Stadt, Augsburg 1972, S. 188 und
Kießling, Rolf: Die unvollendete Reformation. Schmalkaldischer Krieg und Interim als Stationen auf dem Weg zur Bikonfessionalität, in: Reformation und Reichsstadt – Luther in Augsburg, Augsburg 1996, S. 119 f.

52) Layer, Adolf: Die Ausbreitung der Reformation, in: Handbuch der bayerischen Geschichte, Band III. Franken, Schwaben, Oberpfalz, 2. Teilband, München 1971, S. 922

53) vgl. Zorn, Wolfgang: Augsburg. Geschichte einer deutschen Stadt, Augsburg 1972, S. 189

54) vgl. Schaab, Meinrad: Handbuch der Baden-Württembergischen Geschichte. Vom Spätmittelalter bis zum Ende des Alten Reiches, Bd. 1, Teil 2, Stuttgart 2000, S. 195

55) vgl. Zelzer, Maria: Geschichte der Stadt Donauwörth. Von den Anfängen bis 1618, Bd. 1, Donauwörth 1979, S. 211

56) vgl. Meyer, Werner und Schädler, Alfred: Stadt Dillingen an der Donau. Die Kunstdenkmäler von Schwaben VI., München 1964, S. 32

57) vgl. Schaab, Meinrad: Handbuch der Baden-Württembergischen Geschichte. Vom Spätmittelalter bis zum Ende des Alten Reiches, Bd. 1, Teil 2, Stuttgart 2000, S. 196 und
o.N.: Kaiser Karl V. und die evangelischen Prediger von Ulm, Projekt Gutenberg-DE ®/Hille & Partner 18.04.2012 (Auszug aus: Geschichten aus schweren Zeiten. Württembergische Volksbücher, hg. von Württ. Evangel. Lehrer-Unterstützungs-Verein), URL: http://gutenberg.spiegel.de/buch/geschichten-aus-schweren-zeiten-6611/12 (letzter Zugriff: 25.11.2016)

58) vgl. Pölnitz, Götz Freiherr von und Kellenbenz, Hermann: Anton Fugger, 3. Band, 1548–1560, Teil 2 1555–1560, Tübingen 1986, S. 442

59) vgl. Blendinger, Friedrich und Zorn, Wolfgang: Augsburg. Geschichte in Bilddokumenten, München 1976, S. 175

60) o.N.: Glossar S, historicum.net. Geschichtswissenschaften im Internet e.V./ Zentrum für Elektronisches Publizieren, Bayerische Staatsbibliothek 05.06.2012, URL: https://www.historicum.net/themen/reformation/glossar/s/ (letzter Zugriff: 25.11.2016)

61) Stern, Alfred: Schertlin von Burtenbach, Sebastian, Deutsche Biographie o.J. (Historische Kommission bei der Bayerischen Akademie der Wissenschaften/ Bayerische Staatsbibliothek, Onlineversion folgender Quelle: Allgemeine Deutsche Biographie 31, 1890, S. 132–137), URL: https://www.deutsche-biographie.de/gnd118754734.html#adbcontent (letzter Zugriff: 25.11.2016)

62) vgl. ebenda

63) vgl. Mezger, G.: Herbrot, Jakob, Deutsche Biographie o.J. (Historische Kommission bei der Bayerischen Akademie der Wissenschaften/Bayerische Staatsbibliothek, Onlineversion folgender Quelle: Allgemeine Deutsche Biographie 12, 1880, S. 45–48), URL: https://www.deutsche-biographie.de/gnd130302287.html#adbcontent (letzter Zugriff: 25.11.2016)

Informationen zu den Sehenswürdigkeiten

Neptunbrunnen Augsburg (S. 90) | Kluger, Martin: Augsburgs historische Wasserwirtschaft. Der Weg zum UNESCO-Welterbe, Augsburg 2015, S. 331 und S. 339

St. Anna Burtenbach (S. 99) | Paula, Georg: Kreis Donau-Ries, in: Georg Dehio. Handbuch der deutschen Kunstdenkmäler. Bayern III: Schwaben, München 1989, S. 219 und
Brüderlein, Alfred: Burtenbach. Aus Vergangenheit und Gegenwart einer schwäbischen Bauerngemeinde, Burtenbach 1966, S. 192 ff.

AUGSBURGER INTERIM UND AUGSBURGER RELIGIONSFRIEDEN – SEPTEMBER 1547 BIS 1557

1) vgl. Karnehm, Christl: Zu Gast im Hause Fugger. Berühmte Besucher und glanzvolle Feste in den Augsburger Fuggerhäusern, Augsburg 2009, S. 19 ff. und
Trauchburg, Gabriele von: Häuser und Gärten Augsburger Patrizier, München 2001, S. 43

2) vgl. Blendinger, Friedrich und Zorn, Wolfgang: Augsburg. Geschichte in Bilddokumenten, München 1976, S. 176 und
Steiger, Hugo: Geschichte der Stadt Augsburg, München/Berlin 1941, S. 120

3) Rabe, Horst: Reich und Glaubensspaltung. Deutschland 1500–1600, München 1989, S. 267

4) ebenda

5) Kießling, Rolf: Die unvollendete Reformation. Schmalkaldischer Krieg und Interim als Stationen auf dem Weg zur Bikonfessionalität, in: Reformation und Reichsstadt – Luther in Augsburg, Augsburg 1996, S. 120

6) vgl. Blendinger, Friedrich und Zorn, Wolfgang: Augsburg. Geschichte in Bilddokumenten, München 1976, S. 176

7) vgl. Kießling, Rolf: Die unvollendete Reformation. Schmalkaldischer Krieg und Interim als Stationen auf dem Weg zur Bikonfessionalität, in: Reformation und Reichsstadt – Luther in Augsburg, Augsburg 1996, S. 120 f.

8) vgl. ebenda, S. 121 und
Boockmann, Hartmut und Grüber, Pia Maria: Kurzweil viel ohn' Maß und Ziel. Alltag und Festtag auf den Augsburger Monatsbildern der Renaissance, München 1994, S. 283 ff. und
Blendinger, Friedrich und Zorn, Wolfgang: Augsburg. Geschichte in Bilddokumenten, München 1976, S. 176

9) vgl. Kießling, Rolf: Die unvollendete Reformation. Schmalkaldischer Krieg und Interim als Stationen auf dem Weg zur Bikonfessionalität, in: Reformation und Reichsstadt – Luther in Augsburg, Augsburg 1996, S. 121

10) zit. bei Karnehm, Christl: Zu Gast im Hause Fugger. Berühmte Besucher und glanzvolle Feste in den Augsburger Fuggerhäusern, Augsburg 2009, S. 24

11) ebenda, S. 23

12) vgl. Bushart, Bruno: Stadt Augsburg, in: Georg Dehio. Handbuch der deutschen Kunstdenkmäler. Bayern III: Schwaben, München 1989, S. 111 und siehe Abbildungen bei: Jachmann, Julian: Die Kunst des Augsburger Rates, 1588–1631, München 2008, S. 324

13) vgl. Zorn, Wolfgang: Augsburg. Geschichte einer deutschen Stadt, Augsburg 1972, S. 193

14) vgl. ebenda und
Blendinger, Friedrich und Zorn, Wolfgang: Augsburg. Geschichte in Bilddokumenten, München 1976, S. 177

15) vgl. Kraus, Andreas und Spindler, Max: Geschichte Bayerns: Von den Anfängen bis zur Gegenwart, München 2004, S. 212

16) zit. bei Niederle, Michael: Der Passauer Vertrag, Niederle, Michael/ Arbeitskreis für Familienforschung Baden-Durlach Unterland 2015, URL: http://www.ak-bd.de/files/Passauer%20Vertrag.pdf (letzter Zugriff: 25.11.2016)

17) vgl. Zorn, Wolfgang: Augsburg. Geschichte einer deutschen Stadt, Augsburg 1972, S. 193 f. und

Blendinger, Friedrich und Zorn, Wolfgang: Augsburg. Geschichte in Bilddokumenten, München 1976, S. 177

18) Roth, Friedrich: Die Fugger und der Schmalkaldische Krieg, in: Zeitschrift des Historischen Vereins für Schwaben und Neuburg, Augsburg 1918/19, S. 33

19) Steiger, Hugo: Geschichte der Stadt Augsburg, München/Berlin 1941, S. 142

20) vgl. ebenda

21) zit. ebenda

22) vgl. Dülmen, Andrea von: Deutsche Geschichte in Daten. Von den Anfängen bis 1770, München 1979, S. 187

23) vgl. ebenda

24) vgl. Blendinger, Friedrich und Zorn, Wolfgang: Augsburg. Geschichte in Bilddokumenten, München 1976, S. 177

25) vgl. Kraus, Andreas und Spindler, Max: Geschichte Bayerns: Von den Anfängen bis zur Gegenwart, München 2004, S. 213

26) ebenda

27) vgl. Rabe, Horst: Reich und Glaubensspaltung. Deutschland 1500–1600, München 1989, S. 299

28) ebenda

29) vgl. Gotthard, Axel: Der Augsburger Religionsfrieden, Münster 2004, S. 240 ff. und
Wallenta, Wolfgang: Katholische Konfessionalisierung in Augsburg 1548–1648, Hamburg 2003, S. 85 und
Rabe, Horst: Reich und Glaubensspaltung. Deutschland 1500–1600, München 1989, S. 300

30) vgl. ebenda, S. 298

31) zit. bei Gotthard, Axel: Der Augsburger Religionsfrieden, Münster 2004, S. 643

32) Layer, Adolf: Schmalkaldischer Krieg und Augsburger Religionsfriede, in: Handbuch der bayerischen Geschichte, Band III. Franken, Schwaben, Oberpfalz, 2. Teilband, München 1971, S. 926 f.

33) vgl. Wallenta, Wolfgang: Katholische Konfessionalisierung in Augsburg 1548–1648, Hamburg 2003, S. 89

34) vgl. Häring, Ludwig: Die Studienkirche in Dillingen/Donau, Lindenberg 2005, S. 4 f. und S. 64

35) Wüst, Wolfgang: Das Fürstbistum Augsburg. Ein geistlicher Staat im Heiligen Römischen Reich Deutscher Nation, Augsburg 1997, S. 345

36) vgl. Meyer, Werner und Schädler, Alfred: Stadt Dillingen an der Donau. Die Kunstdenkmäler von Schwaben VI., München 1964, S. 34, 230, 239, 248 ff., 474, 515, 519 und 521

37) Kießling, Rolf: Die unvollendete Reformation. Schmalkaldischer Krieg und Interim als Stationen auf dem Weg zur Bikonfessionalität, in: Reformation und Reichsstadt – Luther in Augsburg, Augsburg 1996, S. 122

38) vgl. Wilfried Sponsel: Nördlingen, Reichsstadt, Historisches Lexikon Bayerns/Bayerische Staatsbibliothek 17.10.2013,
URL: https://www.historisches-lexikon-bayerns.de/Lexikon/N%C3%B6rdlingen,_Reichsstadt (letzter Zugriff: 25.11.2016)

39) vgl. Stern, Alfred: Schertlin von Burtenbach, Sebastian, Deutsche Biographie o.J. (Historische Kommission bei der Bayerischen Akademie der Wissenschaften/ Bayerische Staatsbibliothek, Onlineversion folgender Quelle: Allgemeine Deutsche Biographie 31, 1890, S. 132–137), URL: https://www.deutsche-biographie.de/gnd118754734.html#adbcontent (letzter Zugriff: 25.11.2016)

40) Rabe, Horst: Reich und Glaubensspaltung. Deutschland 1500–1600, München 1989, S. 300

41) vgl. Gotthard, Axel: Der Augsburger Religionsfrieden, Münster 2004 (dort mehrere Kapitel)

42) Layer, Adolf: Schmalkaldischer Krieg und Augsburger Religionsfriede, in: Handbuch der bayerischen Geschichte, Band III. Franken, Schwaben, Oberpfalz, 2. Teilband, München 1971, S. 927

43) vgl. o.N.: Evangelisch-reformierte Kirche in Bayern, Historisches Lexikon Bayerns/Bayerische Staatsbibliothek o.J., URL: http://www.historisches-lexikon-bayerns.de/Lexikon/Evangelisch-reformierte Kirche in Bayern (letzter Zugriff: 25.11.2016)

44) vgl. o.N.: Oettingen i.Bay. Baudenkmäler, Bayerisches Landesamt für Denkmalpflege 09.09.2016, URL: http://geodaten.bayern.de/denkmal_static_data/externe_denkmalliste/pdf/denkmalliste_merge_779197.pdf (letzter Zugriff: 25.11.2016)

45) vgl. o.N.: Ehingen a.Ries Baudenkmäler, Bayerisches Landesamt für Denkmalpflege 13.08.2016, URL: http://geodaten.bayern.de/denkmal_static_data/externe_denkmalliste/pdf/denkmalliste_merge_779138.pdf (letzter Zugriff: 25.11.2016) und
o.N.: Ehingen am Ries, Simultankirche St. Ulrich und St. Stephan, o.A. und o.J., URL: http://www.glockenklaenge.de/orte/bay/ehingen_am_ries.html (letzter Zugriff: 25.11.2016)

46) vgl. Layer, Adolf: Schmalkaldischer Krieg und Augsburger Religionsfriede, in: Handbuch der bayerischen Geschichte, Band III. Franken, Schwaben, Oberpfalz, 2. Teilband, München 1971, S. 927

47) vgl. Nadwornicek, Franziska: Pfalz-Neuburg, in: Die Territorien des Reichs im Zeitalter der Reformation und Konfessionalisierung. Land und Konfession 1500–1650, Münster 1989, S. 48

48) Ehrhart, Bernhard: gar volckreich und vermöglich – Vergangenheit und Zukunft der Stadt Lauingen, in: Lauingen. Ansichten einer Stadt, Lauingen 2001, S. 15

49) vgl. ebenda, S. 18 und
Meyer, Werner: Landkreis Dillingen an der Donau. Die Kunstdenkmäler von Schwaben VII., München 1972, S. 530 f.

50) zit. bei Lembeck, Klaus: Geschichte, Stadt Harburg (Schwaben) 25.11.2016 (Bericht von Klaus Lembeck über einen Vortrag von Fritz Leimer, in voller Länge in Harburger Heft 9), URL: http://www.stadt-harburg-schwaben.de/index.php?id=525,26 (letzter Zugriff: 25.11.2016)

51) zit. ebenda

52) vgl. Wallenta, Wolfgang: Katholische Konfessionalisierung in Augsburg 1548–1648, Hamburg 2003, S. 91 f.

53) Steiger, Hugo: Geschichte der Stadt Augsburg, München/Berlin 1941, S. 146

54) ebenda

Informationen zu den Sehenswürdigkeiten
Herkulesbrunnen Augsburg (S. 110) | Emmendörffer, Christoph: Adriaen de Vries. Augsburgs Glanz – Europas Ruhm, in: Adriaen de Vries 1556–1626. Augsburgs Glanz – Europas Ruhm, Augsburg 2000 und
Diemer, Dorothea: Die große Zeit der Münchner und Augsburger Bronzeplastik um 1600, in: Bella Figura. Europäische Bronzekunst in Süddeutschland um 1600, München 2015 und
Kluger, Martin: Augsburgs historische Wasserwirtschaft. Der Weg zum UNESCO-Welterbe, Augsburg 2015, S. 375 ff.

Turamichele Augsburg (S. 113) | Kapfhammer, Günther und Hoffmann, Helga: Turamichele, in: Augsburger Stadtlexikon, Augsburg 1998, S. 879 und
Miller-Gruber, Renate: Elias Holl. Der geniale Augsburger Baumeister der Renaissance, Augsburg 2010, S. 59 f.

JESUITEN, FUGGER UND EIN FRIEDEN VOLLER UNFRIEDEN – 1557 BIS 1580

1) Rabe, Horst: Reich und Glaubensspaltung. Deutschland 1500–1600, München 1989, S. 303

2) vgl. Blendinger, Friedrich und Zorn, Wolfgang: Augsburg. Geschichte in Bilddokumenten, München 1976, S. 176 und
Schnitzler, Theodor : Die Heiligen im Jahr des Herrn, Freiburg 1989, S. 147

3) Wallenta, Wolfgang: Katholische Konfessionalisierung in Augsburg 1548–1648, Hamburg 2003, S. 182

4) vgl. Schnitzler, Theodor: Die Heiligen im Jahr des Herrn, Freiburg 1989, S. 147

5) vgl. Wallenta, Wolfgang: Katholische Konfessionalisierung in Augsburg 1548–1648, Hamburg 2003, S. 184

6) Schäfer, Joachim: Petrus Canisius, Ökumenisches Heiligenlexikon 2014, URL: https://www.heiligenlexikon.de/BiographienP/Petrus_Canisius.htm (letzter Zugriff: 25.11.2016)

7) zit. bei Steiger, Hugo: Geschichte der Stadt Augsburg, München/Berlin 1941, S. 147

8) vgl. Pölnitz, Götz Freiherr von und Kellenbenz, Hermann: Anton Fugger, 3. Band, 1548–1560, Teil 2 1555–1560, Tübingen 1986, S. 235

9) vgl. ebenda, S. 289 und S. 604, Fußnote 172

10) vgl. ebenda, S. 440 und S. 604, Fußnote 177

11) vgl. ebenda, S. 604, Fußnote 177

12) zit. bei Wallenta, Wolfgang: Katholische Konfessionalisierung in Augsburg 1548–1648, Hamburg 2003, S. 186

13) vgl. ebenda, S. 184

14) vgl. ebenda, S. 191 ff. und
Schad, Martha: Die Frauen des Hauses Fugger von der Lilie (15. –17. Jahrhundert) Augsburg–Ortenburg–Trient, Tübingen 1989, S. 29 ff. und
Strecker, Freya: Augsburger Altäre zwischen Reformation (1537) und 1635. Bildkritik, Repräsentation und Konfessionalisierung, Münster 1998, S. 254, S. 332 und S. 350, Fußnote 108

15) ebenda, S. 253

16) zit. bei Schmucker, Anne: „Sie starben als Hexen“. Hexenprozesse in Augsburg, Augsburg 2006, S. 9

17) Wallenta, Wolfgang: Katholische Konfessionalisierung in Augsburg 1548–1648, Hamburg 2003, S. 193

18) vgl. Schad, Martha: Die Frauen des Hauses Fugger von der Lilie (15. –17. Jahrhundert) Augsburg–Ortenburg– Trient, Tübingen 1989, S. 72 ff.

19) vgl. Wallenta, Wolfgang: Katholische Konfessionalisierung in Augsburg 1548–1648, Hamburg 2003, S. 192 f.

20) vgl. ebenda, S. 97 ff.

21) zit. bei Steiger, Hugo: Geschichte der Stadt Augsburg, München/Berlin 1941, S. 143

22) zit. ebenda, S. 149

23) Wallenta, Wolfgang: Katholische Konfessionalisierung in Augsburg 1548–1648, Hamburg 2003, S. 97

24) vgl. ebenda, S. 99

25) vgl. Blendinger, Friedrich: G.Geizkofler von Reiffenegg, von und zu Gailenbach, Zacharias, Deutsche Biographie o.J. (Historische Kommission bei der Bayerischen Akademie der Wissenschaften/Bayerische Staatsbibliothek, Onlineversion folgender Quelle: Neue Deutsche Biographie 6, 1964, S. 167–168), URL: https://www.deutsche-biographie.de/gnd12449224X.html#ndbcontent (letzter Zugriff: 25.11.2016)

26) Wallenta, Wolfgang: Katholische Konfessionalisierung in Augsburg 1548–1648, Hamburg 2003, S. 100 und
vgl. Janssen, Johannes: Geschichte des deutschen Volkes seit dem Ausgang des Mittelalters, Bd. 5, Vorbereitung des dreißigjährigen Krieges, Paderborn 2015, S. 441

27) Gößner, Andreas: Zwischen Religionsfrieden und Dreißigjährigem Krieg: die Prädikanten im Spannungsfeld der theologischen Orientierungen, in: St. Anna in Augsburg – eine Kirche und ihre Gemeinde, Augsburg 2013, S. 226

28) vgl. Zeißberg, Heinrich von: Nas, Johannes, Deutsche Biographie o.J. (Historische Kommission bei der Bayerischen Akademie der Wissenschaften/Bayerische Staatsbibliothek, Onlineversion folgender Quelle: Allgemeine Deutsche Biographie 23, 1886, S. 257–261), URL: https://www.deutsche-biographie.de/gnd11890700X.html#adbcontent (letzter Zugriff: 25.11.2016)

29) zit. bei Wallenta, Wolfgang: Katholische Konfessionalisierung in Augsburg 1548–1648, Hamburg 2003, S. 99

30) zit. ebenda

31) ebenda, S. 192, Fußnote 719

32) ebenda, S. 195

33) vgl. ebenda

34) Montaigne, Michel de: Tagebuch einer Reise nach Italien über die Schweiz und Deutschland, Zürich 2007, S. 100

Informationen zu den Sehenswürdigkeiten

Diözesanmuseum St. Afra Augsburg (S. 131) | o.N.: Raum 3, Diözese Augsburg o.J. (Beschreibung des Diözesanmuseums St. Afra), URL: http://www.museum-st-afra.de/de/das-museum/rundgang/raum-3.html (letzter Zugriff: 25.11.2016)

Petrus-Canisius-Altar im Augsburger Dom (S. 133) | Kluger, Martin: Die Fugger in Augsburg. Kaufherrn, Stifter und Mäzene, Augsburg 2013, S. 236 ff. und Schnell, Werner: Der Dom zu Augsburg, Passau 2005, S. 27

KIRCHEN UND KUNST ALS DENKMÄLER DER GEGENREFORMATION – 1580 BIS 1607

1) vgl. Wallenta, Wolfgang: Katholische Konfessionalisierung in Augsburg 1548–1648, Hamburg 2003, S. 165 ff.

2) ebenda, S. 170

3) ebenda, S. 171

4) ebenda

5) ebenda, S. 179 f.

6) vgl. ebenda

7) vgl. Wölfle, Sylvia: Die Kunstpatronage der Fugger, Augsburg 2009, S. 61

8) vgl. ebenda, S. 58 ff. und
Kluger, Martin: Die Fugger in Augsburg. Kaufherrn, Montanunternehmer, Bankiers und Stifter, Augsburg 2013, S. 190 ff.

9) zit. bei Wallenta, Wolfgang: Katholische Konfessionalisierung in Augsburg 1548–1648, Hamburg 2003, S. 195

10) zit. ebenda, S. 196

11) vgl. Ziegler, Hans-Joachim: Ritual und Inszenierung: Geistliches und weltliches Drama des Mittelalters und der Frühen Neuzeit, Tübingen 2004, S. 323 und
Strecker, Freya: Augsburger Altäre zwischen Reformation (1537) und 1635. Bildkritik, Repräsentation und Konfessionalisierung, Münster 1998, S. 295

12) vgl. Kluger, Martin: Die Fugger in Augsburg. Kaufherrn, Montanunternehmer, Bankiers und Stifter, Augsburg 2013, S. 218 ff. und
Kluger, Martin: Übersehen und vergessen: Jakob Fugger an der Fuggerorgel in St. Ulrich und Afra, context verlag Augsburg 17.07.2013, URL: http://www.context-mv.de/forschung-details/items/uebersehen-und-vergessen-jakob-fugger-an-der-fuggerorgel-in-st-ulrich-und-afra.html (letzter Zugriff: 25.11.2016)

13) vgl. Dreher, Derick: Die Maximilians-Darstellungen in der Basilika St. Ulrich und Afra. Historismus in der Augsburger Malerei des Frühbarock, in: Jahrbuch des Vereins für Augsburger Bistumsgeschichte e.V., 31. Jg., S. 86 ff.
(Die Identifizierung Octavian Secundus Fuggers auf dem erwähnten Gemälde in St. Ulrich und Afra erfolgt erstmals mit dieser Publikation. Vgl. dazu auch die Porträts von Octavian Secundus Fugger in: Lieb, Norbert: Octavian Secundus Fugger [1549–1600] und die Kunst, Tübingen 1980, Titel und Vorsatz)

14) zit. bei Gößner, Andreas: Zwischen Religionsfrieden und Dreißigjährigem Krieg: die Prädikanten im Spannungsfeld der theologischen Orientierungen, in: St. Anna in Augsburg – eine Kirche und ihre Gemeinde, Augsburg 2013, S. 228

15) ebenda

16) Fugger, Ulrich von Glött: Die Fuggerei. Die älteste Sozialsiedlung der Welt, Augsburg 2003, S. 40

17) vgl. Wallenta, Wolfgang: Katholische Konfessionalisierung in Augsburg 1548–1648, Hamburg 2003, S. 194

18) vgl. Blendinger, Friedrich und Zorn, Wolfgang: Augsburg. Geschichte in Bilddokumenten, München 1976, S. 180

19) vgl. Zorn, Wolfgang: Augsburg. Geschichte einer deutschen Stadt, Augsburg 1972, S. 203

20) vgl. Hagen, Bernt von und Wegener-Hüssen, Angelika: Denkmäler in Bayern. Stadt Augsburg, München 1994, S. 265 f.

21) vgl. Blendinger, Friedrich und Zorn, Wolfgang: Augsburg. Geschichte in Bilddokumenten, München 1976, S. 181

22) vgl. Schad, Martha: Die Frauen des Hauses Fugger von der Lilie (15. –17. Jahrhundert) Augsburg–Ortenburg– Trient, Tübingen 1989, S. 113 ff.

23) zit. ebenda, S. 113 f.

24) zit. bei Wallenta, Wolfgang: Katholische Konfessionalisierung in Augsburg 1548–1648, Hamburg 2003, S. 193, Fußnote 726

25) zit. ebenda

26) vgl. Schad, Martha: Die Frauen des Hauses Fugger von der Lilie (15. –17. Jahrhundert). Augsburg–Ortenburg– Trient, Tübingen 1989, S. 124

27) vgl. ebenda, S. 130

28) vgl. Gößner, Andreas: Zwischen Religionsfrieden und Dreißigjährigem Krieg: die Prädikanten im Spannungsfeld der theologischen Orientierungen, in: St. Anna in Augsburg – eine Kirche und ihre Gemeinde, Augsburg 2013, S. 226

29) vgl. Blendinger, Friedrich und Zorn, Wolfgang: Augsburg. Geschichte in Bilddokumenten, München 1976, S. 181 und
Wallenta, Wolfgang: Katholische Konfessionalisierung in Augsburg 1548–1648, Hamburg 2003, S. 102 ff. und
Gößner, Andreas: Zwischen Religionsfrieden und Dreißigjährigem Krieg: die Prädikanten im Spannungsfeld der theologischen Orientierungen, in: St. Anna in Augsburg – eine Kirche und ihre Gemeinde, Augsburg 2013, S. 228 ff.

30) Wallenta, Wolfgang: Katholische Konfessionalisierung in Augsburg 1548–1648, Hamburg 2003, S. 116

31) ebenda, S. 104

32) ebenda, S. 108

33) vgl. Blendinger, Friedrich und Zorn, Wolfgang: Augsburg. Geschichte in Bilddokumenten, München 1976, S. 181

34) Wallenta, Wolfgang: Katholische Konfessionalisierung in Augsburg 1548–1648, Hamburg 2003, S. 116

35) vgl. ebenda, S. 112 und
Ferber, Magnus Ulrich: Das bayerische Jahrtausend. Augsburg im 16. Jahrhundert, München 2012, S. 58 f.

36) Wallenta, Wolfgang: Katholische Konfessionalisierung in Augsburg 1548–1648, Hamburg 2003, S. 112, Fußnote 393

37) vgl. Ferber, Magnus Ulrich: Das bayerische Jahrtausend. Augsburg im 16. Jahrhundert, München 2012, S. 58 und
Blendinger, Friedrich und Zorn, Wolfgang: Augsburg. Geschichte in Bilddokumenten, München 1976, S. 181 f.

38) vgl. Häberlein, Mark: Die Augsburger Welser und ihr Umfeld, in: Die Welser. Neue Forschungen zur Geschichte und Kultur des oberdeutschen Handelshauses, Berlin 2002, S. 391

39) vgl. Blendinger, Friedrich und Zorn, Wolfgang: Augsburg. Geschichte in Bilddokumenten, München 1976, S. 182

40) vgl. Häberlein, Mark: Die Augsburger Welser und ihr Umfeld, in: Die Welser. Neue Forschungen zur Geschichte und Kultur des oberdeutschen Handelshauses, Berlin 2002, S. 391

41) vgl. Wallenta, Wolfgang: Katholische Konfessionalisierung in Augsburg 1548–1648, Hamburg 2003, S. 243

42) vgl. ebenda, S. 190

43) vgl. Kluger, Martin: Die Fugger um Augsburg, München und Ulm. Adel, Schlösser und Kirchen, Augsburg 2012, S. 471

44) vgl. Lankes, Christian und Stegmüller Sylvia: Augsburg, St. Sebastian, Haus der Bayerischen Geschichte o.J., URL: https://www.hdbg.eu/kloster/web/index.php/pdf?id=KS0212 (letzter Zugriff: 25.11.2016)

45) zit. bei Wallenta, Wolfgang: Katholische Konfessionalisierung in Augsburg 1548–1648, Hamburg 2003, S. 220

46) ebenda, S. 219

47) zit. ebenda, S. 121

48) vgl. ebenda, S. 121 f.

49) vgl. ebenda, S. 122

50) vgl. Kluger, Martin: Die Fugger in Augsburg. Kaufherrn, Montanunternehmer, Bankiers und Stifter, Augsburg 2013, S. 228 f.

51) vgl. Wallenta, Wolfgang: Katholische Konfessionalisierung in Augsburg 1548–1648, Hamburg 2003, S. 271 ff. und
Schäfers, Bernhard: Stadtsoziologie. Stadtentwicklung und Theorien – Grundlagen und Praxisfelder, Heidelberg/Berlin 2010, S. 46

52) vgl. Wallenta, Wolfgang: Katholische Konfessionalisierung in Augsburg 1548–1648, Hamburg 2003, S. 235 und
Lieb, Norbert: Kobel. Kuratie- und Wallfahrtskirche St. Maria Loreto, Regensburg 1997, S. 2

53) vgl. Birkle, Stefan: Reichsritterschaft, Reformation und Konfessionalisierung in Oberschwaben, Köln 2015, S. 67 f.

54) vgl. Holzberger, Gottfried: Die evangelische Kirche während des 16. und 17. Jahrhunderts, in: Kirchengeschichte und Volksfrömmigkeit, Augsburg 1994, S. 107

55) ebenda

56) vgl. Wallenta, Wolfgang: Katholische Konfessionalisierung in Augsburg 1548–1648, Hamburg 2003, S. 217

57) vgl. Holzberger, Gottfried: Die evangelische Kirche während des 16. und 17. Jahrhunderts, in: Kirchengeschichte und Volksfrömmigkeit, Augsburg 1994, S. 107 f.

58) zit. ebenda

59) vgl. Miller-Gruber, Renate: Elias Holl. Der geniale Augsburger Baumeister der Renaissance, Augsburg 2010, S. 88

60) vgl. Schmucker, Anne: „Sie starben als Hexen". Hexenprozesse in Augsburg, Augsburg 2006, S. 67

61) zit. ebenda, S. 91

62) Kinzler, Sonja: Hexenprozesse in Nördlingen, historicum.net. Geschichtswissenschaften im Internet e.V./Zentrum für Elektronisches Publizieren, Bayerische Staatsbibliothek 05.05.2006 (aus: Lexikon zur Geschichte der Hexenverfolgung, hg. von Gersmann, Gudrun, Moeller, Katrin und Schmidt, Jürgen-Michael), URL: https://www.historicum.net/purl/jezql/ (letzter Zugriff: 25.11.2016)

63) zit. bei Zelzer, Maria: Geschichte der Stadt Donauwörth. Von den Anfängen bis 1618, Bd. 1, Donauwörth 1979, S. 234

64) vgl. ebenda

65) Meyer, Werner und Schädler, Alfred: Stadt Dillingen an der Donau. Die Kunstdenkmäler von Schwaben VI., München 1964, S. 35

66) vgl. ebenda

67) vgl. Gößner, Andreas: Zwischen Religionsfrieden und Dreißigjährigem Krieg: die Prädikanten im Spannungsfeld der theologischen Orientierungen, in: St. Anna in Augsburg – eine Kirche und ihre Gemeinde, Augsburg 2013, S. 233

68) Wallenta, Wolfgang: Katholische Konfessionalisierung in Augsburg 1548–1648, Hamburg 2003, S. 226

69) zit. ebenda, S. 227

70) zit. ebenda, S. 227 f.

71) Gößner, Andreas: Zwischen Religionsfrieden und Dreißigjährigem Krieg: die Prädikanten im Spannungsfeld der theologischen Orientierungen, in: St. Anna in Augsburg – eine Kirche und ihre Gemeinde, Augsburg 2013, S. 235

72) vgl. Blendinger, Friedrich und Zorn, Wolfgang: Augsburg. Geschichte in Bilddokumenten, München 1976, S. 182

73) Wallenta, Wolfgang: Katholische Konfessionalisierung in Augsburg 1548–1648, Hamburg 2003, S. 120

74) vgl. ebenda, S. 120 f.

75) vgl. ebenda, S. 233

76) Jachmann, Julian: Die Kunst des Augsburger Rates 1588–1631. Kommunale Räume als Medium von Herrschaft und Erinnerung, München/Berlin 2008, S. 121

77) vgl. ebenda

78) Scheibel, Wolfgang: Kunst und Architektur unter Wilhelm V. und Maximilian I., Philipps-Universität Marburg o.J. (aus Dissertation „Kollegienbauten unter Kurfürst Maximilian I. von Bayern", Marburg 1999), URL: http://archiv.ub.uni-marburg.de/diss/z2000/0400/html/Htmlpro/Kolleg/Grafik/Interpre.htm (letzter Zugriff: 25.11.2016)

79) vgl. Roeck, Bernd: Zeughaus, in: Augsburger Stadtlexikon, Augsburg 1998, S. 944

80) zit. bei Roeck, Bernd: Elias Holl: Architekt einer europäischen Stadt, Regensburg 1985, S. 99

81) Schäfer, Joachim: Michael, Ökumenisches Heiligenlexikon 2014, URL: www.heiligenlexikon.de/BiographienM/Michael.htm (letzter Zugriff: 25.11.2016)

82) zit. bei Jachmann, Julian: Die Kunst des Augsburger Rates 1588–1631. Kommunale Räume als Medium von Herrschaft und Erinnerung, München, Berlin 2008, S. 123

Informationen zu den Sehenswürdigkeiten

Fuggerporträts an der Fuggerorgel in St. Ulrich und Afra Augsburg (S. 144) | Kluger, Martin: Übersehen und vergessen: Jakob Fugger an der Fuggerorgel in St. Ulrich und Afra, context verlag Augsburg 17.07.2013, URL: http://www.context-mv.de/forschung-details/items/uebersehen-und-vergessen-jakob-fugger-an-der-fuggerorgel-in-st-ulrich-und-afra.html (letzter Zugriff: 25.11.2016)

Prozessionsgemälde in St. Ulrich und Afra Augsburg (S. 148) | Dreher, Derick: Die Maximilians-Darstellungen in der Basilika St. Ulrich und Afra. Historismus in der Augsburger Malerei des Frühbarock, in: Jahrbuch des Vereins für Augsburger Bistumsgeschichte e.V., 31. Jg., und
Friesenegger, Josef M.: Die St. -Ulrichs-Kirche in Augsburg, Augsburg 1914, S. 8

Michaelsgruppe am Zeughaus Augsburg (S. 165) | Roeck, Bernd: Elias Holl. Architekt einer europäischen Stadt, Regensburg 1985, S. 99 und
Hagen, Bernt von und Wegener-Hüssen, Angelika: Denkmäler in Bayern. Stadt Augsburg, München 1994, S. 476

Augustusbrunnen Augsburg (S. 167) | Roeck, Bernd: Der Brunnen der Macht, in: Der Augustusbrunnen in Augsburg, München 2003 und
Diemer, Dorothea: Hubert Gerhard und Carlo di Cesare del Palagio: Bronzeplastiker der Spätrenaissance, Bd.1, Berlin 2004 und
Diemer, Dorothea: Die große Zeit der Münchner und Augsburger Bronzeplastik um 1600, in: Bella Figura. Europäische Bronzekunst in Süddeutschland um 1600, München 2015 und
Kluger, Martin: Augsburgs historische Wasserwirtschaft. Der Weg zum UNESCO-Welterbe, Augsburg 2015, S. 349 ff.

DIE PROTESTANTISCHE UNION UND DIE KATHOLISCHE LIGA – 1606 BIS 1618

1) vgl. Kießling, Rolf: Kleine Geschichte Schwabens, Regensburg 2009, S. 66 und S. 71

2) vgl. Majer, Jiří: Konjunkturen und Krisen im böhmischen Silberbergbau, in: Konjunkturen im europäischen Bergbau in vorindustrieller Zeit, Stuttgart 2000, S. 80

3) ebenda

4) vgl. Blendinger, Friedrich und Zorn, Wolfgang: Augsburg. Geschichte in Bilddokumenten, München 1976, S. 185

5) vgl. Meyer, Werner und Schädler, Alfred: Stadt Dillingen an der Donau. Die Kunstdenkmäler von Schwaben VI., München 1964, S. 35

6) vgl. ebenda und
Layer, Adolf: Die Bauernunruhen und der Bauernkrieg, in: Handbuch der bayerischen Geschichte, Band III. Franken, Schwaben, Oberpfalz, 2. Teilband, München 1971, S. 918

7) vgl. Blendinger, Friedrich: G.Geizkofler von Reiffenegg, von und zu Gailenbach, Zacharias, Deutsche Biographie o.J. (Historische Kommission bei der Bayerischen Akademie der Wissenschaften/Bayerische Staatsbibliothek, Onlineversion folgender Quelle: Neue Deutsche Biographie 6, 1964, S. 167–168) URL: https://www.deutsche-biographie.de/gnd12449224X.html#ndbcontent (letzter Zugriff: 25.11.2016)

8) ebenda

9) ebenda

10) vgl. Meyer, Werner: Landkreis Dillingen an der Donau. Die Kunstdenkmäler von Schwaben VII., München 1972, S. 363 ff.

11) vgl. ebenda, S. 348 ff.

12) Braun-Ronsdorf, Margarete: Alberthaler, Hans, Deutsche Biographie o.J. (Historische Kommission bei der Bayerischen Akademie der Wissenschaften/ Bayerische Staatsbibliothek, Onlineversion folgender Quelle: Neue Deutsche Biographie 1, 1953, S. 140), URL: https://www.deutsche-biographie.de/ gnd133238172.html#ndbcontent (letzter Zugriff: 25.11.2016)

13) vgl. Meyer, Werner: Landkreis Dillingen an der Donau. Die Kunstdenkmäler von Schwaben VII., München 1972, S. 362 f.

14) ebenda, S. 363

15) Paula, Georg: Kreis Donau-Ries, in: Georg Dehio. Handbuch der deutschen Kunstdenkmäler. Bayern III: Schwaben, München 1989, S. 421

16) vgl. Knoll, Theo: Folterturm, Broschüre des Verkehrsvereins der Stadt Wemding, 2014 und
o.N.: Hexenstube. Gedenkstätte der Hexenprozesse, Stadt Wemding o.J., URL: http://www.wemding.de/sehenswertes/hexenstube-15202/ (letzter Zugriff: 25.11.2016)

17) vgl. Zelzer, Maria: Geschichte der Stadt Donauwörth. Von den Anfängen bis 1618, Bd. 1, Donauwörth 1979, S. 203 ff.

18) ebenda, S. 204

19) vgl. ebenda, S. 206

20) ebenda, S. 205

21) ebenda

22) vgl. ebenda, S. 260 ff.

23) ebenda, S. 262

24) vgl. Lanzinner, Maximilian: Donauwörth. Der bayerische Griff nach der Reichsstadt 1607/08, in: Schauplätze der Geschichte in Bayern, München 2003, S. 223 und
vgl. Prugger von Pruggheim, Karl Anselm (transkribiert und bearbeitet von Ottmar Seuffert): Das Wirken der Jesuiten, in: Mitteilungen des Historischen Vereins für Donauwörth und Umgebung 2007 – 2009, Donauwörth 2010, S. 161 f.

25) Hartbrunner, Rudolf: Juni 1606. „Kapuziner, Kapuziner, Speck, Speck!“, Hartbrunner, Rudolf/Münchner Zeitensprünge o.J., URL: http://hartbrunner.de/fakten/d_fakten.php?id=5422 (letzter Zugriff: 25.11.2016)

26) vgl. Lanzinner, Maximilian: Donauwörth. Der bayerische Griff nach der Reichsstadt 1607/08, in: Schauplätze der Geschichte in Bayern, München 2003, S. 224 ff.

27) vgl. ebenda, S. 265 ff.

28) vgl. ebenda, S. 289

29) vgl. Prugger von Pruggheim, Karl Anselm (transkribiert und bearbeitet von Ottmar Seuffert): Das Wirken der Jesuiten, in: Mitteilungen des Historischen Vereins für Donauwörth und Umgebung 2007 – 2009, Donauwörth 2010, S. 178 ff und S. 185

30) vgl. Zelzer, Maria: Geschichte der Stadt Donauwörth. Von den Anfängen bis 1618, Bd. 1, Donauwörth 1979, S. 268 f.

31) ebenda, S. 290

32) vgl. Lanzinner, Maximilian: Donauwörth. Der bayerische Griff nach der Reichsstadt 1607/08, in: Schauplätze der Geschichte in Bayern, München 2003, S. 227

33) vgl. Paula, Georg: Kreis Donau-Ries, in: Georg Dehio. Handbuch der deutschen Kunstdenkmäler. Bayern III: Schwaben, München 1989, S. 145 ff.

34) vgl. Kaußler, Robert: 1608 – 2008. 400 Jahre Protestantische Union - besiegelt im Benediktinerkloster zu Auhausen, Jubiläumsausschuß 1050 Jahre Auhausen/400 Jahre Protestantische Union 23.01.2016, URL: http://www.kloster-auhausen.de/f_union.html (letzter Zugriff: 25.11.2016)

35) Zorn, Wolfgang: Augsburg. Geschichte einer deutschen Stadt, Augsburg 1972, S. 213

36) vgl. Paula, Georg: Kreis Donau-Ries, in: Georg Dehio. Handbuch der deutschen Kunstdenkmäler. Bayern III: Schwaben, München 1989, S. 538 ff.

37) vgl. Wittich, Karl: Tilly, Johann Tserclaes Graf von, Deutsche Biographie o.J. (Historische Kommission bei der Bayerischen Akademie der Wissenschaften/ Bayerische Staatsbibliothek, Onlineversion folgender Quelle: Allgemeine Deutsche Biographie 38, 1894, S. 314–350), URL: https://www.deutsche-biographie.de/gnd117384224.html#adbcontent (letzter Zugriff: 25.11.2016)

38) Layer, Adolf: Katholische Reform und Gegenreformation, in: Handbuch der bayerischen Geschichte, Band III. Franken, Schwaben, Oberpfalz, 2. Teilband, München 1971, S. 931

39) vgl. Wallenta, Wolfgang: Katholische Konfessionalisierung in Augsburg 1548–1648, Hamburg 2003, S. 123 und
Blendinger, Friedrich und Zorn, Wolfgang: Augsburg. Geschichte in Bilddokumenten, München 1976, S. 183

40) vgl. Miller-Gruber, Renate: Elias Holl. Der geniale Augsburger Baumeister der Renaissance, Augsburg 2010, S. 48 ff.

41) Jachmann, Julian: Die Kunst des Augsburger Rates 1588–1631. Kommunale Räume als Medium von Herrschaft und Erinnerung, München/Berlin 2008, S. 15

42) ebenda, S. 209

43) vgl. Wallenta, Wolfgang: Katholische Konfessionalisierung in Augsburg 1548–1648, Hamburg 2003, S. 221

44) vgl. Hagen, Bernt von und Wegener-Hüssen, Angelika: Denkmäler in Bayern. Stadt Augsburg, München 1994, S. 138 und
Kluger, Martin: Die Fugger in Augsburg. Kaufherrn, Montanunternehmer, Bankiers und Stifter, Augsburg 2013, S.125

45) vgl. Kluger, Martin: Die Fugger um Augsburg, München und Ulm. Adel, Schlösser und Kirchen, Augsburg 2012, S. 70 f.

46) vgl. Dauser, Regina und Ferber, Magnus U.: Die Fugger und Welser. Vom Mittelalter bis zur Gegenwart, Augsburg 2010, S. 111 ff.

47) vgl. ebenda und
Sieh-Burens, Katharina: Welser, in: Augsburger Stadtlexikon, Augsburg 1998, S. 923 f.

48) Wallenta, Wolfgang: Katholische Konfessionalisierung in Augsburg 1548–1648, Hamburg 2003, S. 222

49) zit. ebenda, S. 223

50) ebenda

51) vgl. ebenda, S. 223

52) vgl. ebenda

53) ebenda, S. 224

54) vgl. ebenda, S. 223 f.

55) Ehrhart, Bernhard: gar volckreich und vermöglich – Vergangenheit und Zukunft der Stadt Lauingen, in: Lauingen. Ansichten einer Stadt, Lauingen 2001, S. 18

56) vgl. ebenda

57) Zorn, Wolfgang: Augsburg. Geschichte einer deutschen Stadt, Augsburg 1972, S. 213

58) Brentano, Clemens: Erntelied, Projekt Gutenberg-DE ®/Hille & Partner 13.07.2000, URL: http://gutenberg.spiegel.de/buch/clemens-brentano-gedichte-360/17 (letzter Zugriff: 25.11.2016)

Informationen zu den Sehenswürdigkeiten

Evangelische Pfarrkirche Heilige Dreifaltigkeit Haunsheim (S. 177) | Miller-Gruber, Renate: Elias Holl. Der geniale Augsburger Baumeister der Renaissance, Augsburg 2010, S. 79 ff. und
Meyer, Werner: Landkreis Dillingen an der Donau. Die Kunstdenkmäler von Schwaben VII., München 1972, S. 348 ff.

Folterturm Wemding (S. 180) | Knoll, Theo: Folterturm, Broschüre des Verkehrsvereins der Stadt Wemding, 2014 und
o.N.: Hexenstube. Gedenkstätte der Hexenprozesse, Stadt Wemding o.J., URL: http://www.wemding.de/sehenswertes/hexenstube-15202/ (letzter Zugriff: 25.11.2016)

Altäre der Basilika St. Ulrich und Afra Augsburg (S. 191) | Hagen, Bernt von und Wegener-Hüssen, Angelika: Denkmäler in Bayern. Stadt Augsburg, München 1994, S. 448 ff. und
Soffner, Monika, Wolf, Franz: Basilika St. Ulrich und Afra, Passau 2004

Evangelisches Gymnasium bei St. Anna Augsburg (S. 193) | Miller-Gruber, Renate: Elias Holl. Der geniale Augsburger Baumeister der Renaissance, Augsburg 2010, S. 58 f. und
Roeck, Bernd: Elias Holl: Architekt einer europäischen Stadt, Regensburg 1985, S. 161 ff.

BISCHOF HEINRICH ERZWANG AUGSBURGS REKATHOLISIERUNG– 1618 BIS 1631

1) Roeck, Bernd: Als wollt die Welt schier brechen. Eine Stadt im Zeitalter des Dreißigjährigen Krieges, München 1991, S. 168

2) vgl. ebenda, S. 174

3) vgl. ebenda und S. 178

4) zit. ebenda, S. 178

5) zit. ebenda

6) vgl. Blendinger, Friedrich und Zorn, Wolfgang: Augsburg. Geschichte in Bilddokumenten, München 1976, S. 184

7) vgl. Kießling, Rolf: Kleine Geschichte Schwabens, Regensburg 2009, S. 90

8) vgl. Häring, Ludwig: Die Studienkirche in Dillingen/Donau, Lindenberg 2005, S. 5

9) vgl. ebenda, S. 34

10) vgl. Meyer, Werner und Schädler, Alfred: Stadt Dillingen an der Donau. Die Kunstdenkmäler von Schwaben VI., München 1964, S. 382 ff.

11) vgl. Blendinger, Friedrich und Zorn, Wolfgang: Augsburg. Geschichte in Bilddokumenten, München 1976, S. 184

12) vgl. ebenda

13) vgl. Schmucker, Anne: „Sie starben als Hexen". Hexenprozesse in Augsburg, Augsburg/Salzburg 2006, S. 25 ff.

14) ebenda, S. 27

15) ebenda

16) vgl. ebenda, S. 29 ff.

17) vgl. Dülmen, Andrea von: Deutsche Geschichte in Daten. Von den Anfängen bis 1770, München 1979, S. 213 f.

18) vgl. Miller-Gruber, Renate: Elias Holl. Der geniale Augsburger Baumeister der Renaissance, Augsburg 2010, S. 61 ff.

19) Roeck, Bernd: Als wollt die Welt schier brechen. Eine Stadt im Zeitalter des Dreißigjährigen Krieges, München 1991, S. 230

20) ebenda

21) ebenda

22) vgl. Wallenta, Wolfgang: Katholische Konfessionalisierung in Augsburg 1548–1648, Hamburg 2003, S. 123 f.

23) vgl. Blendinger, Friedrich und Zorn, Wolfgang: Augsburg. Geschichte in Bilddokumenten, München 1976, S. 184

24) Wallenta, Wolfgang: Katholische Konfessionalisierung in Augsburg 1548–1648, Hamburg 2003, S. 124

25) Roeck, Bernd: Als wollt die Welt schier brechen. Eine Stadt im Zeitalter des Dreißigjährigen Krieges, München 1991, S. 231

26) vgl. Blendinger, Friedrich und Zorn, Wolfgang: Augsburg. Geschichte in Bilddokumenten, München 1976, S. 184

27) vgl. Wallenta, Wolfgang: Katholische Konfessionalisierung in Augsburg 1548–1648, Hamburg 2003, S. 89 und S. 125 und
Häberlein, Mark: Vom Augsburger Religionsfrieden bis zum Ende der Reichsfreiheit, in: Augsburger Stadtlexikon, Augsburg 1998, S. 85 ff.

28) Kießling, Rolf: St. Anna im Dreißigjährigen Krieg: Die Geburt eines Traumas, in: St. Anna in Augsburg – eine Kirche und ihre Gemeinde, Augsburg 2013, S. 242

29) vgl. Wallenta, Wolfgang: Katholische Konfessionalisierung in Augsburg 1548–1648, Hamburg 2003, S. 125 f. und
aus dem Lateinischen übersetzt bei Laymann, Paul: Pacis compositio: Das ist: Außführl. u. wolgegründter Tractat von d. im Jahr 1555 auff d. Reichstag zu Augspurg von d. Röm. Kays. Mayest. Cathol. Chur-Fürsten u. Ständen ... auffgerichten Religion Frieden, welcher durch etliche Cathol. Rechtsgelehrte ... erstlich in lat. Sprach erkleret ... An jetzo aber mit ermelter Herren Auctorn Guttheissen u. Approbation ins Teutsch verfertigt, Dillingen 1630

30) vgl. Wallenta, Wolfgang: Katholische Konfessionalisierung in Augsburg 1548–1648, Hamburg 2003, S. 130 f.

31) vgl. ebenda, S. 221

32) Kießling, Rolf: St. Anna im Dreißigjährigen Krieg: Die Geburt eines Traumas, in: St. Anna in Augsburg – eine Kirche und ihre Gemeinde, Augsburg 2013, S. 243

33) vgl. Wallenta, Wolfgang: Katholische Konfessionalisierung in Augsburg 1548–1648, Hamburg 2003, S. 127 ff.

34) zit. ebenda, S. 132

35) vgl. Kießling, Rolf: St. Anna im Dreißigjährigen Krieg: Die Geburt eines Traumas, in: St. Anna in Augsburg – eine Kirche und ihre Gemeinde, Augsburg 2013, S. 245

36) zit. bei Wallenta, Wolfgang: Katholische Konfessionalisierung in Augsburg 1548–1648, Hamburg 2003, S. 136 f.

37) zit. bei Roeck, Bernd: Als wollt die Welt schier brechen. Eine Stadt im Zeitalter des Dreißigjährigen Krieges, München 1991, S. 229

38) ebenda, S. 231

39) vgl. Blendinger, Friedrich und Zorn, Wolfgang: Augsburg. Geschichte in Bilddokumenten, München 1976, S. 184

40) Wallenta, Wolfgang: Katholische Konfessionalisierung in Augsburg 1548–1648, Hamburg 2003, S. 137

41) vgl. ebenda, S. 142

42) Meyer, Christian (Hg.): Die Hauschronik der Familie Holl (1487–1646) insbesondere Die Lebensaufzeichnungen des Elias Holl, Baumeisters der Stadt Augsburg, München 1910, S. 87

43) vgl. Roeck, Bernd: Elias Holl, Architekt einer europäischen Stadt, Regensburg 1985, S. 259

44) vgl. Meyer, Christian (Hg.): Die Hauschronik der Familie Holl (1487–1646) insbesondere Die Lebensaufzeichnungen des Elias Holl, Baumeisters der Stadt Augsburg, München 1910, S. 87 f.

45) Roeck, Bernd: Elias Holl, Architekt einer europäischen Stadt, Regensburg 1985, S. 10

46) Knorre, Eckhard von: Handwerker, Genie, Märtyrer?, in: Zeitschrift des Historischen Vereins für Schwaben Bd. 68, 1974, S. 157

47) vgl. Miller-Gruber, Renate: Elias Holl. Der geniale Augsburger Baumeister der Renaissance, Augsburg 2010, S. 8, S. 67 und S. 69

48) vgl. Layer, Adolf: Katholische Reform und Gegenreformation, in: Handbuch der bayerischen Geschichte, Band III. Franken, Schwaben, Oberpfalz, 2. Teilband, München 1971, S. 931

49) vgl. Dülmen, Andrea von: Deutsche Geschichte in Daten. Von den Anfängen bis 1770, München 1979, S. 214 f.

Informationen zu den Sehenswürdigkeiten

Protestantischer Friedhof Augsburg (S. 209) | Hagen, Bernt von und Wegener-Hüssen, Angelika: Denkmäler in Bayern. Stadt Augsburg, München 1994, S. 212 ff.

Rathaus Augsburg (S. 212) | Hagen, Bernt von und Wegener-Hüssen, Angelika: Denkmäler in Bayern. Stadt Augsburg, München 1994, S. 373 ff. und
Miller-Gruber, Renate: Elias Holl. Der geniale Augsburger Baumeister der Renaissance, Augsburg 2010, S. 60 f. und
Roeck, Bernd: Elias Holl, Architekt einer europäischen Stadt, Regensburg 1985, S. 135 ff. und
Kießling, Hermann: Der Goldene Saal und die Fürstenzimmer im Augsburger Rathaus, München, Berlin 1997

VOM SCHLACHTENLÄRM ZUM KANNIBALISMUS: KRIEG IN AUGSBURG – 1632 BIS 1635

1) vgl. Meyer, Werner und Schädler, Alfred: Stadt Dillingen an der Donau. Die Kunstdenkmäler von Schwaben VI., München 1964, S. 37

2) vgl. Grohsmann, Lore: Geschichte der Stadt Donauwörth. Von 1618 bis zur Gegenwart, Bd. 2, Donauwörth 2001, S. 21

3) ebenda

4) vgl. ebenda, S. 23

5) ebenda

6) vgl. Meyer, Werner und Schädler, Alfred: Stadt Dillingen an der Donau. Die Kunstdenkmäler von Schwaben VI., München 1964, S. 38

7) ebenda

8) vgl. ebenda

9) ebenda

10) Barudio, Günter: Der Teutsche Krieg 1618–1648, Frankfurt am Main 1988, S. 348

11) o.N.: Albrecht von Wallenstein, Balsam, Robert/Deutsche Geschichte 1919 -1945 o.J., URL: http://www.balsi.de/Sonstiges/Personen/W-/Wallenstein-Albrecht-von.htm (letzter Zugriff: 25.11.2016)

12) vgl. Roeck, Bernd: Als wollt die Welt schier brechen. Eine Stadt im Zeitalter des Dreißigjährigen Krieges, München 1991, S. 243 f.

13) vgl. Layer, Adolf: Der Dreißigjährige Krieg, in: Handbuch der bayerischen Geschichte, Band III. Franken, Schwaben, Oberpfalz, 2. Teilband, München 1971, S. 932 und
Lichtenstern, Anton: Landsberg am Lech. Geschichte und Kultur, Mering 2012, S. 80

14) vgl. Zettl, Rupert: lechauf-lechab, Augsburg 2001, S. 248

15) vgl. Kluger, Martin: Die Fugger um Augsburg, München und Ulm. Adel, Schlösser und Kirchen, Augsburg 2012, S. 132, S. 343, S. 395 und S. 408

16) vgl. Lankes, Christian: Geschichte. Thierhaupten - arme Benediktiner zwischen Altbayern und Schwaben, Haus der Bayerischen Geschichte o.J., URL: https://www.hdbg.eu/kloster/web/index.php/detail/geschichte?id=KS0407 (letzter Zugriff: 25.11.2016)

17) vgl. Pötzl, Walter: Kriegsereignisse in der Frühen Neuzeit, in: Herrschaft und Politik, Augsburg 2003, S. 289

18) vgl. Pötzl, Walter: Kriegsnöte der Klöster und Pfarreien, in: Kirchengeschichte und Volksfrömmigkeit, Augsburg 1994, S. 148

19) vgl. Kohlberger, Alexandra: Holzen, Haus der Bayerischen Geschichte o.J., URL: https://www.hdbg.eu/kloster/web/ index.php/pdf?id=KS0219 (letzter Zugriff: 25.11.2016)

20) vgl. Wörner, Hans Jakob: Ehemaliger Landkreis Wertingen, Bayerische Kunstdenkmale XXXIII, München 1973, S. 169

21) Pötzl, Walter: Kriegsnöte der Klöster und Pfarreien, in: Kirchengeschichte und Volksfrömmigkeit, Augsburg 1994, S. 150 ff.

22) vgl. ebenda

23) vgl. Pötzl, Walter: Kriegsereignisse in der Frühen Neuzeit, in: Herrschaft und Politik, Augsburg 2003, S. 289

24) vgl. Lichtenstern, Anton: Landsberg am Lech, Geschichte und Kultur, Mering 2012, S. 80

25) Wößner, Karl-Heinz: Pestzeit und 30jähriger Krieg. Auswirkungen in Mattsies, Wößner, Karl-Heinz 2016, URL: http://www.mattsies.info/index.php/dorf-mattsies/dorf-allgemeines/9-pestzeit (letzter Zugriff: 25.11.2016)

26) ebenda

27) ebenda

28) vgl. ebenda und
Trauchburg, Gabriele von: Im Schatten vom Schloss. Die Ortsgeschichte von Mattsies, Tussenhausen 2009, S. 74 ff.

29) vgl. Lichtenstern, Anton: Landsberg am Lech, Geschichte und Kultur, Mering 2012, S. 79 ff.

30) ebenda, S. 83

31) ebenda

32) vgl. ebenda, S. 84 f.

33) zit. bei Pötzl, Walter: Kriegsnöte der Klöster und Pfarreien, in: Kirchengeschichte und Volksfrömmigkeit, Augsburg 1994, S. 152

34) vgl. Blendinger, Friedrich und Zorn, Wolfgang: Augsburg. Geschichte in Bilddokumenten, München 1976, S. 185

35) vgl. Wallenta, Wolfgang: Katholische Konfessionalisierung in Augsburg 1548–1648, Hamburg 2003, S. 143

36) vgl. Stetten d.J., Paul von: Geschichte der Adelichen Geschlechter in der freyen Reichs-Stadt Augsburg, Augsburg 1762, S. 306 ff.

37) siehe hierzu die drei Abbildungen in Kluger, Martin: Augsburgs historische Wasserwirtschaft. Der Weg zum UNESCO-Welterbe, Augsburg 2015, S. 376 f.

38) siehe hierzu die Abbildung in Kießling, Rolf: St. Anna im Dreißigjährigen Krieg: die Geburt eines Traumas, in: St. Anna in Augsburg. Eine Kirche und ihre Gemeinde, Augsburg 2013, S. 248 (dort wird ein Werk Matthäus Merians als Vorlage genannt)

39) vgl. Wallenta, Wolfgang: Katholische Konfessionalisierung in Augsburg 1548–1648, Hamburg 2003, S. 144 und
Blendinger, Friedrich und Zorn, Wolfgang: Augsburg. Geschichte in Bilddokumenten, München 1976, S. 185

40) Wallenta, Wolfgang: Katholische Konfessionalisierung in Augsburg 1548–1648, Hamburg 2003, S. 144, Fußnote 513

41) Eser, Thomas: Georg Petels Bildhauerarbeiten für die Moritzkirche, in: Das ehemalige Kollegialstift St. Moritz in Augsburg (1019–1803), Geschichte, Kultur, Kunst. Lindenberg i.A. 2006, S. 369 ff. und
Dobrzecki-Langer, Alina, Petel (Betel, Betle, Petle), Georg (Jörg, Jerg), Deutsche Biographie o.J. (Historische Kommission bei der Bayerischen Akademie der Wissenschaften/Bayerische Staatsbibliothek, Onlineversion folgender Quelle: Neue Deutsche Biographie 20, 2001, S. 217–218),
URL: https://www.deutsche-biographie.de/gnd118740164.html#ndbcontent (letzter Zugriff: 25.11.2016)

42) vgl. Wallenta, Wolfgang: Katholische Konfessionalisierung in Augsburg 1548–1648, Hamburg 2003, S. 145

43) ebenda, S. 147

44) vgl. ebenda

45) vgl. Siemer, Polykarp M.: Geschichte des Dominikanerklosters St. Magdalena in Augsburg (1225–1808), Vechta 1936, S. 135, dort auch Fußnoten 128 und 129

46) ebenda, S. 135

47) ebenda, Fußnote 127

48) vgl. ebenda

49) vgl. Wallenta, Wolfgang: Katholische Konfessionalisierung in Augsburg 1548–1648, Hamburg 2003, S. 145 f.

50) vgl. Raab, Hubert: Die großen Katastrophen. Pest und Dreißigjähriger Krieg, in: Stadtbuch Friedberg, Bd. 1, Friedberg 1991, S. 171 f.

51) zit. ebenda, S. 172

52) ebenda

53) zit. ebenda

54) ebenda

55) vgl. Ruckdeschel, Wilhelm: Wasserversorgung und Entsorgung, in: Stadtbuch Friedberg, Bd. 1, Friedberg 1991, S. 399

56) zit. ebenda, S. 400

57) vgl. ebenda

58) zit. bei Müller, Josef (bearbeitet von Andersson, Ralph): Aichach einst und jetzt. Von den Anfängen bis zum demokratischen Wiederaufbau, Aichach 1997, S. 141

59) vgl. ebenda, S. 141 ff.

60) vgl. Lingel, Klaus: Führer durch das Ries, Stuttgart 1986, S. 262

61) vgl. ebenda, S. 135 f

62) Kießling, Rolf: Kleine Geschichte Schwabens, Regensburg 2009, S. 98

63) Lingel, Klaus: Führer durch das Ries, Stuttgart 1986, S. 18

64) vgl. ebenda, S. 177

65) zit. ebenda, S. 135

66) vgl. ebenda, S. 146

67) vgl. ebenda, S. 184 ff.

68) vgl. Blendinger, Friedrich und Zorn, Wolfgang: Augsburg. Geschichte in Bilddokumenten, München 1976, S. 185

69) Roeck, Bernd: Als wollt die Welt schier brechen. Eine Stadt im Zeitalter des Dreißigjährigen Krieges, München 1991, S. 276

70) ebenda, S. 277

71) vgl. ebenda und
Wößner, Karl-Heinz: Pestzeit und 30jähriger Krieg. Auswirkungen in Mattsies, Wößner, Karl-Heinz 2016, URL: http://www.mattsies.info/index.php/dorf-mattsies/dorf-allgemeines/9-pestzeit (letzter Zugriff: 25.11.2016)

72) vgl. Ecker-Offenhäußer, Ute: Pest (Schwarzer Tod), in: Augsburger Stadtlexikon, Augsburg 1998, S. 706

73) vgl. Blendinger, Friedrich und Zorn, Wolfgang: Augsburg. Geschichte in Bilddokumenten, München 1976, S. 186

74) vgl. Kluger, Martin: Die Fuggerei. Ein Führer durch die älteste Sozialsiedlung der Welt, Augsburg 2009, S. 61 f.

75) Zeiller, Martin: Topographia Sueviae, wikisource 08.03.2013 (aus: Matthäus Merian, Herausgeber und Illustrator, und Martin Zeiller, Textautor: Topographia Sueviae. Merian, Frankfurt am Main 1643, S. 8–26.), URL: https://de.wikisource.org/wiki/Topographia_Sueviae:_Augspurg (letzter Zugriff: 25.11.2016)

76) vgl. Blendinger, Friedrich und Zorn, Wolfgang: Augsburg. Geschichte in Bilddokumenten, München 1976, S. 185

77) vgl. Häußler, Franz: Augsburg-Album, Fotos von anno dazumal, Augsburg 1990, S. 82

78) Reuther, Otto: Die Entwicklung der Augsburger Textil-Industrie. Gewerbegeschichtliche Studie, Dießen 1915, S. 39

79) vgl. Wallenta, Wolfgang: Katholische Konfessionalisierung in Augsburg 1548–1648, Hamburg 2003, S. 150

80) vgl. Roeck, Bernd: Als wollt die Welt schier brechen. Eine Stadt im Zeitalter des Dreißigjährigen Krieges, München 1991, S. 279

81) Zorn, Wolfgang: Fugger, Ottheinrich, Deutsche Biographie o.J. (Historische Kommission bei der Bayerischen Akademie der Wissenschaften/Bayerische Staatsbibliothek, Onlineversion folgender Quelle: Neue Deutsche Biographie 5, 1961, S. 722), URL: https://www.deutsche-biographie.de/gnd115732624.html#ndbcontent (letzter Zugriff: 25.11.2016)

82) vgl. Blendinger, Friedrich und Zorn, Wolfgang: Augsburg. Geschichte in Bilddokumenten, München 1976, S. 185

83) vgl. Kießling, Rolf: St. Anna im Dreißigjährigen Krieg: Die Geburt eines Traumas, in: St. Anna in Augsburg – eine Kirche und ihre Gemeinde, Augsburg 2013, S. 249

84) vgl. ebenda, S. 249 ff.

85) ebenda, S. 252

86) vgl. Wallenta, Wolfgang: Katholische Konfessionalisierung in Augsburg 1548–1648, Hamburg 2003, S. 150 ff.

87) Kießling, Rolf: St. Anna im Dreißigjährigen Krieg: Die Geburt eines Traumas, in: St. Anna in Augsburg – eine Kirche und ihre Gemeinde, Augsburg 2013, S. 253

88) ebenda

89) vgl. Raab, Hubert: Die großen Katastrophen. Pest und Dreißigjähriger Krieg, in: Stadtbuch Friedberg, Bd. 1, Friedberg 1991, S. 172 f.

90) vgl. Müller, Josef (bearbeitet von Andersson, Ralph): Aichach einst und jetzt. Von den Anfängen bis zum demokratischen Wiederaufbau, Aichach 1997, S. 143 ff.

91) vgl. Layer, Adolf: Der Dreißigjährige Krieg, in: Handbuch der bayerischen Geschichte, Band III. Franken, Schwaben, Oberpfalz, 2. Teilband, München 1971, S. 932

92) vgl. Wiegandt, Herbert: Ulm. Geschichte einer Stadt, Weißenhorn 1989, S. 146 ff.

93) ebenda, S. 149

94) ebenda

95) vgl. ebenda, S. 150

Informationen zu den Sehenswürdigkeiten

Christuskind in der Barfüßerkirche Augsburg (S. 331) | Hagen, Bernt von und Wegener-Hüssen, Angelika: Denkmäler in Bayern. Stadt Augsburg, München 1994, S. 84 ff.

Maria Birnbaum Sielenbach (S. 235) | Paula, Georg: Kreis Aichach-Friedberg, in: Georg Dehio. Handbuch der deutschen Kunstdenkmäler. Bayern III: Schwaben, München 1989, S. 950 ff. und
o.N.: Wallfahrtskirche Maria Birnbaum, Wallfahrtskirche Maria Birnbaum o.J., URL: http://www.maria-birnbaum.de (letzter Zugriff: 25.11.2016)

Stadtmauer Nördlingen (S. 240) | Paula, Georg: Kreis Donau-Ries, in: Georg Dehio. Handbuch der deutschen Kunstdenkmäler. Bayern III: Schwaben, München 1989, S. 779 ff.

„Stoinerner Ma" Augsburg (S. 247) | Hagen, Bernt von und Wegener-Hüssen, Angelika: Denkmäler in Bayern. Stadt Augsburg, München 1994, S. 406
und
Bushart, Bruno: Stadt Augsburg, in: Georg Dehio. Handbuch der deutschen Kunstdenkmäler. Bayern III: Schwaben, München 1989, S. 140

Jesuitenschloss Kissing (S. 251) | Paula, Georg: Kreis Aichach-Friedberg, in: Georg Dehio. Handbuch der deutschen Kunstdenkmäler. Bayern III: Schwaben, München 1989, S. 333 und S. 571

FINALE DES KRIEGES, DER ALS STREIT UM DEN GLAUBEN BEGANN – 1635 BIS 1648

1) vgl. Roeck, Bernd: Als wollt die Welt schier brechen. Eine Stadt im Zeitalter des Dreißigjährigen Krieges, München 1991, S. 281

2) ebenda, S. 280 f.

3) vgl. Dülmen, Andrea von: Deutsche Geschichte in Daten. Von den Anfängen bis 1770, München 1979, S. 217

4) vgl. Haberer, Stephanie: Ott Heinrich Fugger. Biographische Analyse typologischer Handlungsfelder in der Epoche des Dreißigjährigen Krieges, Augsburg 2004, S. 315, S. 320 ff. und S. 327

5) vgl. ebenda, S. 1 f.

6) vgl. ebenda, S. 314

7) ebenda

8) vgl. ebenda, S. 315 ff. und
Zorn, Wolfgang: Augsburg. Geschichte einer deutschen Stadt, Augsburg 1972, S. 218

9) vgl. Haberer, Stephanie: Ott Heinrich Fugger. Biographische Analyse typologischer Handlungsfelder in der Epoche des Dreißigjährigen Krieges, Augsburg 2004, S. 327

10) zit. ebenda, S. 3

11) vgl. ebenda, S. 327

12) Roeck, Bernd: Als wollt die Welt schier brechen. Eine Stadt im Zeitalter des Dreißigjährigen Krieges, München 1991, S. 283

13) vgl. Haberer, Stephanie: Ott Heinrich Fugger. Biographische Analyse typologischer Handlungsfelder in der Epoche des Dreißigjährigen Krieges, Augsburg 2004, S. 438

14) vgl. ebenda, S. 313

15) vgl. Lingel, Klaus: Führer durch das Ries, Stuttgart 1995, S. 184

16) Roeck, Bernd: Als wollt die Welt schier brechen. Eine Stadt im Zeitalter des Dreißigjährigen Krieges, München 1991, S. 270

17) vgl. Layer, Adolf: Der Dreißigjährige Krieg, in: Handbuch der bayerischen Geschichte, Band III. Franken, Schwaben, Oberpfalz, 2. Teilband, München 1971, S. 932

18) Wiegandt, Herbert: Ulm. Geschichte einer Stadt, Weißenhorn 1989, S. 150

19) vgl. Grohsmann, Lore: Geschichte der Stadt Donauwörth. Von 1618 bis zur Gegenwart, Bd. 2, Donauwörth 2001, S. 24

20) vgl. ebenda

21) vgl. Layer, Adolf: Der Dreißigjährige Krieg, in: Handbuch der bayerischen Geschichte, Band III. Franken, Schwaben, Oberpfalz, 2. Teilband, München 1971, S. 932

22) vgl. Grohsmann, Lore: Geschichte der Stadt Donauwörth. Von 1618 bis zur Gegenwart, Bd. 2, Donauwörth 2001, S. 24

23) vgl. Meyer, Werner und Schädler, Alfred: Stadt Dillingen an der Donau. Die Kunstdenkmäler von Schwaben VI., München 1964, S. 39 ff.

24) vgl. Roeck, Bernd: Als wollt die Welt schier brechen. Eine Stadt im Zeitalter des Dreißigjährigen Krieges, München 1991, S. 308 ff. und
Blendinger, Friedrich und Zorn, Wolfgang: Augsburg. Geschichte in Bilddokumenten, München 1976, S. 186

25) vgl. Pötzl, Walter: Kriegsereignisse der Frühen Neuzeit, in: Herrschaft und Politik, Augsburg 2003, S. 291 (siehe auch Abbildung S. 292)

26) zit. bei Müller, Josef (bearbeitet von Andersson, Ralph): Aichach einst und jetzt. Von den Anfängen bis zum demokratischen Wiederaufbau, Aichach 1997, S. 148

27) vgl. Raab, Hubert: Die großen Katastrophen. Pest und Dreißigjähriger Krieg, in: Stadtbuch Friedberg, Bd. 1, Friedberg 1991, S. 173

28) ebenda

29) vgl. Dülmen, Andrea von: Deutsche Geschichte in Daten. Von den Anfängen bis 1770, München 1979, S. 220 und
Aretin, Karl Maria von: Chronologisches Verzeichniss der bayerischen Staats-Verträge: Vom Tode Herzog Georgs des Reichen (1503) bis zum Frankfurter Territorial Receß (1819): nebst einer Sammlung von 94 bisher ungedruckten Recessen, Conventionen, Protokollen, und andern in gleiche Kategorie gehörenden Urkunden, Passau 1838, S. 41

30) vgl. Layer, Adolf: Der Dreißigjährige Krieg, in: Handbuch der bayerischen Geschichte, Band III. Franken, Schwaben, Oberpfalz, 2. Teilband, München 1971, S. 933

31) vgl. o.N.: Memmingen im Dreißigjährigen Krieg. Freiheit, Glaube und Leben in Gefahr, Stadt Memmingen/Stadtarchiv o.J.,
URL: https://stadtarchiv.memmingen.de/912.html (letzter Zugriff: 25.11.2016)

32) vgl. Layer, Adolf: Der Dreißigjährige Krieg, in: Handbuch der bayerischen Geschichte, Band III. Franken, Schwaben, Oberpfalz, 2. Teilband, München 1971, S. 933

33) ebenda

34) vgl. Pötzl, Walter: Kriegsereignisse der Frühen Neuzeit, in: Herrschaft und Politik, Augsburg 2003, S. 291 ff.

35) vgl. ebenda, S. 298

36) Zorn, Wolfgang: Augsburg. Geschichte einer deutschen Stadt, Augsburg 1972, S. 220

37) Roeck, Bernd: Als wollt die Welt schier brechen. Eine Stadt im Zeitalter des Dreißigjährigen Krieges, München 1991, S. 299

38) ebenda, S. 317

39) vgl. Layer, Adolf: Der Dreißigjährige Krieg, in: Handbuch der bayerischen Geschichte, Band III. Franken, Schwaben, Oberpfalz, 2. Teilband, München 1971, S. 934

40) vgl. ebenda, S. 933

41) vgl. Meyer, Werner und Schädler, Alfred: Stadt Dillingen an der Donau. Die Kunstdenkmäler von Schwaben VI., München 1964, S. 41

42) vgl. o.N.: Wallerstein Baudenkmäler, Bayerisches Landesamt für Denkmalpflege 13.08.2016, URL: http://geodaten.bayern.de/denkmal_static_data/externe_denkmalliste/pdf/denkmalliste_merge_779224.pdf
(letzter Zugriff: 25.11.2016)

43) vgl. Wallenta, Wolfgang: Aus der Geschichte Dattenhausens, Altenmünster 2006, S. 26

Informationen zu den Sehenswürdigkeiten

Rubens-Gemälde in der katholischen Heilig-Kreuz-Kirche Augsburg (S. 263) | Hagen, Bernt von und Wegener-Hüssen, Angelika: Denkmäler in Bayern. Stadt Augsburg, München 1994, S. 220 ff. und
Haberer, Stephanie: Ott Heinrich Fugger. Biographische Analyse typologischer Handlungsfelder in der Epoche des Dreißigjährigen Krieges, Augsburg 2004, S. 423 ff. und
Grimmelshausen, Hans Jacob Christoffel von (bearbeitet von Reinhard Kaiser): Lebensbeschreibungen der Erzbetrügerin und Landstörzerin Courage – Der seltsame Springinsfeld, Frankfurt am Main 2010, S. 238 und S. 306

DIE AUGSBURGER PARITÄT UND DIE „SAU AUS EISLEBEN" – 1648 BIS UM 1800

1) vgl. Gier, Helmut: Einführung in die Geschichte des Augsburger Hohen Friedensfestes, in: 350 Jahre Augsburger Hohes Friedensfest, Augsburg 2000, S. 10

2) zit. bei Kießling, Rolf: Kleine Geschichte Schwabens, Regensburg 2009, S. 97

3) zit. bei Schmid, Ernst Fritz: Ein schwäbisches Mozart-Buch, Lorch 1948, S. 41

4) vgl. Lingel, Klaus: Führer durch das Ries, Stuttgart 1995, S. 74 und Sabine Ullmann: Judentum in Schwaben (bis 1800), Historisches Lexikon Bayerns/Bayerische Staatsbibliothek 25.09.2013, URL: https://www.historisches-lexikon-bayerns.de/Lexikon/Judentum_in_Schwaben_(bis_1800) (letzter Zugriff: 25.11.2016)

5) vgl. Dobschütz, Detlef von: Die Geschichte der Kirchengemeinde Heilig-Kreuz und ihrer Kirche, in: Die evangelische Heilig-Kreuz-Kirche in Augsburg. Eine Lutherstätte, Augsburg 1981, S. 9 ff.

6) vgl. Blaufuß, Dieter: Thomas Hopfer (1618–1678). Pfarrer an Heilig Kreuz in den Gefährdungen evangelischer Freiheit, in: Evangelische Heilig-Kreuz-Kirche in Augsburg, Augsburg 2003, S. 31

7) Schmidt, Georg: Deutsche Freiheit und konfessionelle Parität im Alten Reich, in: Staat in Deutschland und evangelische Kirche, Nürnberg 2015, S. 117 f.

8) Kießling, Rolf: Kleine Geschichte Schwabens, Regensburg 2009, S. 99

9) vgl. Wallenta, Wolfgang: Katholische Konfessionalisierung in Augsburg 1548–1648, Hamburg 2003, S. 208

10) vgl. Rau, Kurt: Augsburger Kinderhexenprozesse 1625–1730, Wien 2006, S. 198

11) vgl. Gier, Helmut: Einführung in die Geschichte des Augsburger Hohen Friedensfestes, in: 350 Jahre Augsburger Hohes Friedensfest, Augsburg 2000, S. 10

12) vgl. Kießling, Rolf: Kleine Geschichte Schwabens, Regensburg 2009, S. 99

13) vgl. Schmucker, Anne: „Sie starben als Hexen". Hexenprozesse in Augsburg, Augsburg/Salzburg 2006, S. 91

14) vgl. ebenda, S. 67
15) vgl. ebenda, S. 68

16) vgl. Rau, Kurt: Augsburger Kinderhexenprozesse 1625–1730, Wien 2006, S. 200

17) vgl. Häußler, Franz: Gedenktafeln erzählen Augsburger Geschichte, Augsburg 2014, S. 148

18) Rupp, Paul Berthold (Ergänzungen von May, Rüdiger): Kurzfassung der Geschichte der Universität Dillingen, Studienbibliothek Dillingen o.J., URL: www.studienbibliothek-dillingen.de/index.php?id=22 (letzter Zugriff: 25.11.2016)

19) Häring, Ludwig: Die Studienkirche in Dillingen/Donau, Lindenberg 2005, S. 35

20) vgl. anonym: Goldener Saal in der Akademie für Lehrerfortbildung, Dillingen o.J., S. 6

21) vgl. ebenda

22) ebenda

23) vgl. Tüchle, Hermann: Des Papstes und seiner Jünger Bücher, in: Lutherprozess und Lutherbann: Vorgeschichte, Ergebnis, Nachwirkung, Münster 1972, S. 49

24) vgl. Pötzl, Walter: Pfarreien und Klöster in der Barockzeit, in: Kirchengeschichte und Volksfrömmigkeit, Augsburg 1994, S. 292 f.

25) vgl. Romberg, Marion: Fischach (Augsburg), St. Michael, Universität Wien 01.12.2015 (in: Wolfgang Schmale, Projektleitung: Erdteilallegorien im Barockzeitalter, Wien), URL: http://erdteilallegorien.univie.ac.at/erdteilallegorien/fischach-augsburg-st-michael (letzter Zugriff: 25.11.2016)

26) vgl. Wallenta, Wolfgang: Katholische Konfessionalisierung in Augsburg 1548–1648, Hamburg 2003, S. 201

Informationen zu den Sehenswürdigkeiten

Heilig-Kreuz-Kirchen Augsburg (S. 271) | Bushart, Bruno: Stadt Augsburg, in: Georg Dehio. Handbuch der deutschen Kunstdenkmäler. Bayern III: Schwaben, München 1989, S. 72 ff.

Ulrichskirchen Augsburg (S. 273) | Bushart, Bruno: Stadt Augsburg, in: Georg Dehio. Handbuch der deutschen Kunstdenkmäler. Bayern III: Schwaben, München 1989, S. 88 ff. und
Soffner, Monika, Wolf, Franz: Basilika St. Ulrich und Afra, Passau 2004 und
Kluger, Martin: Die Fugger in Augsburg, Augsburg 2013, S. 190 ff.

Goldener Saal Dillingen (S. 280) | Meyer, Werner und Schädler, Alfred: Stadt Dillingen an der Donau. Die Kunstdenkmäler von Schwaben VI., München 1964,S. 370 ff. und
Paula, Georg: Kreis Dillingen an der Donau, in: Georg Dehio. Handbuch der deutschen Kunstdenkmäler. Bayern III: Schwaben, München 1989, S. 256 f.

St. Michael Fischach (S. 283) | Neu, Wilhelm und Otten, Frank: Landkreis Augsburg. Bayerische Kunstdenkmale XXX, München 1970, S. 104 ff.

ORTSREGISTER

Dieses Verzeichnis verweist ausschließlich auf Orte in Augsburg sowie auf Orte im Nahbereich der Stadt Augsburg

Dillingen

Ehemalige Residenzstadt der Fürstbischöfe von Augsburg

Große Geschichte, große Namen: von den Mozarts bis zu Kneipp

Entdecken Sie Dillingen mit seinen großen und kleinen Besonderheiten! Sie werden begeistert sein – wie der Kardinal von Waldburg, der 1548 bekannte, dass er „auf dem Erdreich an keinem anderen Ort lieber sein wollt“ als in seiner Residenzstadt Dillingen. Über Jahrhunderte war Dillingen bedeutende Universitätsstadt und Residenz der Fürstbischöfe von Augsburg. Sie verliehen der Stadt den Glanz einer Hofhaltung, der auch heute noch überall gegenwärtig ist.

Die Donaustadt erinnert an den heiligen Bischof Ulrich, an die Fugger und an die Baumeister David und Franz Mozart, Vorfahren der „Wunderkinder“ Wolfgang Amadé und Nannerl Mozart, die hier im Schloss konzertierten. Sebastian Kneipp erprobte in Dillingen als Student seine berühmte Wasserkur an sich selbst, und der Ingenieur des ersten deutschen U-Boots, Wilhelm Bauer, stammt aus dieser Stadt.

An die Bischöfe, Jesuiten und das konfessionelle Zeitalter erinnern das bischöfliche Schloss und die Basilika St. Peter, die Studienkirche und die frühere Universität mit dem „Goldenen Saal“, das Ulrichsdenkmal und die Franziskanerinnenkirche. Außerdem sehenswert: die Königstraße mit dem Mitteltorturm, das Rathaus, das Stadt- und Hochstiftmuseum…

Stadtführungen:
April bis Oktober
sonntags um 14 Uhr ab Rathaus

Goldener Saal:
April bis Oktober
samstags, sonntags, feiertags (10 bis 17 Uhr)

Prospekte und Information:
Touristinformation Dillingen a. d. Donau
Königstraße 37/38 · 89407 Dillingen
Tel. 0 90 71/54-2 11 · www.dillingen-donau.de

BILDNACHWEIS

Foto Titel/Rücktitel:

Martin Kluger

Fotos Inhalt:

Thomas Baumgartner: S. 124, 179, 206, 248 (2), 274 l.

Theresa Baur: S. 69

Gilbert McCarragher: 230 l.

Wolfgang B. Kleiner: S. 138/139, 202, 209, 216 o., 220 l., 221, 228, 234, 269

Martin Kluger: S. 2/3, 4/5, 10/11, 12, 13, 14, 18, 19 l., 22, 23 (2), 24, 25, 26/27, 28, 29, 30 (4), 31, 32, 33 (2), 34, 35, 36, 37 (2), 38, 39, 40, 41, 42/43, 45, 47, 49 (3), 51, 53, 54 (2), 55 (2), 56 (2), 57, 58/59, 60, 61, 62, 63, 67, 70, 71, 72 r., 73, 74, 76 (2), 77, 78, 79, 82/83, 85, 87, 88, 90, 91, 92, 93, 95, 96 (2), 97, 99, 102/103, 105, 109, 110, 112, 113, 115, 117, 118, 122, 123, 126/127, 129, 131, 133 (2), 134, 135, 141, 142, 143, 144, 145 (3), 147 r., 148, 149, 151, 152, 156, 157, 158, 159 (2), 161, 162, 165, 166, 167, 168/169, 171, 172, 173, 174 (3), 175, 177, 178, 180, 181 (2), 182, 183 (2), 184, 185 (2), 186, 187 (3), 188, 189, 191, 192, 193, 196/197, 199, 200, 201, 207, 208, 210 (3), 212, 213 (2), 214/215, 217 u. (2), 219 (3), 220 r., 222, 223 o., 223 u.l., 227 (2), 230 r., 231, 235, 237 o., 238 (2), 239 (2), 240, 241 (2), 242, 243, 245 (2), 247, 250 r., 251, 252/253, 255, 257, 258, 261, 263, 264, 265 l., 266/267, 270, 271, 272, 273, 274 r., 277, 278, 279, 280, 281 (2), 282 (2), 283, 284 (2), 285

Kerstin Kohler/Stadt Landsberg: S. 226

Daniel Reißner: S. 211

Stadt Kempten: S. 265 r.

Ulrike Steger/Stadt Donauwörth: S. 72 l.

Judith Strohhofer/Stadt Wemding: S. 237 u.

Wikipedia: S. 19 r., 121 (Mogadir), 147 l., 223 u.r. (A. Leichtle), 250 l. (Dr. Volkmar Rudolf)

* Wo Bayern schwäbisch schwätzt.
Bayerisch Schwaben
Einkehr und Entschleunigung
Foto Moritzkirche: Gilbert McCarragher
In der Ruhe liegt die Kraft
Gratis bestellen unter 08 21/45 04 01-0 oder online im Internet
Atempausen vom Alltag, Momente der Muße und Inseln fürs Ich: Bayerisch-Schwaben eröffnet vielfältige Möglichkeiten, in unserer rastlosen Zeit innere Harmonie zu finden: in Kirchen und Klöstern, in stillen Nächten bei besonderen Gastgebern oder an Kraftorten und Pfaden in der Natur.
www.bayerisch-schwaben.de/stade-zeiten
Bayern
stade zeiten

IMPRESSUM

Glaube. Hoffnung. Hass.
Von Martin Luther in Augsburg (1518)
über den Dreißigjährigen Krieg (1618–1648)
bis zur „Sau aus Eisleben“ (1762)

Martin Kluger

context verlag Augsburg
ISBN 978-3-939645-62-7
1. Auflage, Dezember 2016

Umschlaggestaltung und Buchdesign:
Daniel Reißner,
concret Werbeagentur, Augsburg

Druck:
Senser Druck GmbH Augsburg

klimaneutral
natureOffice.com | DE-559-828382
gedruckt

Bibliografische Information der Deutschen Bibliothek: Die Deutsche Bibliothek verzeichnet diese Publikation in der Deutschen Nationalbibliografie, detaillierte bibliografische Daten sind im Internet über http://dnb.ddb.de abrufbar.

ISBN 978-3-939645-62-7

www.context-mv.de